Dieter Wartenweiler
Der wahre Mensch ohne Rang und Namen

Dieter Wartenweiler

Der wahre Mensch ohne Rang und Namen

Zen im Westen

Patmos

Für die Schwabenverlag AG ist Nachhaltigkeit ein wichtiger Maßstab ihres Handelns. Wir achten daher auf den Einsatz umweltschonender Ressourcen und Materialien.
Dieses Buch wurde auf FSC-zertifiziertem Papier gedruckt.
FSC (Forest Stewardship Council) ist eine nicht staatliche, gemeinnützige Organisation, die sich für eine ökologische und sozial verantwortliche Nutzung der Wälder unserer Erde einsetzt.

Bibliografische Information der Deutschen Nationalbibliothek
Die Deutsche Nationalbibliothek verzeichnet diese Publikation in der Deutschen Nationalbibliografie; detaillierte bibliografische Daten sind im Internet über http://dnb.d-nb.de abrufbar.

Alle Rechte vorbehalten
© 2010 Patmos-Verlag der Schwabenverlag AG, Ostfildern
www.patmos-verlag.de

Umschlaggestaltung: Finken & Bumiller, Stuttgart
Gesamtherstellung: Patmos-Verlag, Ostfildern
Hergestellt in Österreich

ISBN 978-3-491-72562-1

Inhalt

Einleitung	7
Der Geist des Ostens steht vor der Tür	15
Osttor – Westtor – Südtor – Nordtor	16
Was ist Buddha?	23
Bodhidharmas Reise	30
Zur Frage der Wirklichkeit	39
Osttor	47
Ohne Wasser kein Eis	48
Der Ochs und sein Hirte – eine Zen-Parabel	51
Zazen – Kôan – Kensho	72
Die Fülle der Leere	82
Westtor	89
Individuation – der Weg zu sich selbst	90
Vom Schatten zur Tanszendenz	96
Vereinigung der Gegensätze	105
Jung und der Zen-Meister Hisamatsu	118
Südtor	129
Erwachendes Bewusstsein	130
Karte der Seelenlandschaft	139
Der »übernatürliche Weg«	146
Das Selbst und die Buddhanatur	150

Nordtor 161
   Zen in Japans Klöstern 162
   Das Zen des Westens ist anders 168
   Zen-Geist in der Psychotherapie 178
   Vom Nutzen der Begegnung 184

Überall das Eine 191

Anmerkungen 193
Literaturverzeichnis 203

Einleitung

In den vergangenen Jahrzehnten ist Zen im Westen auf wachsendes Interesse gestoßen. Die Anziehung mag in der Fremdartigkeit mancher Zen-Texte liegen – aber mehr noch liegt sie in der Ahnung, dass sich darin etwas Wertvolles verbirgt. Zen lädt uns ein, das sichere Ufer unserer Wertvorstellungen zu verlassen und uns auf Erfahrungen einzulassen, welche unsere Grenzen sprengen. Eine neue Welt tut sich auf, von der doch schon die alten Patriarchen berichteten.

Zen-Meister Ch'ing-yüan Hsing-ssu (jap. Seigen Gyoshi), ein bedeutender Schüler des berühmten 6. chinesischen Patriarchen Huineng (Enô), schrieb folgendes Gedicht:

> Bevor ich für dreißig Jahre Zen studiert hatte, sah ich Berge als Berge und Flüsse als Flüsse.
>
> Als ich ein besseres Verständnis entwickelt hatte, kam ich an den Punkt, wo ich sah, dass Berge nicht Berge sind und Flüsse nicht Flüsse.
>
> Aber jetzt, wo ich in der Ruhe beheimatet bin, sage ich: Berge sind wirklich Berge und Flüsse wirklich Flüsse.

Dieses Gedicht aus dem 8. Jahrhundert verweist auf die Wirklichkeit der Erscheinungen, die sich im Zuge unserer Sichtweise, aber nicht in sich selbst verändern. Für den Menschen sind Berge zunächst einfach Berge und Flüsse einfach Flüsse. Wenn wir uns in inneren Erfahrungen üben, so nehmen wir mit der Zeit wahr, dass in den Erscheinungen noch etwas Untergründiges liegt, und wir beginnen es zu suchen. In einer tieferen Ahnung sind Berge nicht mehr einfach nur Berge und Flüsse mehr als Wasser in einem Tal. Sind wir schließlich weit genug vorgestoßen, so erkennen wir, dass Berge Berge sind, ganz wirklich und Flüsse einfach Flüsse. Wir nehmen wahr, was Berge eigentlich sind, und wir sehen sie ganz als das. »Ich habe klar erkannt: Geist ist nichts als Berge, Flüsse und die große, weite Erde, als die Sonne, der Mond und die Sterne«, sagte Zen-Meister Dogen (1200–1253). Kein Berg und kein Fluss hat sich selber je als wirklich oder unwirklich bezeichnet. Was wir den Erscheinungen zuordnen geschieht in uns selbst, und so gibt es letztlich nur das Eine, die »Einheitswirklichkeit«, den Geist in allen Wahrnehmungen, zu denen er befähigt ist.

Wenn wir den Eindruck einer stufenweisen Entwicklung unserer Sichtweise (zum Beispiel von Bergen und Flüssen) haben, so entspricht dies unserer zeitlichen Dimension, aber letztlich trifft dies den Kern der Sache nicht wirklich – denn Berge sind einfach Berge, in einem tiefen umfassenden Sinn. So fallen die Stufen der Wahrnehmung auch immer wieder in Eines zusammen, in ein zeitloses und formloses Sein, das der Urgrund der Dinge repektive unserer Wahrnehmung ist. Es gibt eine berühmte Sammlung von *Mondos*, kurzen Berichten über Fragen und Antworten zwischen Mönchen und Zen-Meistern, die als *Kôan* bezeichnet werden, mit dem Namen *Mumonkan*. Der Titel dieser vom Meister Wumen Huikai (jap. Mumon Ekai, 1183–1260) zusammengestellten Sammlung, mit der sich vorwiegend Zen-Schüler der Rinzai-Linie und verwandter Schulen bis heute üben, bedeutet »torlose Schranke«. Er weist darauf hin, dass die Schranke zur Erkenntnis, die von den Zen-Patriarchen aufgerichtet wurde, letztlich gar keine ist. Wer sie durchschritten hat und zurückschaut, der sieht, dass es niemals eine Schranke gab, dass immer alles so war, wie es ist. Berge sind Berge und Flüsse sind Flüsse. Und dennoch: Es macht einen Unterschied, ob man die Schranke durchschritten hat oder nicht – wenngleich es ein Unterschied des Bewusstseins ist und nicht einer der Berge und Flüsse. Für die Erkennenden ist die Welt immer noch die Gleiche, aber sie sehen sie mit anderen Augen. Und das macht, dass ihnen die Welt doch auch ganz anders erscheint.

Die Realität des Zen erreicht die Übenden praktisch. Da gibt es die Geschichte von zwei westlichen Journalisten, die in Japan etwas von Zen erfahren wollten und dafür einen berühmten Zen-Meister in dessen Kloster aufsuchten. Dieser ließ sie durch seinen Helfer, den *Jisha*, herzlich empfangen und ihnen schon einmal grundlegende Anweisungen zum Sitzen in der im Zen üblichen Haltung zu geben, dem *Zazen*. So setzten sie sich auf Anweisung des Jisha mit untergeschlagenen Beinen auf das Sitzkissen, das *Zafu*, und wurden geheißen, in dieser Position schweigend zu warten, bis der Zen-Meister käme, und dann könnten sie ihm alle Fragen über Zen stellen. In dieser Haltung machten die beiden Journalisten erste Zen-Erfahrungen: Viele Gedanken gingen ihnen durch den Kopf, aber schließlich taten ihnen die Beine so weh, dass ihre Gedanken langsam zerfielen, wie Sand zwischen den Fingern zerrinnt. Als der Zen-Meister nach zwei Stunden schließlich kam, erkundigte sich dieser nach ihrem Befinden und fragte:»Was möchten Sie über Zen wissen?«»Nichts«, lautete ihre Antwort unisono, denn sie wollten nur von ihrem Leiden erlöst werden. Eine erste Erfahrung brachte sie mit der Realität des Zen und mit der Realität des Seins überhaupt in Kontakt, und fürs Erste genügte ihnen diese.

Diese kleine Erzählung trifft den Kern der Sache: Man muss Zen praktizieren, um Zen zu schmecken und vielleicht schätzen zu lernen – rein theoretisch geht es nicht.»Zen ist Zazen, Zazen ist Zen«, sagte Meister Dogen. Gerade in der fehlenden Erfahrung mit Zen-Meditation liegt ein Grund für viele Missverständnisse, die um Zen kursieren. Seit Zen in den 30er-Jahren des letzten Jahrhunderts in den Westen kam, haben viele bedeutende Menschen über Zen geschrieben und die Zen-Geschichten, die Kôan, zu deuten und zu verstehen versucht, ohne sich aber selbst der Übung zu widmen. Das führte zu Interpretationen, die Zen als eine unfassbare Angelegenheit darstellten, dem westlichen Menschen nicht zugänglich. Es ist allerdings verständlich, dass der Westen die Kultur des Ostens in seiner eigenen Denkweise zu verstehen und zu adaptieren suchte. Dennoch waren alle diese Interpretationen für die Übermittlung des Zen an den Westen bedeutend, und mittlerweile hat sich durch die hiesigen Erfahrungen mit Zen vieles geklärt.

Angesichts der Begegnung des geistigen Osten mit dem Westen stellt sich die kulturelle Frage, was denn hier worauf stößt. Durch Zen werden im Westen in erster Linie zwei Bereiche angesprochen und vielleicht auch bereichert: die Religion und die Psychologie. Bezüglich der Religion ist es die Mystik, die Zen am nächsten steht, und bezüglich der Psychologie wohl die Analyse und der Individuationsprozess nach C. G. Jung. Der »Geist des Ostens« stößt auf den »Geist des Westens«, und so unterschiedlich die Ansätze zunächst erscheinen mögen, so haben sie doch vieles gemein. Wo es aber Unterschiede gibt – was die Vielfalt unserer Welt zeigt –, vermögen sich die Wege in wunderbarer Weise zu ergänzen.

Mit all diesen Themen setzt sich das vorliegende Buch auseinander, und es möchte einen Beitrag an die Standortbestimmung des Zen im Westen leisten. Zen läuft Gefahr, in die esoterische Ecke geschoben zu werden oder aber als Entspannungstechnik instrumentalisiert zu werden. Zen ist aber auch »in«, ohne dass man genau wüsste, was Zen eigentlich ist. Hier soll erarbeitet werden, was Zen für den geistigen Westen bedeuten kann, welche Erfahrungen in unserem kulturellen Kontext zu gewinnen sind und wie diese eingeordnet werden können. Es gilt Beziehungen zwischen den seelischen Entwicklungswegen des Westens und des Ostens herauszuarbeiten und zu erörtern, was diese Begegnung beiden Seiten bringen kann.

Nach einer Einführung in die grundlegenden Anliegen dieses Buches unter dem Titel *Der Geist des Ostens steht vor der Tür* werden die wesentlichen Themenkreise in vier Hauptkapiteln erörtert, die in Anlehnung an eine Geschichte des Zen-Meisters Jôshû mit den vier Titeln *Osttor, Westtor, Südtor, Nordtor* überschrieben sind. Im Hauptkapitel *Osttor* wird der Weg des Zen in den Westen beschrieben und ebenso der Weg des Zen-Schülers über die verschiedenen Stationen seiner Entwicklung. Dazu dienen auch Betrachtungen über die berühmte Zen-Parabel vom »Ochs und seinem Hirten«. Unter dem folgenden Titel *Westtor* geht es um die seelische Situation des Menschen im Westen und die entsprechenden Entwicklungswege. Es wird dargelegt, auf welchen geistigen Untergrund Zen im Westen stößt. Dazu wird im Besonderen auf den Individuationsprozess von C. G. Jung Bezug genommen. Das folgende Hauptkapitel *Südtor* enthält eine Darstellung jener seelischen Bereiche, welche im Zen keine besondere Aufmerksamkeit genießen und wo Zen durch die westliche Psychologie bereichert werden kann. Schließlich wird unter dem Titel *Nordtor* über das Zen in Japans Klöstern und seine neuen Formen im Westen berichtet. Zen verändert sich auf seinem Weg in den Westen, so wie dies schon der Fall war, als es von Indien nach China gebracht wurde, und später auf dem Weg nach Japan. Die gegenwärtige Öffnung des Zen gegenüber Laien und dem Westen hat aber auch Rückwirkungen auf Japans Zen-Welt. Im Weiteren beschäftigen wir uns mit Ansätzen des Zen, die in die westliche Psychotherapie Eingang finden können. Im letzten Kapitel mit der Überschrift *Überall das Eine* schließen sich dann unsere Gedankenkreise.

Dank

Dieses Buch verdankt seine Entstehung allen Einflüssen, die mich auf der Suche nach einer gültigen Lebensorientierung geprägt haben. Im jungen Erwachsenenalter befasste ich mich fast gleichzeitig erstmals mit der Tiefenpsychologie und mit Zen. Dies führte mich zunächst zu einer vertieften Auseinandersetzung mit Freud und später zu einer Ausbildung am C. G. Jung-Institut in Zürich. In jene Zeit fiel aber auch der Beginn meiner praktischen Zen-Übung, welche nun schon dreißig Jahre andauert. Yunmen Wenyan (jap. Ummon Bunen) wurde einmal gefragt: »Wie komme ich auf den Weg zum geheimnisvollen Dreh?« Darauf antwortete er: »In dreißig Jahren!«[1]

In meiner Entwicklung auf beiden Wegen haben mir einige bedeutende Lehrer und Lehrerinnen beigestanden. Hinsichtlich des tiefenpsychologischen Gedankenguts waren dies vor allem Marie-Louise von Franz, die wissenschaftliche Mitarbeiterin C. G. Jungs, welche in meinen jungen Jahren meine Dissertation über C. G. Jung als Korreferentin begleitete, und Dr. Arnold Mindell, der mein wichtigster Lehranalytiker war. Er hat mich mit dem ungebändigten Geist des Unbewussten vertraut gemacht und mir davon ein praktisches und theoretisches Verständnis vermittelt.

Auf dem Weg meiner Zen-Schulung danke ich allen voran P. Niklaus Brantschen, der mich kurz nach seiner Ernennung zum Zen-Lehrer durch Yamada Kôun Roshi als einen seiner frühen Schüler aufnahm und mir die entscheidenden Erfahrungen im Zen ermöglichte. Seine persönliche Einladung zu Inka Shomei – der Bestätigung als Zen-Meister durch Bernhard Tetsugen Glassman Roshi in Amerika – war mir eine große Ehre. Niklaus Brantschen Roshi führte mich durch die ganze Zen-Schulung und gewährte mir schließlich Dharma-Transmission – die Übertragung der Lehre und Lehrweise in der ungebrochenen Linie der buddhistischen Tradition. Dafür ist kein Dank zu groß. In tiefer Erinnerung sind mir auch die persönlichen Begegnungen mit P. Hugo Enomyia-Lassalle, der einen wesentlichen Beitrag zur Verbreitung des Zen in Europa geleistet hat. Daneben prägten mich die Begegnungen mit anderen Zen-Meistern, so Kadowaki Roshi, der mir vor zwanzig Jahren ein am Todestag seines Vaters gemaltes japanische Shodô-Bild vom »Himmels-Weg« schenkte, das mein Leben seither täglich begleitet.

Anlässlich eines Japanaufenthaltes meditierte ich in manchen Zen-Klöstern der Rinzai- und der Sôtô-Linie, konnte viele Gespräche über Zen in Japan führen, und ich ließ mich dort auch von Meistern anleiten und prüfen. Im Besonderen danke ich Kongo-an-Roshi, Zen-Meister der Ningenzen Rinzai-Linie, an dessen Sesshin ich in Atami teilnehmen durfte und der mich dabei einer intensiven Schulung unterzog, und Shinzan Miyamae Roshi, Rinzai-Meister in einem Tempel in der Gifu-Region, der eigens für mich Lehrveranstaltungen durchführte. Über die Praxis der Sôtô-Linie in Japan konnte ich im Haupttempel Sojiji in Yokohama von Kenzen Yamamoto und Rev. Fujita Issho vieles erfahren, und ebenso im Eiheiji durch Kuroyanagi Roshi, wofür ich diesen Repräsentanten des Sôtô-Zen sehr danke. In der Planung meiner Reise zu Japans Zen-Klöstern unterstützte mich wesentlich Bukko Tanaka, Jisha der Ningenzen-Linie, wofür ich ihm zu großem Dank verpflichtet bin. Über die Belange der Sanbô-Kyôdan-Linie unterrichtete mich Yamada Masamichi Roshi, und ich danke auch Kurto Genso, einem Schweizer Mönch des Shingon-Buddhismus, für seinen warmen Empfang im Tempel Muryokoin auf dem Berg Koyasan in Wakayama. Für seine persönlichen Unterweisungen über die chinesische Kultur danke ich Hu Hsiang-Fan, dem Leiter der Bambusbrücke, welcher die Kulturen Deutschlands und Chinas einander näher bringt.

Im Weiteren danke ich all jenen Personen, welche dieses Manuskript durchgesehen und mir vielfältige Anregungen vermittelt haben. Allen voran ist hier Hanna Diederichs zu nennen, welche mich in der konzeptuellen Gestaltung des Buches sehr unterstützte, und mein Lehrer Niklaus Brantschen, der das Manuskript eingehend prüfte.

Ebenso gilt mein Dank Herrn Thomas Nahrmann, Lektor im Patmos-Verlag, welcher die Veröffentlichung dieser Arbeit befürwortete und in vielfacher Hinsicht förderte.

Den Leserinnen und Lesern aber danke ich für ihre Geduld mit diesem Text, der sich bemüht, Dinge zu fassen, die sich dem Zugriff eigentlich entziehen.

Der Geist des Ostens steht vor der Tür

Osttor – Westtor – Südtor – Nordtor

Meister Chao-chou Ts'ung-shen (jap. Jôshû Jûshin), der im 9. Jahrhundert in China wirkte, wurde von einem Mönch gefragt: »Was ist Jôshû?« Jôshû antwortete: »Osttor, Westtor, Südtor, Nordtor«[1]. Dazu muss man wissen, dass die chinesischen Zen-Meister oft nach dem Ort ihres Wirkens benannt wurden. Mit Bezug auf die vier Tore der Stadt lautete Jôshûs Antwort, dass man von überall her eintreten und sein wahres Wesen erkennen könne. Die Tore verweisen auf das Wesen des Zen-Meisters und die Weite des Seins. Jôshûs Antwort ist eine Aufforderung an den Mönch, dies zu erfassen. Es wird nicht berichtet, ob es ihm bei dieser Gelegenheit gelungen ist, den Kern und damit sein eigenes Wesen zu erkennen. Hätte er noch eine Vorstellung, eine Meinung oder ein Konzept darüber, dann wären die Tore verschlossen.

Wenn wir durch das Tor – durch die in der Einleitung erwähnte »torlose Schranke« – zum Zen eintreten wollen, so dürfen wir keinerlei Vorstellung über das Wesen des Seins – und damit auch über die Art einer möglichen Erfahrung dieses Seins – haben. Von allen Meinungen, die wir so gerne pflegen, müssen wir uns befreien, sonst werden wir im Sinne des Zen nichts finden. Unsere Meinungen sind nicht die Wirklichkeit. Das zu gewinnende Ganze umfasst alles, und angesichts dessen ist jede Meinung und Vorstellung eine Begrenzung und damit eine Irreführung auf dem Weg zur Erfahrung. Die erforderte radikale Offenheit gibt dem Zen bei all seiner Bestimmtheit zunächst eine Unfassbarkeit, die es im Westen manchem so schwer macht, mit diesem Ansatz wirklich in Berührung zu kommen. Als Menschen, die in einem dualistischen Bewusstsein aufgewachsen sind, sind wir gewohnt, die Dinge zu zerteilen und zu zerpflücken, und wir meinen, sie so am besten verstehen zu können. Wir können zwar jedes Ding –

auch unseren Körper – in Einzelteile zerlegen, aber das Leben – das Eigentliche, das sich im Körper abspielt – werden wir auf diese Weise nicht fassen. Wesentlich in Jôshûs Antwort ist, auf was Osttor, Westtor, Südtor und Nordtor hinweisen. Was ist das Naheliegende, das zugleich so schwer zu fassen ist? Zu dieser Suche und Erfahrung lädt uns Jôshû ein.

Für die Überschriften der folgenden vier Hauptkapitel sehen wir von der tieferen Bedeutung von Jôshûs Toren ab und nehmen sie einfach als Himmelsrichtungen in der Weite dieser Welt. Wenn Zen in den Westen kommt, so tritt es gewissermaßen durch das »Osttor« in unseren Kulturraum ein, und der westliche Geist tritt durch das »Westtor« in Japans Kultur ein. Stets aber ist es das Tor des Geistes, und jede Kultur und jede Religion muss zur Kenntnis nehmen, dass es noch andere Kulturen und Religionen gibt, die auch zum »Ganzen« gehören. Es gibt viele kulturelle, religiöse und spirituelle Ansätze, die alle eine gültige Ausformulierung der menschlichen Spiritualität sind. So verschieden die Riten in den Kirchen Europas und Amerikas und den Zen-Tempeln Japans sind, so viele Ähnlichkeiten haben sie doch auch. Es gibt Glockenklänge und heiligen Rauch, Gewänder und Prozessionen, Verneigungen und das Niederknien oder Niedersetzen, es gibt die Gebärden, das Gemurmel und auch die Institution des Mönchtums (die Nonnen sind hier eingeschlossen). Damit stellt sich die Frage, ob sich im Gemeinsamen nicht auch »Eigentliches« ausdrückt und ob die suchenden Menschen nicht Bergsteiger sind, die auf unterschiedlichen Wegen zum selben Gipfel gelangen.

»Der Geist des Ostens steht vor der Tür«, sagte C. G. Jung in seiner Gedächtnisrede für Richard Wilhelm, einen bedeutenden und mit ihm befreundeten China-Forscher seiner Zeit, der unter anderem das große chinesische Weisheitsbuch *I Ging* übersetzt hatte. Dieser Geist des Ostens tritt ein in jene Mitte, die wir vielleicht noch als unsere ausschließlich eigene verstehen und verteidigen. »Es könnte eine gefährliche Infektion sein, vielleicht ist es aber auch ein Heilmittel«, meinte Jung dazu.[2] Diese Worte umreißen nicht nur Jungs Haltung zu Yoga und Zen in seiner Zeitepoche, sondern vielleicht auch eine aktuelle und allgemeine. Obwohl Jung selbst nie Yoga oder Zen praktiziert hatte, setzte er sich in seiner Weise fundiert mit der Thematik auseinander und wurde damit zu einem der Wegbereiter des östlichen Geistes und damit des Zen im Westen. Er war einer, der mitwirkte, das »Osttor« zu öffnen. Pioniere wie er verhalfen Zen seit der Mitte des 20. Jahrhunderts recht eigentlich zur Aufnahme im Westen. Zen kam etwa um 520 n. Chr. durch Bodhidharma (chin. P'u-t'i-ta-mo) von Indien nach China und wurde im 13. Jahrhundert von Eisai und Dogen nach Japan geholt. Zen wandert über den Erdball und es verändert sich bei jeder Übermittlung über die Grenzen der Kontinente hinweg, ohne seinen eigentlichen Kern zu verlieren.

Zu den Pionieren, welche Zen im Westen den Weg geebnet haben, gehören Persönlichkeiten aus dem Osten und aus dem Westen. Es wurde uns überbracht, und wir haben es aufgenommen. Zu Beginn dieser Entwicklung war es eher eine intellektuelle »Stabsübergabe« – die praktische Übung fand ihren Weg in den Westen erst später. Zen ist aber wesentlich eine Angelegenheit der meditativen Übung und der Praxis. Die intellektuelle Aufnahme des Gedankenguts beschäftigt sich gewissermaßen mit dem Überbau, mit den Folgerungen, die sich aus Erfahrungen ergeben, nicht aber mit den Erfahrungen und dem Erfahrungsweg selbst. Das kann zu Missverständnissen führen, denen nicht nur die Exponenten der westlichen Kultur ausgeliefert sind, sondern auch Intellektuelle des Ostens, welche das Zen nicht genügend aus eigener langjähriger Schulung kennen oder darin nicht weit genug fortgeschritten sind, um wirklich zu wissen, wovon die Rede ist. Alle Diskussionen über den Geschmack von Tee haben keinen Sinn, wenn der Tee nicht gekostet wird. Wer ihn aber gekostet hat, braucht ihn nicht zu beschreiben – wissend, wie Tee schmeckt. Zen-Erfahrene können ihre Einsicht nicht theoretisch an andere weitergeben, sondern sie höchstens veranlassen, Tee zu trinken. Ansonsten werden sie schweigen, wenn sie auf den Geschmack von Tee angesprochen werden. Es sind viele Berichte von Zen-Meistern bekannt, die sich den theoretischen Fragen ihrer Schüler verweigert haben.

So erzählt ein Zen-Wort des berühmten Meisters Yunmen (jap. Ummon, 864-949) von seiner Antwort auf die an ihn gerichtete Frage: »Was bedeutet ›Die drei Weltbereiche (Begehren, Gestalt, Nicht-Gestalt) sind nichts als Geist und die unzähligen Gegenstände nichts als Bewusstsein‹?«

»Heute beantworte ich keine Fragen!«
»Warum nicht?«
»Wirst du's wohl im Jahr des Esels (Sankt Nimmerleinstag) kapieren?«[3] Und auf die Frage »Was ist Zen?« antwortete Meister Yunmen: »Entledigen wir uns dieses Wortes, ja?«[4] Einmal betrat Yunmen auch die Lehrhalle und sprach: »Was zu sagen war, ist gesagt.«[5] Die gleiche Haltung zeigte etwa auch Meister Lo-shan Tao hsien (jap. Rasan Dokan, 8. Jahrhundert), als er die Eröffnungsrede für ein neu erbautes Kloster halten sollte. Er setzte sich auf seinen Sitz, sprach aber kein Wort außer »Lebt wohl«, und zog sich in sein Zimmer zurück.[6] Selbst Buddha verhielt sich manchmal ähnlich. Eines Tages bestieg der Welt-Erhabene das Rednerpult. Manjushri (hier: sein Gehilfe) gab ein Zeichen mit dem Hammer und sagte: »Bewahrt den Dharma des Dharma-Königs gut! Der Dharma des Dharma-Königs ist genau dies!« Da stieg der Welt-Erhabene wieder vom Pult herab. Buddha saß einfach schweigend da. Yamada Kôun Roshi schreibt in seinem Kommentar dazu: »Diejenigen, die ein Auge haben, um zu sehen, verstehen es sofort und sagen: ›Eine wunderbare Predigt des Welt-Erhabenen‹.«[7] Das Schweigen allein macht es aber nicht aus. Wichtig ist, was sich für die Beteiligten darin ausdrückt.

Im Zen gibt es gegenwärtig zwei bedeutende Richtungen: Sôtô, welches das stille Sitzen für entscheidend hält, und Rinzai, welches das eigentlich Bedeutende des Zen im »Kensho« sieht – in der durchbruchartigen Schau auf das Wesen allen Seins, auf das wir an anderer Stelle weiter eingehen werden. Diese Erfahrung ist ohne ausgedehnte Übung nicht zu erlangen. Kein Zen ohne Meditation, ohne das lange gegenstandslose wache Sitzen, welches den Geist nicht etwa einschläfert, sondern schärft und welche diesen von allen Inhalten befreit, die ihn in Anspruch nehmen. Das gilt für beide Zen-Schulen. Wer kennt nicht die Gefangenschaft in Gedankengängen, Vorstellungen, Meinungen, Wünschen, Begierden, Frustrationen und Ärger, die den eigenen Geist unfrei lassen? Sich davon zu befreien ist aber nicht Endziel des Zen, sondern Voraussetzung für die tiefere Schau, was es mit dieser Welt auf sich hat.

In allen religiösen Traditionen gibt es mystische Schulen, welche die spirituelle Erfahrung vor die breit ausgedehnte Lehre stellen, etwa die

Mystik im Christentum, die Kabbala im Judentum und der Sufismus im Islam. Im Rahmen des Buddhismus deckt Zen am ehesten diesen Bereich ab und entspricht nach seinem Selbstverständnis dem »Königsweg« zum tiefen Verständnis Buddhas. Statt sich während vieler Inkarnationen auf ein Erleuchtungserlebnis vorzubereiten (und dieses für das aktuelle Leben auf die Zeit nach dem Tod zu verschieben), wird die entscheidende Befreiung im Laufe von Jahren und Jahrzehnten angestrebt. Damit erhält Zen eine andere Grundausrichtung – es ist nicht »tröstende« Lehre im Leid der Welt, sondern Weg zur Überwindung des eigenen konkreten Leids. Innerhalb der Volksreligion des Buddhismus stellt Zen gewissermaßen eine Reformbewegung dar – sie führt nach eigenem Verständnis zurück zu den Ursprüngen der von Buddha vermittelten Lehre.

In der christlichen Welt hat die Mystik als religiöse Strömung zwar keine Breitenwirkung erzielt – so wie das für einen anspruchsvollen Weg des inneren Einsatzes und der Selbsterfahrung nicht anders zu erwarten ist –, aber es gab doch viele bedeutende Exponenten, so Hildegard von Bingen, Franz von Assisi (Begründer des Franziskanerordens), Meister Eckhart, Johannes Tauler, Ignatius von Loyola (der Begründer des Jesuitenordens), Teresa von Ávila, Johannes vom Kreuz, um nur einige zu nennen. Sie wirkten alle in Europa in der Zeit vom 12. bis zum 16. Jahrhundert.[8] In der christlichen mystischen Strömung geht es vor allem um die »Gotteserfahrung«, die in einer tiefgreifenden Hinwendung zu Gott zu finden ist, wobei auch das Leerwerden, die vollkommene Verlassenheit eine wichtige Rolle spielt. So schreibt Johannes vom Kreuz von den dunklen (aktiven und passiven) Nächten der Sinne und des Geistes, die in absoluter Gottferne durchlitten werden müssen. »Tiefste Verlassenheit, die Qual des Gefühls der Verworfenheit von Gott erfüllt ihn« (den suchenden Menschen).[9] Nacht nennt Johannes vom Kreuz dabei »die Entziehung des begierlichen Verlangens nach allen Dingen«. Verzichtet der Mensch auf all das, was ihm die Sinne vorschmeicheln, bleibt er bezüglich dieser Ebene im Dunkel und auch leer.[10]

Noch näher beim Zen liegt Meister Eckhart. Obwohl er ein aktiver Kirchenmann war, gehen seine Lehren davon aus, dass die Abgeschiedenheit eine Grundvoraussetzung für tiefere Erkenntnis ist.

»Wir sollen so ledig sein wie wir waren, da wir noch nicht waren.«[11] Der Mensch muss zunächst negativ abwerfen, was ihn positiv bindet: »Das ist ein armer Mensch, der nichts will und nichts weiß und nichts hat.« Dabei geht es nicht etwa um eine Undifferenziertheit, sondern um eine innere Leere, um »jungfräuliche« Offenheit und Empfängnisbereitschaft. Der Mensch, der ganz abgeschieden ist, versinkt in die Weite und Stille des Nichts, die von keinem Etwas mehr getrübt ist. Die Abgeschiedenheit führt damit im Sinne des Meisters geradewegs und ohne weitere Vermittlung vor das Angesicht Gottes. Aber selbst der Name Gott ist verschwunden und versunken. Es bedarf keines Namens mehr vor der leisen und übermächtigen reinen Gegenwart. Und diese reine Gegenwart wird als viel kostbarer erfahren als alle Worte, auch kostbarer, als das Wort »Gott« je vermitteln kann.

Die Parallele dazu ist im Zen der Zustand des Samadhi (oder jap. Zanmai), in welchem die »Leere«, die formlose Dimension allen Seins erfahren wird. Objekt und Subjekt, respektive der Beobachter und das Beobachtete, fallen dabei zusammen – sie sind letztlich eins. Im Sinne Eckharts verschwindet alle Objektivität, wenn alle Namen und Begriffe schwinden, und mit der Objektivität verschwindet zugleich die Subjektivität. »Wo Gott alle Namen verliert und dem Nichts gleich wird, da verliert auch der Mensch alles Festhalten an sich selbst, alle Eigenschaft, er verlässt und vergisst sich selbst in die namenlose Unendlichkeit hinein, er wird so dem Nichts gleich und eben dadurch Gott gleich«. Gerade dieses Nichts ist die Reinheit und Vollkommenheit der Weite des lichten und lichtenden Himmels. Zen spricht dabei fast in den gleichen Worten vom wolkenlosen Himmel als Allegorie eines Zustandes vollkommener Leere und Klarheit. In der Abgeschiedenheit, welche diese Erfahrung ermöglicht – die Zen-Meister Yamada Kôun das Leer-Unendliche nennt –, ist der Mensch aber nicht weltlos, sondern weltfrei. »Frei von der Welt und frei in der Welt und frei für die Welt«, schreibt Meister Eckhart.[12] Auch hier ist die Parallele zum Zen-Weg offenkundig.

Die westliche Tiefenpsychologie ist neben der Mystik der andere Bereich, der im Westen durch Zen angesprochen wird. Auch hier geht es um einen Entwicklungsweg der Seele, der sich im vergangenen

Jahrhundert neu formiert hat und auch eine andere Sprache spricht als die Mystiker. Sigmund Freud entdeckte die unbewussten Wirkkräfte in der menschlichen Seele. Nicht alles, was wir denken, glauben oder tun, ist so bewusst, wie es erscheint. Vielmehr werden wir von tiefen Kräften geleitet, denen wir eher als Zuschauer ausgesetzt sind, als dass wir aktiv handelten. Basierend auf Freuds Konzept des Unbewussten mit seinen autonomen Wirkkräften erkannte und formulierte C. G. Jung einen typischen seelischen Entwicklungsweg, den er »Individuation« nannte. Es geht dabei um einen stufenweisen Prozess des seelischen Wachstums, der bis in die Dimension des »Selbst« hineinreicht. Letztere umfasst viel mehr als das bewusste »Ich« und erschließt einen Bereich, der vielerorts als spirituelle Ebene des Seins verstanden wird. Dabei spricht Jung konsequent vom »Gottesbild«, welches als seelischer Inhalt erfahren werden kann, im Gegensatz zu einer Erfahrungsmöglichkeit von Gott, von dem wir nicht wissen können, was er ist. Gegenüber den Mystikern früherer Jahrhunderte richtet sich Jungs Lehre an eine große Menschenzahl – an all jene, die sich auf einen seelischen Entwicklungsprozess einlassen wollen, der die Welt einschließt.[13]

Jung verstand den Entwicklungsweg des Menschen als einen Prozess, der sich hauptsächlich in inneren Bildern darstellt. In Träumen und anderen spontan auftauchenden Bildern fand er einen gültigen symbolischen Ausdruck der schwer fassbaren seelischen Zustände. Nach seiner Auffassung stellt sich die Struktur der Seele darin in unverfälschter Weise dar. Entsprechend hielt er die Auseinandersetzung mit spontan entstandenen inneren Bildern für einen wichtigen Ansatz zur Entwicklung des Bewusstseins.

Die Einstellung des Zen gegenüber Bildern ist eine andere. Wenngleich es in der Individuation und im Zen um das gleiche Ziel geht – um ein radikales Neuwerden des Menschen zu einer inneren Einheit hin, die seine individuelle Persönlichkeit übersteigt –, gibt es auf dem Weg dazu doch erhebliche Unterschiede. Zen verwirft die in der Meditation auftauchenden inneren Bilder als *Makyo*, das heißt als täuschende Bilder ohne Realitätswert, die während der Meditation genauso weggelassen werden sollen wie die äußere Realität. In der Meditation soll der Mensch von jeder Beschäftigung mit irgendwelchen Gedanken, Gefühlen und auch Bildern frei werden. Er soll sich den spontan auftauchenden inneren Inhalten also gerade nicht widmen! Dabei erfährt der Übende allerdings, dass in der Meditation immer wieder Bilder auftauchen. Diese sind aber nicht von der gleichen Konsistenz wie etwa diejenigen der Jung'schen aktiven Imagination, einer Methode zur Auseinandersetzung mit unbewussten Inhalten. Es sind keine zusammenhängenden Bildergeschichten, die in der Meditation auftauchen, sondern vielmehr »Bildfetzen«. Sie erscheinen als loses unbewusstes Material, das keinerlei Bearbeitung erfahren hat. Während innere Bilder vom westlichen Standpunkt her als Teil bedeutungsvoller seelischer Prozesse gelten, werden sie vom Standpunkt des Zen als wesenlos und damit als entbehrlich angesehen. Die Zen-Meditation bemüht sich, direkt in einen Bereich innerer Leere vorzustoßen, ohne sich bei irgendwelchen anderen seelischen Inhalten aufzuhalten, wohingegen die Tiefenpsychologie des Westens die Auseinandersetzung mit den inneren Bildern (als Ausdruck der Seele) für die Bewusstwerdung als notwendig erachtet.

Die seelischen Entwicklungswege des Ostens und des Westens entsprechen innerpsychischen Prozessen, die auch manche Ähnlichkeiten aufweisen. Genauso wie diejenigen, die sich mit den inneren Bildern ihrer Seele auseinandersetzen, begegnen auch die Meditierenden ihrer seelischen Realität. Sie gehen durch Phasen und Kämpfe hindurch, wo sie die verschiedensten Themen ihres Lebens gewissermaßen von innen her »vorgesetzt« bekommen, auch wenn sie sich ihnen zugunsten der Leere nicht weiter widmen möchten. Dabei durchlaufen sie Gefühlsstürme und Zeiten der Orientierungslosigkeit, bis sie schließlich an jene Schranke gelangen, die für die Wesensschau durchbrochen werden muss.

Was ist Buddha?

Zen wandert seit Jahrhunderten über die Kontinente. Es hat seinen Ursprung im Buddhismus und ist ohne Bezug auf Buddha nicht denkbar. Die Wurzeln des Zen liegen 2500 Jahre zurück.

Nach der Überlieferung wurde der historische Buddha 563 v. Chr.

als Siddharta Shakyamuni, Sohn des Fürsten Suddhona und seiner Frau Maya, in der Republik Shakya im heutigen indisch-nepalesischen Grenzgebiet geboren. Mit 29 Jahren verließ er Frau und Kind auf der Suche nach Erlösung vom Leiden des Lebens, das sich in Alter, Krankheit und Tod manifestiert. Nach sechs Jahren asketischen Wanderlebens ließ er sich unter einem Baum nieder, wo er bleiben wollte, bis er die letzte Erkenntnis gefunden habe. Mit 35 Jahren erreichte er am Morgen des 8. Dezember beim Anblick des Morgensterns »vollkommene Erleuchtung«. Anschließend lehrte er während 45 Jahren bis zu seinem Tod als Wanderprediger. Er verstarb als Buddha (der Erleuchtete) im Alter von 80 Jahren 483 vor Chr.

Seine Lehre geht von den »vier edlen Wahrheiten« aus, welche das Leiden und die Überwindung des Leidens umreißen: (1) Das Leben ist leidvoll. (2) Ursache des Leidens sind die Begierden und Wünsche. (3) Durch diese Erkenntnis ist Befreiung vom Leiden möglich. (4) Diese wird auf dem achtfachen Pfad erreicht: durch rechte Erkenntnis und Gesinnung, rechtes Reden, Tun und Streben, rechte Meditation und Achtsamkeit für höhere Bewusstseinszustände und schließlich rechtes Versenken in den Kreislauf der Wiedergeburt.

Buddha übergab seine Lehre an seinen Schüler Kashyapa, was wie folgt überliefert wird: »Einst zu alter Zeit, als der Welt-Erhabene auf dem Geierberg weilte, hielt er eine Blume hoch, drehte sie und zeigte sie der Versammlung. Da verharrten alle in Schweigen. Nur der ehrwürdige Kashyapa begann zu lächeln. Der Welt-Erhabene sprach: ›Ich habe das kostbare Auge des wahren Dharma, den wunderbaren Geist des Nirvana, die wahre Form der Nicht-Form, das geheimnisvolle Dharma-Tor. Es hängt nicht von Buchstaben ab, sondern wird auf besondere Weise außerhalb aller Lehren übermittelt. Jetzt vertraue ich es dem Mahakashyapa an‹.«[14] Dieses Ereignis zeigt das Wesen des ursprünglichen Buddhismus, so wie es auch vom Zen verstanden wird. Es erscheint als erste Weitergabe des Dharma im »Denkôroku« (Aufzeichnung der Übertragung des Lichts) von Keizan Zenji, dem 54. Nachfolger Buddhas. Ebenso hat diese Begebenheit in die Kôan-Sammlung Mumonkan (Fall 6) Eingang gefunden.

Aus dem Wirken Buddhas entstand der Buddhismus in seinen vielfältigen Ausprägungen. Der *Hinayana-Buddhismus* (kleines Fahrzeug), ist eine strenge orthodoxe Richtung, welche die Erlösung des Individuums zum Ziel hat. Der *Mahayana-Buddhismus* (großes Fahrzeug) hat den Charakter einer breiten Volksreligion und versteht den historischen Buddha als Emanation eines transzendenten Buddhas in einer Reihe von früheren und zukünftigen Buddhas. Der *Zen-Buddhismus*, der zum Mahayana gehört, beruft sich auf die ursprüngliche Erfahrung Buddhas und gibt Anleitung zur Verwirklichung des »Wahren Wesens«. Ebenfalls zum Mahajana gehört der *Vajrayana-Buddhismus* (Diamant-Fahrzeug), der den persönlichen Erleuchtungsweg zum Ziel hat. Eine weitere Form des Buddhismus ist der *Tibetische Buddhismus* (Lamaismus), der den Dalai Lama als göttliche Inkarnation versteht und verehrt.

Zen hat sich im Lauf der Jahrhunderte in verschiedener kultureller Umgebung bewährt und auch weiter entwickelt. Als Schule entstand Zen in China ab dem 6. Jahrhundert nach Chr. durch die Verbindung des buddhistischen Gedankenguts mit den dort vorherrschenden Lehren des Lao Tse und des Kung Fung Tse (Konfuzius). Zen ist einerseits (exoterisch) eine Linie der buddhistischen Tradition, die sich geographisch in die Welt ausbreitete – von Indien nach China, von China nach Japan und im letzten Jahrhundert von Japan nach Amerika und Europa. Andererseits geht es im Zen (esoterisch) um die »Realisation der non-dualen Wirklichkeit, wie sie großen Heiligen, Weisen und Religionsstiftern aller Zeiten und Zonen widerfuhr.« »Zen ist wohl der steilste Weg zum Erwachen, obwohl er nicht als Weg bezeichnet werden kann. Es gleicht vielmehr einem Einbrechen in den immer präsenten und nie verlorenen Ausgangspunkt alles Seienden. Somit ist es in seinem Ursprung transkonfessionell und älter als alle bestehenden Religionen«, schreibt Yamada Kôun Roshi.[15]

Als reiner Erfahrungsweg hat sich Zen im letzten Jahrhundert ein Stück weit von seinen buddhistischen Wurzeln gelöst und wird heute auch in anderen kulturellen und religiösen Umfeldern praktiziert. Entscheidend für die Authentizität des Zen ist dabei für viele Schulen das Festhalten am Weg zur Erleuchtungserfahrung und deren Integration in das Alltagsleben. Zenkei Shibayama (1894–1974), ehemaliger Abt des Nanzen-ji in Kioto schreibt dazu: »Man muss Zen unabhängig von der Zen-Schule des Buddhismus verstehen. Zen gehört weder einschließlich noch ausschließlich zur buddhistischen Zen-Schule. Ich halte Zen für die universale Wahrheit, die wahres Wissen und Frieden in das Leben der Menschen in der Welt bringt. Jede Religion und Kultur sollte Nutzen ziehen aus dem, was Zen an geistigem Wert anzubieten vermag.«[16] Was aber ist es nun, das durch Zen vermittelt wird? Welches war die zentrale Erfahrung des Buddha, die er an Mahakashyapa weitergab? Und wie erkannte er in dessen Reaktion auf die hochgehaltene Blume die Reife zur Nachfolge?

Sokei-an, der erwähnte Zen-Meister des vergangenen Jahrhunderts, berichtet von einer Begegnung: »Ich kannte einen Zen-Schüler, den ich vor dreißig Jahren zum ersten Mal traf. Sein ›Guten Tag‹ klang fad und schwach. Dreißig Jahre später begegneten wir uns wieder, und er sagte laut und deutlich ›Guten Tag, wie geht es?‹ Ich fragte ihn ›Hast du den leeren Geist gefunden?‹ ›Nein‹, antwortete er, ›es gibt nichts Derartiges.‹ Wir sahen uns an und lächelten.«[17]

Es gibt in der Zen-Literatur viele Beschreibungen der Erkenntnis des Zen, aber was nutzt dem Suchenden die Erfahrung eines anderen, wo er doch zur eigenen Erfahrung gelangen möchte? Auf die in vielen Mondos gestellte Zen-Frage: »Was ist Buddha?« antwortete Zen-Meister Sai von Ungo: »Wer bist du?«[18] Ein anderer Mönch mit Namen E-cho fragte den Meister Buneki: »Was ist Buddha?« Der Meister antwortete: »Du bist E-cho.«[19] Die Meister weisen ihre Schüler rückhaltlos auf das eigene Innere zurück, wo alles erfahren wird. »Es ist das wesentliche Merkmal des Zen, dass die grundlegende Wahrheit immer nur in sich selbst gesucht wird und niemals in irgend etwas Äußerem.«[20] Dabei geht es aber nicht um ein oberflächliches Selbstbewusstsein, sondern um die tiefe Erkenntnis unseres Wesens. Dazu müssen die Gedanken und Gefühlsregungen, welche das Bewusstsein verdunkeln, aufgegeben werden (dies im Gegensatz zur Auffassung der westlichen Psychologie). Ein buddhistisches Gelübde lautet: »Täuschende Gedanken und Gefühle sind grenzenlos, ich gelobe, sie alle zu lassen.«

Auf dem Weg zur tieferen Erkenntnis hilft im Zen die Übung der gegenstandslosen Meditation in aufrechter Sitzhaltung mit halbgeschlossenen Augen. Sie wird *Zazen* genannt, wörtlich »Sitzen im Zen«, und zwar in geistiger Sammlung, in Versenkung.[21] *Za* heißt aber nicht nur, mit gekreuzten Beinen sitzen. »Es bedeutet vielmehr: kein unterscheidendes Bewusstsein aufkommen lassen ›inmitten von allem Gut-und-Böse‹«.[22] Die Wahrnehmungen von außen und innen werden im Zazen nicht unterdrückt oder ausgeschaltet – Augen, Ohren und Geist bleiben offen –, aber sie werden auch nicht »gepflegt«, ebenso wenig wie der Meditierende seinen Gedanken und Gefühlen nachhängt. Die Brücke zur Außenwelt und zum inneren Geschehen wird nicht niedergerissen, aber sie wird auch nicht betreten.[23] So findet der oder die Übende mit der Zeit in einen Zustand der inneren Sammlung, Samadhi oder Zanmai genannt. Ziel von Zazen ist es, zum Urgrund allen Seins vorzustoßen und schließlich eine befreiende Erfahrung zu erlangen, welche »Wesensschau« (Kensho) genannt wird. Bis dieses Ziel erreicht ist, kann es allerdings einige Zeit dauern, und es braucht dazu Anstrengung und Geduld. Zen-Meister Sokei-an schreibt: »Wahre religiöse Erfahrung braucht Zeit. Es dauert drei Jahre, bis aus dem Samen eines Pfirsichbaumes oder Kastanienbaumes Früchte reifen. Beim Kakibaum dauert es acht Jahre. Um die buddhistische Erfahrung zu machen, muss man gewöhnlich dreißig Jahre warten. Das ist eine ziemlich lange Zeit.«[24] In dieser Zeit werden verschiedene Stufen des Erkennens durchschritten.[25] »Im Zen-Training finden wir als Erstes unsere eigene individuelle Position, dann finden wir Weisheit, und als Drittes verwirklichen oder beweisen wir Nirvana.« Die Weisheit, die aus dem eigenen Geist wächst, ist dabei nicht erworbenes Wissen, das aus dem Intellekt kommt. Sie ist ›Der Wissende‹. »Diese Weisheit ist Buddha.«[26] Das beschreibt auch die folgende Begebenheit:

Eines Tages kam ein Mönch, namens Fa-hai, um dem Meister (Hui Neng, jap. Enô) die Ehre zu erweisen. Es war sein erster Besuch beim Meister und er bat ihn, ihm zu erklären, wie es zu verstehen sei, wenn gesagt wird, der Geist des Menschen sei Buddha. Der Meister sagte: »Bevor dein Geist geboren wurde, war er in seinem Urzustand, und wenn dein Geist seine eigene Unvergänglichkeit erkannt hat, ist er Buddha. Wenn der Geist alle Formen der Welt manifestiert, ist er Buddhageist, und wenn er alle Formen der Welt aufgibt, entdeckt er seine eigene Buddhanatur.«[27]

Im Zen ist oft von der »Buddhanatur« oder von der »Wesensnatur« die Rede. Damit wird jenes »Eine« bezeichnet, das allen Erscheinungen eigen ist. Yamada Kôun Roshi hat dieses Eine in mehreren Kommentaren mit dem Nenner eines Bruches verglichen, der die Grundlage für alle Erscheinungen (die verschiedenen Zähler) bildet. »Unter jedem Zähler steht immer derselbe Nenner«[28] – jede Erscheinung verkörpert diese Urnatur. Zen sagt nicht, »dass man diese absolute, zugrunde liegende Natur ›kennen‹ muss, sondern dass man in die Natur ›hineinschauen‹ soll. Hierin liegt ein einzigartiges Merkmal des Zen. Diese (innewohnende) Natur weist auf die religiöse Wirklichkeit hin, die ohne Gestalt ist.«[29] Diese Grundlage ist formlos und nach langer Übung doch erkennbar. Sie ist aber nicht getrennt von der Erscheinungswelt wahrnehmbar, sondern als ihr »Wesen« und wird deshalb die Wesenswelt genannt. Sie ist die Essenz allen Seins. Sokeian vergleicht die Form der Erscheinungen mit Wellen im Wasser und bezieht sich auf Zen-Meister Hakuin, der sagte: »Wenn ihr versucht, die Wellen wegzunehmen, um zum Wasser zu gelangen, findet ihr heraus, dass Wasser aus Wellen besteht.«[30] An anderer Stelle schreibt Sokei-an: »Es ist nicht nötig, die Wellen des Ozeans wegzufegen, um den Ozean zu sehen. Ihr braucht bloß zu schauen – beobachtet die Wellen und seht den Ozean.«[31] »Wasser bewegt sich manchmal als große Welle oder Wirbel, danach wird es ruhig wie ein klarer Spiegel. Unser Geist ist genauso.«[32] »So wie die Substanz der Wellen Wasser ist, so ist das Absolute die Substanz der Geisteswellen.«[33] Es geht darum, gewissermaßen die »Rückseite« der Erscheinungen zu sehen. So wird die Sicht vollständig.

Zen ist in diesem Sinne nicht eine Religion, die sich in Bildern, Begriffen, philosophischen Dogmen und Symbolen ausdrückt. Es zielt vielmehr auf die Wahrnehmung der »Wirklichkeit« hin. »Buddhismus lehrt, was ist, nicht was sein soll.«[34] Die Wirklichkeit ist dabei zeitlos – es geht um die Erfahrung dieser Wirklichkeit. Zen versteht sich als Urform des Buddhismus, so wie er von Buddha gelehrt wurde. »Der ursprüngliche Buddhismus und Zen benutzen keine Formen, sie zeigen direkt auf die Wirklichkeit. Der Buddha hielt die Lotosblume in der Hand. Andere Meister benutzen die nackte Hand, sie geben dem Schüler einen Schlag oder schreien ihn an; auf diese Weise wird die Wirklichkeit direkt gezeigt. Doch die Schüler sind oft blind und nicht bereit, die Wirklichkeit zu sehen, für sie ist alles nur Erscheinungsform. Sie denken, die Wirklichkeit sei etwas anderes, irgendwo, nur nicht gerade hier.«[35] Sokei-an folgt aus solchen Überlegungen für seine Schüler: »Das einzige, was ihr tun müsst, ist, alle Worte und Ansichten zu Gunsten der Wirklichkeit selber aufgeben.«[36] Das Reden über die Wirklichkeit macht wenig Sinn, weil ihre wesensmäßige Substanz so nicht aufgezeigt werden kann. Die Zen-Meister verweisen deshalb direkt auf die Sache, deren Wesen dem Schüler aber erst einsichtig wird, wenn er in langer Übung und Meditation einen inneren Zustand erreicht hat, aus welchem die tiefere Sicht gewissermaßen »aufspringen« kann. Dafür bedarf es zweier Voraussetzungen: einerseits eines in langer Übung gespannten Geistes und andererseits eines auslösenden Ereignisses, welches die neue Sicht ermöglicht. Viele Zen-Geschichten berichten von solchen Momenten. So wurde sich Hsiang-yen (jap. Kyogen), ein Gelehrter mit umfassenden Kenntnissen der buddhistischen Texte, seiner selbst erst inne, als er alles Wissen hinter sich gelassen hatte. Sein Meister Isan hatte ihm die Antwort auf dessen Suche nach Überwindung der Gelehrsamkeit mit den Worten verweigert: »Selbst wenn ich dir die Antwort geben würde, so wäre es meine Antwort. Sie hätte nichts zu tun mit deinem Verständnis, das du selbst erfahren und erlangen musst.« Darauf zerriss Hsiang-yen seine früheren Studien mit dem Gedanken »gemalter Kuchen kann den Hunger nicht stillen«, und er zog sich in Verzweiflung in die Einsiedelei Nan-yan zurück. Als er eines Tages den Garten säuberte, sprang ein Kieselstein von seinem Besen gegen den Stamm eines Bambus. Da, beim Ton des anschlagenden Kiesels, wurde er plötzlich seiner selbst inne. Er kehrte in seine Hütte zurück, opferte Weihrauch und warf sich dankbar in Richtung des Berges Kuei nieder, wo sein Meister Isan lehrte. Dabei sagte er: »Meister, Eure Güte ist weit größer als die meiner Eltern. Hättet Ihr mir damals die Antwort gegeben, wäre ich niemals zu dieser großen Freude gekommen.«[37]

Objektiv gesprochen bedeutet Zen-Erfahrung die Einsicht in den Grund der Existenz selbst. Subjektiv ausgedrückt, kann man Zen als Erwachen zur innersten Geistigkeit der Menschheit verstehen.[38] Rinzai sagte in diesem Sinne: »Jenseits von diesem realen physischen Körper existiert ein absolut freier Mensch, der alle Begrenzungen überschreitet. Er ist lebendig und wirkt durch eure Sinnesorgane vom

Morgen bis zum Abend, ob ihr schlaft oder wacht. Jetzt sollen jene von euch, die diesen Menschen noch nicht durchschaut haben, ihn erkennen und ergreifen.«[39] Dieser Mensch ist absolutes Sein; als übernatürliches Selbst handelt er aber zugleich auch als individuelles Ich.[40] Alle Zen-Meister zeigen dies ihren Schülern in ihren Handlungsweisen. Und Zen-Meister Yunmen (jap. Ummon) erklärte dies gar seinem Kaiser. Dieser fragte ihn: »Worum geht es eigentlich im Zen?«. Der Meister sagte: »Euer Majestät haben die Frage, und dieser ergebene Mönch die Antwort.« Der Kaiser: »Was für eine Antwort?« Meister Yunmen: »Ich bitte Euch, Majestät, die Antwort eingehend zu bedenken, die ich vorhin gab.«[41]

Sokei-an schreibt: »Man hat Nirvana erreicht, wird aber nicht ausgelöscht. Der Geist kehrt zurück zu seinem Ursprung, aber der Körper bleibt. Man betrachtet diesen Körper dann allerdings nicht mehr als den eigenen Körper, sondern als den Körper der Erde.«[42]

Bodhidharmas Reise

»Was ist der Sinn von Bodhidharmas Kommen aus dem Westen?« – dies ist die Frage eines Zen-Kôan, eine jener Fragestellungen, welche die Meditierenden zu tiefer Erkenntnis leiten sollen.[43] Sie nimmt Bezug auf die Reise des indischen Mönchs und 28. buddhistischen Patriarchen Bodhidharma (jap. Daruma, chin. P'u-t'i-ta-mo, 470–543) nach China. Er gilt zugleich als der 1. chinesische Patriarch und als der Begründer des Zen (Ch'an) in China. Den Berichten nach soll Bodhidharma um 520 nach China gereist sein und in der Provinz Henan die Selbstbetrachtung gelehrt haben.

Bodhidharma begab sich zunächst per Schiff auf diese beschwerliche Reise und gelangte später zu Fuß über den Himalaja in die nördlichen chinesischen Provinzen. Schon diese Darstellung wirkt wie eine mythologische Reise, ebenso wie der Name Bodhidharma (»alles durchdringender, erleuchteter Geist«[44]) auf »Bodhi« und »Dharma« hinweist. Bodhi bedeutet in Sanskrit »erwachtes« oder »wissendes Bewusstsein« des vollständig befreiten Yogi. Das Wort basiert auf der

Wurzel »budh« (erwachen, bewusst werden, wissen, verstehen), entsprechend dem Sanskrit-Verb »budhyate«. Im Buddhismus bedeutet Bodhi die Erleuchtungserfahrung Buddhas und weiterhin das Bewusstsein über die wahre Natur des Universums. Dharma andererseits bezeichnet in Sanskrit »Sitte, Recht, Gesetz«. Im Wesen geht es dabei um die »kosmische Ordnung«, das Grundprinzip allen Seins. Im Buddhismus bezieht es sich auf »die Gesamtheit der Lehren des historischen Buddha, das Gesetz des Daseins, die Wahrheit an sich«.[45] Das Dharma enthält das von Buddha erkannte und verkündete Gesetz von den sogenannten vier edlen Wahrheiten. Daraus folgend verweist der Begriff auf die Tugenden des suchenden Menschen – allen voran auf die Bewältigung von »Gier, Hass und Verblendung«. Das »Dharma«-Rad als Weg des Erkennens wurde von Buddha in seiner Lehrrede über die Wahrheit vom Leiden, von der Ursache des Leidens und von der Aufhebung des Leidens in Gang gesetzt und mündet in den »edlen achtfachen Pfad«, von dem oben schon die Rede war. Darüber hinaus wird mit Dharma auch der Buddha-Geist (die Wesensnatur) selbst bezeichnet, und auch die Lehre und Lehrweise des Zen.

Bodhidharma ist damit schon seinem Namen nach Träger des ursprünglichen Buddha-Geistes. Ursprünglich hieß er Bodaitara, und der neue Name wurde ihm von seinem Lehrer Hannyatara verliehen.[46] In China angekommen hielt er sich zunächst am Kaiserhof der Liang-Dynastie auf und ließ sich schließlich 523 im Kloster Shao Lin nieder. Nach seiner Ankunft soll er neun Jahre lang gegen eine Mauer gewandt im Meditationssitz verharrt haben, ohne die Mönche zu beachten, welche seine Schüler werden wollten. Schließlich gelang es dem Mönch Hui-kʻo Ta-shih (jap. Eka Daishi, 487–593), seine Aufmerksamkeit zu erringen. Die entsprechende Geschichte wird in einem Zen-Kôan geschildert: »Bodhidharma saß mit dem Gesicht zur Wand gekehrt. Der (spätere) zweite (chinesische) Patriarch stand im Schnee, schnitt sich den Arm ab und sagte: ›Der Geist deines Schülers hat noch keinen Frieden. Ich bitte Euch, Meister, bringt ihn zur Ruhe!‹ Bodhidharma sagte: ›Bring deinen Geist zu mir, und ich will ihn befrieden!‹ Der Patriarch sagte: ›Ich habe nach dem Geist gesucht, aber ich konnte ihn nicht finden.‹ Bodhidharma sagte: ›So habe ich deinen Geist für dich schon zur Ruhe gebracht‹.«[47]

Danach begann Bodhidharma den Buddhismus in seiner ursprünglichen Weise zu lehren und begründete damit die Ch'an-Tradition. Seine Lehrweise scheint nicht der damals gängigen Praxis entsprochen zu haben. Zu jener Zeit widmete man sich vor allem dem Studium und der Auslegung von Schriften, während die Meditation vernachlässigt wurde. Bodhidharma lehnte jedoch diese theoretischen Spekulationen ab und zielte auf die ursprüngliche Erfahrung seiner Mönche hin. Der Begriff Ch'an, der in Japanisch mit Zen übersetzt wurde, stammt vom Sanskritwort »Dhyana« mit der Bedeutung von Meditation. Die Lehre Bodhidharmas war im Wesentlichen eine Meditationsschule auf urbuddhistisch-taoistischer Grundlage.

Die Entwicklung des Zen wird der Begegnung des indischen Buddhismus mit dem Taoismus Chinas zugeschrieben. Die Lehren haben Ähnlichkeiten miteinander und vermochten sich gegenseitig zu ergänzen und zu durchwirken. Das Resultat war eine Verdichtung der Inhalte in Hinblick auf die unmittelbare Seinserfahrung. Die Ähnlichkeit des indischen Buddhismus mit dem chinesischen Taoismus zeigt sich etwa im folgenden Text von Chuang Tsu, einem Taoisten des 3. Jh. v. Chr. »Wer einem antwortet, der nach Tao fragt, der weiß nicht von Tao. Auch wenn einer von Tao hört, so hört er doch nicht von Tao. Es gibt keine Möglichkeit nach Tao zu fragen, und es gibt keine Möglichkeit, auf solche Fragen zu antworten. Wer es tut, hat keine Wahrnehmung des Universums und keine Vorstellung vom Ursprung der Existenz«.[48] Die Begriffe Tao und Buddhanatur können hier gleichgesetzt werden, und das vorliegende Zitat könnte einem Zen-Text entsprungen sein, auch wenn die Schrift viele Jahrhunderte vor der Blüte des Zen in China entstanden ist. Worte genügen nicht, um das Entscheidende auszudrücken, und die Zen-Schulen sind alle davon geprägt.

Was ist nun die Bedeutung von Bodhidharmas Kommen aus dem Westen? Rinzai Gigen (chin. Lin-ji I-hsüan, 800–866, der Begründer der Rinzai-Schule) sagte: »Wenn Bodhidharma mit seinem Kommen aus dem Westen einen Zweck gehabt hätte, dann hätte er nicht einmal sich selbst retten können. Das Absolute kann nicht ein Objekt sein, das dem konkreten Hier und Jetzt gegenübersteht.«[49] Die Frage nach Bodhidharmas Kommen aus dem Westen zielt auf das Absolute, auf eine Erfahrung dessen, das jenseits von »Kommen« und »Gehen« ist.

Zu seiner eigentlichen Form fand Zen unter dem 6. Patriarchen Hui-Neng (jap. Enô, 638–713), einer herausragenden Zen-Persönlichkeit. Er hatte in jungen Jahren spontane Erleuchtung erlangt, als er die Worte aus dem Diamant-Sutra (Sutra über den Diamanten, der die Illusion durchschneidet[50]) hörte: »Der Geist hat nirgends eine Wohnstatt. Dennoch erscheint er.« Nach anderer Darstellung hieß der Text: »Lass deinen Geist frei fließen, ohne bei irgendetwas zu verweilen«, oder: »Ohne von etwas abhängig zu sein, sollst du deinen Geist manifestieren.«[51] Nach dieser Erfahrung ging der aus ärmlichen Verhältnissen stammende Hui-Neng von geringer Schulbildung zu Meister Hung-jen (jap. Daiman Kônin, 601–674), dem 5. Zen-Patriarchen in China. Dieser erkannte sofort die Begabung und Erkenntnis des jungen Mannes, beschäftigte ihn aber als Küchenjunge, um ihn nicht dem Unwillen der langjährigen und gebildeten Mönche auszusetzen. Als Hung-jen sich nach einem Nachfolger umsah, forderte er die Mönche des Klosters auf, ein Gedicht als Ausdruck ihrer Zen-Erfahrung zu verfassen. Der Hauptmönch Shen-shiu schrieb:

Der Körper ist wie der Bodhi-Baum
Der Geist wie ein blanker Spiegel auf einem Ständer,
Stunde um Stunde wisch ihn sorgfältig ab,
Lass keinen Staub sich darauf niedersetzen.[52]

Hui-Neng, dem dieser Text vorgetragen wurde, ließ dazu – des Schreibens unkundig – von einem Beamten einen eigenen Text hinzufügen:

Bodhi hat keinen Baum,
Der klare Spiegel keinen Ständer,
Im Ursprung gibt es nichts,
Wo kann sich Staub ansammeln?

Der 5. Patriarch übertrug Hui-Neng in der folgenden Nacht den Dharma und schickte ihn in den Süden Chinas, damit ihm kein Schaden zugefügt werde. Dort begann er aber erst nach 15 Jahren als Zen-Meister zu wirken. Er war der Begründer der »südlichen Schule«, aus der alle großen Linien des Zen hervorgingen.

In der damaligen Zeit entstanden im Wesentlichen fünf Richtungen des Zen (Igyo, Hogen, Ummon, Sôtô und Rinzai), wovon zwei heute noch große Bedeutung haben: die Sôtô- und die Rinzai-Schule. Nach Hui Neng erreichte Zen bis zum 12. Jh. eine erste Hochblüte in China. Viele bedeutende Zen-Schriften und Kôan-Sammlungen stammen aus der Feder der damaligen Meister, so von Hui-neng (jap. Enô) selbst, Nanquan Puyuan (Nansen Fugan), Chao-chou (Jôshû Jushin), Lin-ji I-hsüan (Rinzai Gigen), Tung-shan Liang-chieh (Tozan Ryokai), Yunmen Wen-yan (Ummon Bun'en), Wu-men Hui-k'ai (Mumon Ekai) um nur einige bedeutende Namen zu nennen. Mehrere davon waren Gründer eigener Schulen, so Rinzai Gigen (Rinzai-Schule), Tozan Ryokai (Sôtô-Schule) und Ummon Bun'en (Ummon-Schule), welch letztere es heute in dieser Form aber nicht mehr gibt. Allesamt waren sie bedeutende Lehrmeister des Zen, deren Schriften und Kôan eine wesentliche Basis für das heute praktizierte Zen ist. Aus der Hochblüte des Zen in China stammen auch einige der bedeutendsten Kôan-Sammlungen (Hekiganroku, Shôyôroku, Mumonkan u. a.). Das berühmteste aller Zen-Kôan, »Jôshûs Hund«[53], stammt von Jôshû Jûshin (chin. Chao-chou Ts'ung-shen, 778–897), der 120 Jahre alt geworden sein soll, und von dem auch zahlreiche andere Kôan überliefert sind, die heute noch in der Zen-Schulung Verwendung finden.

Die von Lin-ji I-hsüan (jap. Rinzai Gigen, 800–866) begründete Rinzai-Schule war die einflussreichste und vitalste Schule des Zen in China. Lin-ji's »Markenzeichen« ist der Schrei »Ho!« (jap. »Katszu!«) sowie die unerwarteten Schläge, die er seinen Schülern zum Ansporn und zur Erweckung verpasste. Er wies damit auf das Wesen oder Faktum selbst hin, das von den Schülern erkannt werden sollte. Von Rinzai stammt auch die berühmte Aussage: »In diesem Körper existiert etwas, *der wahre Mensch ohne Rang und Namen*, das wahre Ich mit absoluter Freiheit, das nirgendwo haftet. Wer das noch nicht bemerkt hat, mache die Augen auf!« In der Rinzai-Schule gilt das Kôan als wichtigstes Mittel zur Erlangung von Satori (einer Erfahrung, die als »Erleuchtung« bezeichnet wird und die dem Kensho – der »Schau des Wesens« entspricht).

Die Rinzai-Schule wurde von Myoan Eisai (1141–1215) nach Japan gebracht. Eisai gilt als Begründer der japanischen Zen-Tradition. Er reiste zwei mal nach China und erhielt anlässlich seiner zweiten Reise das Siegel der Bestätigung (jap. Inka Shomei) und gründete auf der Insel Kyushu 1192 das erste japanische Zen-Kloster. Die strenge Schulung der Rinzai-Linie hatte eine große Ausstrahlung auf die Klasse der Krieger und Samurai und wurde vom Shogunat in Kamakura gefördert. Eisai Zenji wurde 1202 vom Minamoto-Shogun zum Oberhaupt des Tempels Kenninji in Kyôto ernannt. Später zog er nach Kamakura in die Hauptstadt der Shogune. Die Rinzai-Schule pflegte enge Beziehungen zum Kaiserhaus und zur Militärregierung und entfaltete ihre Wirkung hauptsächlich in den Machtzentren Kyoto und Kamakura. Rinzai war dort meist eine elitäre Angelegenheit geblieben.[54] Eisai war als erster Zen-Meister Japans aber auch Lehrer von Dogen Kigen, der später Sôtô-Zen in Japan einführte.

Die Sôtô-Schule geht in China auf Tung-shan Liang-chieh (jap. Tozan Ryôkai, 807–869) zurück. Er war nach langer Schulung beim Überqueren eines Flusses vollständig erwacht, als er sein Spiegelbild im Wasser sah. Dieses Erlebnis beschrieb er wie folgt:

Vermeide nur das Suchen bei Anderen
oder du wirst dich von dir selbst entfremden.
Nun gehe ich alleine, doch ich sehe ihn überall.
Nun ist er ich, doch ich bin nicht er.
Auf diese Art muss man verstehen,
um sich mit Soheit zu vereinen.

Sôtô war in seiner Übung weniger streng als Rinzai und entsprach damit auch den Bedürfnissen des einfachen Volkes.[55] Die Schule wird gelegentlich als »Gärtner« bezeichnet, der sich um jede Pflanze bemüht, während Rinzai der »General« genannt wird. Die Sôtô-Schule wurde von Dogen Zenji (1200–1253) nach Japan übertragen. Nach seiner Schulung bei Eisai reiste er nach China, um Zen an seinen Wurzeln zu studieren. Er erhielt vom Sôtô-Meister T'ien t'ung Ju-chin volle Anerkennung. Nach weiteren zwei Jahren in China ging er 1227 nach Japan zurück, wo er zunächst zehn Jahre in einem Kloster in Kyôto lebte und sich dann in eine Einsiedelei in den Bergen zurückzog. Daraus entstand das Kloster Eiheiji, das neben dem Tempel Sojiji heute noch ein zentraler Ort des Sôtô-Zen ist. Dogen Zenji gilt als der bedeutendste historische Sôtô-Zen-Meister Japans und wird noch immer als große religiöse Persönlichkeit verehrt. Sein Hauptwerk »Shôbôgenzô« (Schatz des wahren Dharma), eine Sammlung von Lehrreden, die er hauptsächlich in den Jahren 1240 bis 1244 hielt, ist ein bedeutendes japanisches Kulturgut und gehört zu den tiefgründigsten Schriften der Zen-Literatur. Die Sôtô-Schule widmete sich in den folgenden Generationen vorwiegend der Unterrichtung der ländlichen Bevölkerung und ergänzte damit Rinzai-Zen in seiner Bedeutung für die herrschende Klasse.

In den folgenden Jahrhunderten verlor Zen wieder an lebendiger Kraft. Die Bedeutung von Meditation und das Streben nach innerer Erfahrung nahmen ab, und es ist die Rede von eigentlichen Verfallserscheinungen während des Tokugawa-Shogunats (1603–1867). Zen starb zwar nicht aus, befand sich aber während 300 Jahren in einem Zustand spiritueller Lethargie. Es wurde zunehmend intellektualisiert und entwickelte die Züge einer buddhistischen Philosophie.

Es war Hakuin Ekaku (1685–1768) vorbehalten, das Zen wieder zu beleben und auf seine Ursprünge zurückzuführen. Er wird als die bedeutendste Gestalt des japanischen Rinzai-Zen angesehen. Hakuin hat diese Richtung des Zen praktisch im Alleingang reformiert und zu neuem Leben erweckt. Indem die japanischen Zen-Schulen »ihre Schüler dazu anhielten, nichts zu tun als in schweigender Meditation dazusitzen und Praktiken wie die Rezitation des Namens Buddhas (nembutsu) mit dem eigentlichen Zen zu verbinden, oder indem sie den Gebrauch der Kôan in der Zen-Schulung einschränkten oder gar gänzlich abschafften, hatten solche Lehrer ihre Schüler um genau das betrogen, was in Hakuins Augen die entscheidende Bedingung für den Erfolg ihrer Bemühungen war: ein starker, vorwärtstreibender Elan des Suchens, der keine Ruhe lässt, bis Satori erreicht ist.«[56] In markigen Worten schreibt Hakuin, der mit 41 Jahren sein entscheidendes Erleuchtungserlebnis beim Zirpen einer Grille hatte, über den heruntergekommenen Zen. »Das grüne Laubwerk des Dharma ist verdorrt und nur Ödland zurückgeblieben. Es gibt ja in unserer Zen-Schule eine alles entscheidende Schranke, die jedermann passieren muss. Ein Wald von Stacheln und Dornen, durch den wir hindurch müssen. Doch diese Burschen wissen nicht einmal, dass es so etwas überhaupt gibt. Sie sind derlei noch nicht einmal in ihren Träumen begegnet.«[57] Und er schreibt weiter: »Vor langer Zeit gingen einmal sieben weise Schwestern gemeinsam über den Friedhof am Stadtrand von Rajagriha in Indien. Eine der Schwestern zeigte auf eine Leiche und sagte zu den anderen: ›Dort liegt der Körper eines Mannes. Wohin ist der Mann selbst gegangen?‹ ›Wie bitte?‹, erwiderte eine andere ungläubig. ›Was hast du da gesagt?‹ Und schon erkannten sämtliche Schwestern die Wahrheit und waren auf der Stelle erleuchtet. Indra, der Herr der Götter, war so beeindruckt, dass er einen Blütenregen auf sie herniedergehen ließ. – Begreift ihr, was diese weise junge Frau gesagt hat? ›Wenn du sie nicht besitzt, wie kannst du da hoffen, andere zu retten?‹ Vergleicht das mit den Burschen von heute, die schaudernd und vor Angst zitternd zurückweichen, wenn jemand sie mit einem oder zwei Spritzern Gift bedroht. Wie unendlich überlegen ist diese junge Frau; der Unterschied zwischen einer Krone und einem alten Schuh ist nicht annähernd so groß.«[58] Andererseits schildert Hakuin im »Preisgesang des Zazen« auch, wie notwendig die Versunkenheit im Zazen für die eigene Verwirklichung ist.

Im Zuge der Öffnung Japans in der Neuzeit fand das Zen vor allem ab Beginn des 20. Jahrhunderts den Weg in den Westen. Ein Wegbereiter aus dem Osten war Daisetz Teitaro Suzuki, der Zen im Westen vor allem durch seine Bücher sowie durch seine Tätigkeit als Leiter einer amerikanischen Sôtô-Gemeinde bekannt machte. Sein Schüler Alan Watts gehörte mit zu den ersten westlichen Autoren über Zen. Geistige Wegbereiter waren im Besonderen auch jene Zen-Meister, die sich für Interessenten aus dem Westen öffneten und diese im praktischen Zen unterrichteten.

Bedeutungsvoll für den Westen war Harada Daiun Sogaku Roshi (1871–1961), welcher eine Synthese von Sôtô- und Rinzai-Zen schuf und sich in einem ersten Schritt für japanische Laien öffnete. Zen-Schulung und Erleuchtungserfahrung waren vorher Mönchen vorbehalten. Kensho – die »Schau des Wesens« – wurde durch ihn gewissermaßen demokratisiert. Sein Nachfolger Yasutani Haku'un Ryoko Roshi (1895–1973) war als Schullehrer tätig und Vater von fünf Kindern. Er ermöglichte die Zen-Schulung auch außerhalb der Klostermauern und öffnete Zen damit in einem zweiten Schritt. Er gründete 1954 die Zen-Linie »Sanbô Kyôdan« (Sanbô verweist auf die drei Kostbarkeiten – Buddha, Dharma, Sangha), auch Harada-Yasutani-Schule genannt. Dessen Schüler und Nachfolger Yamada Kôun Kyozo Zenshin (1907–1989) war Direktor eines Krankenhauses und gewährte die Zen-Schulung in einem weiteren Schritt auch Nicht-Buddhisten. Er verfasste bedeutende neue Kommentare zu den Kôan-Sammlungen Hekiganroku und Mumonkan. Unter seinen Schülern befinden sich Hugo Enomyia-Lassalle als Zen-Lehrer, sowie Willigis Jäger, Niklaus Brantschen und Pia Gyger, die später zu Zen-Meistern ernannt wurden, ebenso wie Philipp Kapleau und Robert Aitken. Ein anderer Schüler und Dharma-Nachfolger von Yasutani Roshi war Hakuyū Taizan Maezumi Roshi (1931–1995). Dessen Nachfolger Bernhard Tetsugen Glassman (geb. 1939) ist ein bedeutender zeitgenössischer Zenmeister, dessen äußere Erscheinung an die Bilder von Bodhidharma erinnert.

Aber auch die anderen Linien des Zen öffneten sich gegenüber dem Westen, so die Sôtô-Linie mit Taisen Deshimaru Roshi (1914–1982), der vom Haupttempel La Gendronnière in Frankreich aus in Europa viele Zen-Zentren gründete, oder die Rinzai-Linie mit Shigetsu Sasaki Sokei-an (1882–1945), dessen Nachfolger Platov (1904–1990) in Berlin lehrte und der seinerseits Zen-Lehrer ernannte. Sehr bekannt geworden ist im Westen auch der vietnamesische Rinzai Zen-Meister Thich Nhat Hanh (geb. 1926), der den Weg der »Achtsamkeit« lehrt.

Bodhidharma reiste nicht nur vom Westen in den Osten, er kam gleicherweise auch vom Osten in den Westen und hat uns das authentische Zen überbracht. Wie in China und in Japan muss Zen nun auch im Westen inkulturiert werden. »Zen ist gekommen, um im Westen zu bleiben«, schreibt Arokyasami, »aber es entstehen Fragen um Authentizität (echtes Zen) und Legitimität (korrekte Übertragung). Auf der einen Seite versuchen die westlichen Lehrer und Studenten die japanischen Rituale zu imitieren, die Roben, die Manierismen und Gebräuche – kahlgeschorene Köpfe, schwarze Roben, Schalen und Essstäbchen, entstellte sino-japanische Namen, usw. Auf der anderen Seite haben westliche Werte und Standards bewusst oder unbewusst die westlichen Zen-Institutionen verändert. Gleichheit von Männern und

Frauen, Freiheit und Demokratie, Betonung der therapeutischen und ökologischen Werte vor Religion und religiösen Verbindungen, Einbeziehung der Laien und ein Buddhismus, der sich in den Problemen der Welt engagiert, das sind einige der westlichen Werte. Buddhismus im Westen ist als Religion oder Bewegung eine Minorität, und so können Buddhisten entweder defensiv und reaktionär werden oder in einen Dialog und in Interaktion mit dem Christentum und der westlichen Kultur treten.«[59] Große Arbeit in diese Richtung wird an verschiedenen Orten im Rahmen des christlich-buddhistischen Dialogs geleistet.

Der westliche Mensch bleibt von seiner kulturellen Herkunft her Christ – ob er nun praktizierend ist oder nicht –, und das spielt auch bezüglich seines Zen-Weges eine Rolle.

Zur Frage der Wirklichkeit

Zen beschäftigt sich vor allem mit dem Thema »Wirklichkeit«. Was ist das eigentliche Wesen unserer Welt – was ist unsere »wirkliche Wirklichkeit«, wenn wir die Welt und unser eigenes Leben tiefer betrachten und erfahren? Worin und woraus leben wir, was ist der Urgrund unseres Seins? Im Sinne des Zen ist es möglich, diesbezüglich eine Erfahrung zu machen, die sich allerdings einem rationalen Zugriff entzieht. Dabei wird der Urgrund des Seins nicht einfach mit einem Namen wie »Gott« oder »Buddha« versehen, denn dadurch wird nichts erklärt und nichts erfahren. Vielmehr soll der Kerker unserer gewöhnlichen Wahrnehmungs- und Denkmuster gesprengt werden, damit eine tiefere Erfahrung möglich wird. Das Unnennbare kann nicht durch Namen erfasst werden und das Allumfassende nicht durch eine Erklärung.

Im Westen ist die Relativität der »gewöhnlichen« Wirklichkeit erst im 20. Jahrhundert zu einem großen Thema geworden. Die Atomphysik zeigte die »Leere« der Materie auf und die Quantenphysik die Unbestimmtheit der Prozesse. Von Seiten der Psychologie her setzte sich C. G. Jung eingehend mit der relativen Bedeutung des Kausalitätsprinzips auseinander: »Wenn der Zusammenhang von Ursache und Wirkung sich als nur statistisch gültig bzw. als nur relativ wahr herausstellt, dann ist auch das Kausalprinzip in letzter Linie nur relativ ... Das heißt soviel, als dass die Verknüpfung von Ereignissen unter Umständen von anderer als kausaler Natur ist bzw. ein anderes Erklärungsprinzip verlangt.«[60] Im Weiteren wurde der Beobachter als Teil des beobachteten Prozesses erkannt. Einstein bemerkte in einem Gespräch mit Heisenberg: »Es ist unmöglich, nur beobachtbare Größen in eine Theorie aufzunehmen. Es ist vielmehr die Theorie, die entscheidet, was man beobachten kann.«[61] So schrieb auch Heisenberg selbst: »Wir müssen uns daran erinnern, dass das, was wir beobachten, nicht die Natur selbst ist, sondern Natur, die unserer Art der Fragestellung ausgesetzt ist.«

In der psychologischen Theorie entstand das Konzept des Konstruktivismus, das vor allem durch Paul Watzlawick[62] weite Verbreitung gefunden hat. Heinz von Foerster, einer der Gründerväter des Konstruktivismus, prägte den berühmten Satz: »Es gibt nicht die Wahrheit. Die Wahrheit ist die Erfindung eines Lügners.«[63] Grundlegender Gedanke des Konstruktivismus ist die der modernen Physik entsprechende psychologische Feststellung, dass die Beobachtung der Wirklichkeit stets von subjektiven Faktoren geprägt ist. Darauf hat C. G. Jung in seinen Überlegungen zum Rhine'schen Experiment hingewiesen und die Bedeutung des emotionalen Faktors für Untersuchungsergebnisse beschrieben.[64] Aber schon die Wahrnehmung verschiedener Menschen unterscheidet sich, selbst wenn sie dieselbe Tatsache beobachten. Jeder verbindet mit seiner Wahrnehmung eigene frühere Erfahrungen und projiziert allenfalls unbewältigte Erlebnisse oder ungelöste Lebensfragen auf Situationen oder andere Menschen. Wer als Kind einmal von einem Baum gefallen ist, nimmt diesen anders wahr als derjenige, der darin seine ersten großen Jugenderfahrungen als erfolgreicher Kletterer gemacht hat.

Daraus können wiederum selbsterfüllende Prophezeiungen entstehen. Wer in einer negativen Erfahrung Höhenängste entwickelt hat, wird bei anderer Gelegenheit eher wieder fallen, und wer mit der Entwicklung einer Krankheit rechnet, wird dieser später eher ausgesetzt sein als ein anderer mit positiven Zukunftsphantasien. In diesem Sinne kann auch die Neurose als Gefangenschaft in einer negativen selbsterfüllenden Prophezeiung verstanden werden. Letztere wirkt dabei vor allem zufolge ihrer Unbewusstheit. Selbstredend prägt auch eine positive Haltung die Ereignisse im Sinne einer selbsterfüllenden Prophezeiung. Auf diesem Mechanismus basiert etwa der Ansatz des »positiven Denkens«, der in allem das Gute sieht. Ist diese Sichtweise aber nicht errungen und deshalb nicht echt, so bleibt die (negative) Gegenposition im Unbewussten bestehen und durchkreuzt die beabsichtigten Wirkungen.

Die Art unserer Wahrnehmung prägt zunächst unser Verhalten gegenüber anderen, und dieses hat wiederum entsprechende Reaktionen der Umwelt zur Folge. Geht etwa jemand davon aus, stets von anderen Menschen benachteiligt zu werden (weil dies vielleicht die Erfahrung der Jugendzeit war), so entwickelt er die Ausstrahlung eines potentiellen Opfers. Diese erzeugt ähnliche neue Erfahrungen, welche wiederum das Weltbild bestätigen. Wie schwer es ist, sich von solch unbewussten Prägungen zu lösen, zeigt sich etwa in der Partnerschaft, wo mancher erst nach Jahren und unter Schmerzen lernt, dass das Gegenüber nicht dem eigenen Bild entspricht. Das ist gewissermaßen die psychologische Ebene der relativen Bedeutung dessen, was wir die »Wirklichkeit« nennen.

Die Frage nach der Wirklichkeit geht aber weit darüber hinaus und erstreckt sich im Grunde in einen unendlichen Raum. Wie verhält es sich mit der Wirklichkeit überhaupt? Gibt es sie? Was ist eigentlich die Natur unserer Wahrnehmung und unserer Erkenntnis? Stehen wir vor einem Baum, so nehmen wir ein grün-braunes Gebilde wahr. Das Gebilde interpretieren wir als »Baum«, weil wir uns früher verschiedene Vergleichsgrößen gemerkt haben, mit denen es korrespondiert. Der Begriff Baum ist aber eine abstrakte Größe, es ist ein Gattungsbegriff, der nichts Wirkliches bezeichnet. Es gibt Tannen und Eichen, Nussbäume und Wilde Kirschen, aber keine Bäume an sich. Auch Tannen und Eichen sind wiederum nur Gattungsbegriffe. Der konkrete Baum vor uns mag zwar eine Tanne sein, aber was wir wirklich sehen, ist nur das grün-braune Gebilde. Alles andere, was wir uns darüber denken und über Tannen wissen, ist hinzugefügt. Ebenso verhält es sich mit den Farben. Was ist grün, was braun? Wir haben eine Sinneswahrnehmung, die wir als grüne oder braune Farbe interpretieren. Rein physikalisch gesehen handelt es sich aber nur um Wellen, die wir über das Auge wahrnehmen und in unserem Hirn als Farbe decodieren. Im Grunde wissen wir nicht, was dieses Wesen »Baum« in der Welt draußen wirklich ist. Es gibt eine im Wesen unergründliche Erscheinung, die auf unser Wahrnehmungssystem in einer bestimmten Weise wirkt und die wir auf Basis unseres bisher erworbenen Wissens interpretieren. Heute wissen wir, dass es »in der Welt draußen« Erscheinungen gibt, für die wir kein entsprechendes Wahrnehmungssystem haben und die wir deshalb nicht erkennen. Man denke etwa an Radiowellen oder Röntgenstrahlen. Es ist darüber hinaus sogar denkbar, dass es ganze »Parallelwelten« gibt, an denen wir nicht teilhaben.

Wir können davon ausgehen, dass es in unserer Umwelt ein »Unergründliches« gibt, das wir nur in bestimmter, eingeschränkter Weise wahrnehmen. Wir geben ihm dabei nicht nur eine persönliche »Färbung«, die sich von der anderer Menschen unterscheidet, sondern eine grundsätzlich menschliche. Eigentlich wissen wir aber nicht, was es ist. Es kann in seiner eigentlichen Form nicht erfahren und nicht erfasst werden. In seiner Ausdehnung ist es unermesslich. Wir wissen nicht, welche und wie viele Dimensionen es umfasst, und alle Unterscheidung ist auch eine rein hypothetische. Jung schreibt in diesem Sinne: »An sich bestehen Raum und Zeit aus Nichts. Sie gehen als hypostasierte Begriffe erst aus der diskriminierenden Tätigkeit des Bewusstseins hervor.«[65]

Setzen wir die Dimension des Unergründlichen mit Zen in Verbindung, so finden wir dort ähnliche Aussagen. Im Zen wird das Unfassbare, Unergründliche als das Formlose respektive als Leere bezeichnet – dies, weil es keinen anderen Ausdruck gibt für etwas, das unfassbar ist. Zen vermittelt im Weiteren die Erfahrung, dass dieses Unfassbare in jeder uns zugänglichen Manifestation präsent ist. Alles Seiende ist dieses Unergründliche, Unfassbare. Die Welt ist nicht nur Ausdruck davon, sondern es ist dieses Unergründliche seinem Wesen nach. Zen spricht von der Wesensnatur oder Buddhanatur, die allem Sein inhärent ist: Die Wesensnatur aller Form ist das Unfassbare.

Aus den bisherigen Erwägungen geht hervor, dass sich die »Wirklichkeit« nicht allein auf die Form der Erscheinungen beziehen kann. Das zeigt auch die psychologische Erfahrung und davon spricht der Konstruktivismus – ja selbst die Physik kommt zu analogen Schlussfolgerungen. Im Zen hat die Wirklichkeit mit der formlosen Dimension der Welt zu tun. Der Zen-Meister Henry Platov (1904–1990) sagt dazu: »Die Wirklichkeit ist keine Angelegenheit der Wahrnehmung, also weder gedanklich noch körperlich, noch gefühlsmäßig, noch kann sie mit den Augen oder Ohren wahrgenommen werden.«[66] Die Wirklichkeit hat nichts mit Gedanken über die Wirklichkeit zu tun, »im Zen unterscheidet man immer zwischen der Wirklichkeit und den Gedanken über die Wirklichkeit.«[67] Es geht in der Wahrnehmung der Wirklichkeit also um ein Absolutes, um den Kern allen Seins. Die äußere Form ist immer relativ, in Bewegung, sie ist nicht das Eigentliche.

Mit der Wahrheit verhält es sich genauso wie mit der ›Wirklichkeit‹. Platov schreibt: »Dass es nichts Wahres gibt, ist die Wahrheit. Deshalb sagt die Erkenntnistheorie, dass das Wahrgenommene, das als solches nicht wahr ist, Ausdruck der Wahrheit ist.«[68] Es ist wahr, dass alles in der äußeren Form relativ ist, und somit begegnen wir der Wahrheit, indem wir nicht an diesen Formen festhalten. Dadurch kommen wir in Kontakt mit dem Unnennbaren, Unermesslichen, welches der tiefe Charakter unseres Seins ist. Dieses wahre Wesen liegt in uns allen, und im Erkennen und Akzeptieren dieses wahren Wesens liegt nach Platov die Selbstliebe, welche wiederum Voraussetzung für die Nächstenliebe ist. Solange man nicht wirklich mit seinem tieferen Wesen vereinigt ist, das heißt sich dessen bewusst ist, lebt man in einem gespaltenen, konflikthaften Zustand, und »da gibt es keine Liebe, da herrscht Angst.«[69]

Was aber bedeutet nun die Einheit mit seinem tieferen Wesen? Im Sinne des Zen geht es um die tiefe Verankerung des Menschen in seinem Urgrund, um die Überwindung des konflikthaften Zustandes einer vermeintlichen Trennung von Mensch und Umwelt, um das Einsinken in das Wesen der Welt, um die Bewusstwerdung über das Große Ganze, das wir sind. Im Zen geht es darum zu erfahren, dass wir nicht Teil dieser Welt sind, abgespalten von allem anderen, sondern dass wir diese Welt sind. Indem wir von den vordergründigen Bedürfnissen, Emotionen und einengenden Sichtweisen (von »Gier, Hass und Verblendung« in der buddhistischen Terminologie) Abschied nehmen, werden wir offen für diese tiefe Dimension des Daseins, in der alles mit allem verbunden ist.

Es gibt dazu eine schöne Geschichte von W. J. Gabb, die Platov in seinem Buch »Der Eremit« zitiert:[70] »Eines Tages ging Tokusan (nicht der historische Zen-Meister Tokusan Sekan, 780–865, sondern die erfundene Gestalt eines Meisters) über den Markt einer nahe gelegenen Stadt. Dabei fiel ihm besonders ein Hirseverkäufer auf, der die Vorzüge seiner Ware mit lauter Stimme anpries. Nachdem er den Mann eine Weile beobachtet hatte, knüpfte er ein Gespräch mit ihm an und war erstaunt über dessen kluge Bemerkungen. – ›Für einen Hirseverkäufer sind Sie ein großartiger Philosoph‹, sagte er. ›Als Eremit habe ich viel Zeit zum Meditieren‹, stimmte der Mann zu. ›Haben Sie gesagt »Eremit«?‹ fragte der Meister, denn er dachte, er hätte ihn missverstanden. Der Mann deutete auf das Menschengedränge und sprach: ›Durch die Erfordernisse der Umstände wurden die letzten Spuren meines Privatlebens ausgewischt. Nun ist meine Abgeschiedenheit vollkommen.‹ ›Bemerkenswert‹, sagte Tokusan, ›wollen Sie dies bitte erklären?‹ Der Mann fuhr fort: ›Vor langer Zeit wollte ich mich von der Welt zurückziehen, um ein Eremit zu werden. Ich wurde jedoch von der Liebeskrankheit befallen und heiratete stattdessen. Meine Frau gab mir viele Kinder, einschließlich einiger guter, aber lärmiger Söhne. Immer noch sehnte ich mich nach Zurückgezogenheit, um zu meditieren. Aber die Ansprüche, die meine Familie zwangsläufig an mich stellte, nahmen zu, und meine Freizeit wurde immer kürzer. Endlich, als meine Zeit ganz ausgefüllt war, ging ich weg, und jetzt lebe ich allein im Schoß meiner Familie und im Lärm des Marktes. Ich bezweifle, ob ich je zurückkommen werde.‹ Er bot Tokusan eine Handvoll Hirse an. Tokusan staunte, als er die Hirse annahm: ›Ich glaube, es gibt in ganz China niemanden Ihresgleichen.‹ Gutmütig wandte der Mann ein: ›In ganz China gibt es niemanden außer mir‹.«

Die Erzählung atmet viel Zen-Geist. Sie zeigt, dass der Hirseverkäufer mit dem Bewusstsein so tief in sein Leben eingetaucht ist, dass er die ›unermessliche‹ Tiefendimension des Daseins in seiner konkreten Situation (das Formlose in der Form) vollständig und dauerhaft (›ich bezweifle, ob ich je zurückkommen werde‹) wahrzunehmen vermochte. Dabei wurde er in solchem Maße eins mit der formlosen Weite des Daseins, dass er seine Identität damit erkannte. In diesem Sinne ist der letzte Satz der springende Punkt: Er vermittelt keine persönliche Überheblichkeit, sondern die Weite seines Erkennens. Wie schon zitiert, existiert nach Zen-Meister Rinzai (Rinzai Gigen, chin. Lin-ji I-hsüan, 800–866) »jenseits von diesem realen Körper ein absolut freier Mensch, der alle Begrenzungen überschreitet. Er ist lebendig und wirkt durch Eure Sinnesorgane vom Morgen bis zum Abend.«[71] Dieser Mensch ist der »einzige in China«.

Vergleichen wir diese Erkenntnisse mit denen der westlichen Tiefenpsychologie, so entspricht die Dimension oder besser der Aspekt des Unergründlichen – der von den Erscheinungen aber nie getrennt ist – teilweise dem Begriff des kollektiven Unbewussten bei C. G. Jung. Letzteres besitzt keine bestimmbaren Grenzen[72], enthält mit den Archetypen allerdings Grundmuster des menschlichen Verstehens und Verhaltens. »Das sind die mythologischen Zusammenhänge, die Motive und Bilder, die jederzeit und überall ohne historische Tradition oder Migration neu entstehen können. Diese Inhalte bezeichne ich als ›kollektiv unbewusst‹.«[73] Jung setzt das kollektive Unbewusste aber auch in Beziehung zum »höheren Bewusstsein« des Ostens, welches die Wahrnehmung dieser Dimension umfasst. »So wäre der Begriff des ›kollektiven Unbewussten‹ das europäische Äquivalent zu buddhi, dem erleuchteten Geist.«[74] Der Weg dazu ist das Eintauchen in die Tiefe des Daseins. Jung schreibt dazu: »Die tieferen ›Schichten‹ der Psyche verlieren mit zunehmender Tiefe und Dunkelheit die individuelle Einzigartigkeit. Sie werden nach ›unten‹, das heißt mit Annäherung der autonomen Funktionssysteme, zunehmend kollektiver, um in der Stofflichkeit des Körpers, nämlich in den chemischen Körpern, universal zu werden und zugleich zu erlöschen. Der Kohlenstoff des Körpers ist überhaupt Kohlenstoff. ›Zuunterst‹ ist Psyche überhaupt ›Welt‹.«[75]

Insofern als die »Wesensnatur« im Sinne des Zen nicht ein Gegenüber zur Welt der Erscheinungen ist, enthält sie weder Inhalte noch Impulse. Werden die Archetypen als Inhalte des kollektiven Unbewussten verstanden – auch ohne über eine konkretisierte Form zu verfügen –, so erscheinen sie als »Anordner«[76] im kollektiven Unbewussten, aus dem Bewirktes entsteht. Die Wesensnatur des Zen enthält demgegenüber kein derartiges Element – hier gibt es keine Trennung in Wirkendes und Bewirktes. Immerhin ist auch bezüglich der

Archetypen denkbar, dass es sich letztlich nur um eine Begrifflichkeit handelt, welche die Formgebung der realen Welt zu erklären versucht. Die »Wirklichkeit« bleibt damit ein zu Erforschendes, das sich allen vorschnellen Definitionen widersetzt.

Osttor

Ohne Wasser kein Eis

Durchs Osttor tritt Zen in die Welt des Westens ein. Die Weisheit des Zen ist im Osten gewachsen, als Lehre Buddhas um 520 n. Chr. von Bodhidharma von Indien nach China überbracht, wo sich die eigentlichen Zen-Schulen entwickelten, und ab 1191 von Myôan Eisai sowie ab 1230 von Dogen Kigen in Japan verbreitet. Nun hat Zen seinen Weg in den Westen angetreten, und es kann hier neue Früchte tragen. Was aber ist es, das bei uns eintritt? Weil die Erfahrung des Zen zur menschlichen Möglichkeit gehört, ist es grundsätzlich nichts Neues, was unseren Kulturraum betrit. Die Tür für tiefere Erkenntnisse war auch in unserer Kultur immer schon offen, aber nur wenige haben sie passiert.

Seit jeher wurden die entsprechenden geistigen Möglichkeiten auch bei uns in den Klöstern gepflegt. In der christlichen Mystik war die entscheidende Erfahrung auf dem inneren Weg die »Gotteserfahrung«. Der Mystiker stößt in einen Bereich vor, der sich jeder Beschreibung entzieht. Es geht um ein Höheres, das den Menschen übersteigt und daher mit äußeren Begriffen nicht zu beschreiben ist. Unsere Sprache reicht nicht aus, diese Dimension zu fassen, denn das Wort »Gott« ist keine Erfahrung, sondern nur ein Begriff. Der Weg zu tieferer Erkenntnis aber ist anspruchsvoll – denken wir etwa an Johannes vom Kreuz, der von den vielen dunklen »Nächten der Sinne und des Geistes« gesprochen hat. Erst da, wo man Gott ganz verloren hat – jede Vorstellung und Begrifflichkeit aufgegeben hat –, ist nach Johannes vom Kreuz die entscheidende Erlösung möglich. Wer in die Tiefe des Seins vorgestoßen war und damit erkannte, dass wir »nicht nur von dieser Welt« sind, galt als weise oder »erleuchtet«. Er war gewissermaßen zum Licht vorgestoßen, das vielerorts mit Erkenntnis gleichgesetzt wird. In der Ostkirche entspricht dies der Wahrnehmung des

»Taborlichts« – etwa durch die Mönche vom Berg Athos in Griechenland.

Der Weg zu solchen Erfahrungen war bis vor kurzem den Mönchen und Nonnen vorbehalten, welche sich ganz dieser Aufgabe verschrieben hatten. Ihre Lebensführung war auf diese tiefe Dimension ausgerichtet, und sie hatten auf Ablenkung zu verzichten. Dazu gehörten auch der Umgang mit dem anderen Geschlecht und die Gründung einer Familie. Dies entsprach offensichtlich den Möglichkeiten des damaligen Bewusstseins. Seit der Entwicklung des dualistischen Bewusstseins war die Einheit des Seins nicht mehr unmittelbar wahrzunehmen. Sie war gewissermaßen unter der äußeren Realität begraben, und um diese »geistige« Ebene unseres Daseins erfahren zu können, musste der äußeren Welt weitgehend entsagt werden.

In Japans Klöstern war und ist das nicht anders. Auch hier galt über Jahrhunderte eine strenge Lebensgestaltung und Übung – im Wissen darum, dass das Ganze nicht ohne Einsatz des Ganzen gewonnen werden kann. Andererseits gibt es im Osten die Institution »Kloster und Mönchtum auf Zeit«. In Japan erlangen viele angehende Zen-Priester ihre Ausbildung als »Mönche auf Zeit«, heiraten aber später und führen dann einen Zen-Tempel, der oft vererbt wird. In dieser Funktion widmen sie sich hauptsächlich Ritualen für Hochzeiten, Begräbnisse und für die Ahnenverehrung. Dies verlangt nicht, dass sie zugleich den Status eines Zen-Lehrers oder Zen-Meisters haben.

Um zu tiefen Erkenntnissen zu kommen, müssen wir heute nicht mehr davon ausgehen, dass sie nur im strengen äußeren Rahmen eines Klosters möglich sind. Das kollektive Bewusstsein befindet sich in einem Wandel, und deshalb ändern sich auch die Formen. Viele moderne Zen-Meister sind heute Laien, die nicht in einem Kloster leben, sondern eine Familie gegründet haben, die auch nicht als Priester fungieren, sondern einen »weltlichen« Beruf ausüben. Zen hat sich schrittweise gegenüber Laien, gegenüber westlichen Menschen und Angehörige anderer Religionen geöffnet. Dem gegenüber verzeichnen die Klöster nicht nur im Westen, sondern auch im Osten schwindenden Zulauf –, vielleicht weil diese Lebensform zu vieles ausschließt, was zur Ganzheit des Lebens gehört. Es scheint, dass für das Erreichen einer geistig offenen Haltung und einer tiefen Erfahrung nicht mehr derartig strenge Lebensformen notwendig sind, weil die innere Stabilität für das seelische Werk größer geworden ist. Im Westen wie auch im Osten verzeichnen wir eine gewisse »Demokratisierung« des spirituellen Weges. Dieser steht nicht mehr nur den Angehörigen eines Ordens zu, sondern jedem Menschen. Die Trennung zwischen den »religiösen« und den »profanen« Menschen besteht nicht mehr in der früheren Form. Viele Menschen im praktischen Leben widmen sich zugleich einem spirituellen Weg, und die Klöster haben sich für sie geöffnet. Heute praktizieren aber auch Zen-Schulen und Zen-Tempel diese Öffnung, was uns hier im Westen sehr zugute kommt. Der moderne Mensch trägt den »Mönch« oder die »Nonne« gewissermaßen in sich, und er kann sich darauf beziehen, ohne den Habit anzulegen.

Wie in der westlichen Mystik geht es im Zen um eine Erfahrung, welche alles Vorstellbare und damit jegliche Form übersteigt. Wichtig für den Schüler ist dabei die konsequente innere Ausrichtung. Auf dem Weg des Zen braucht es den »großen Glauben«, den »großen Zweifel« und den »großen Mut«. Der Glaube bezieht sich darauf, »dass das Höchste zu erreichen möglich ist«. Der Zweifel betrifft das innere Aufgewühltsein, das für jede wirkliche Erfahrung notwendig ist, und der Mut betrifft die große Hingabe und Ausdauer, welche jedes große Werk verlangt.

Das Besondere am Zen ist, dass die Spiritualität trotz der früheren Beschränkung auf das Klosterleben nicht von der äußeren Welt getrennt ist. Die Konzentration der Lebensgestaltung auf den Zen-Weg und die Übung des Zazen betrifft nur den Weg, aber nicht die Art der Erfahrung. Die zu schauende »Buddhanatur« oder »Wesensnatur« ist nicht von der Welt verschieden. Hakuin Zenji (1686–1769), der schon erwähnte bedeutende Zen-Meister der Rinzai-Schule, der als Reformator und Vater des modernen (strengen) Rinzai gilt, schreibt zu Beginn seines »Preislieds auf Zazen«: »Alles Seiende ist der Natur nach Buddha, wie Eis seiner Natur nach Wasser ist. Getrennt vom Wasser gibt es kein Eis, getrennt vom Seienden kein Leben des Buddha.« Dabei ist der Begriff Buddha hier als die erwähnte Buddhanatur oder Wesensnatur zu verstehen. Etwas allgemeiner formuliert könnte dies heißen: »Alles Existierende ist seiner Natur nach unergründlich, aber getrennt vom Seienden gibt es auch nichts Unergründliches.« Es handelt sich letztlich um eine Identität – wir nehmen das Unergründliche in den Formen aller Existenz wahr, und es kann davon nicht geschieden werden. Im Herz-Sutra ist dies direkt formuliert: »Form ist nichts anderes als Nicht-Form (Leere); und Nicht-Form (Leere) ist nichts anderes als Form.« Form ist nichts anderes als eine Manifestation des an sich formlosen Seins, und dieses allgemeine Sein ist wiederum nicht verschieden von den konkreten Formen der Erscheinung.

Wenn diese Aussage auch einleuchtend klingt und intellektuell durchaus verstanden werden kann, so bewegen wir uns damit doch auf der Ebene der Philosophie. Im Zen geht es aber um etwas anderes: um die Erfahrung. Der Weg des Zen zielt auf eine Veränderung in der Wahrnehmung der Welt und damit auf eine Veränderung des Bewusstseins hin. Dieser Weg ist lang, und es müssen viele Stufen abgeschritten werden, bis die Sicht weit ist. Ein einmaliges, wenn auch durchschlagendes Erlebnis wie das »Kensho«, das »Sehen des Wesens« (das Wesen von allem Sein), hat darin einen bedeutenden Stellenwert. Es gilt aber, dieses so in sich zu verankern, dass die neue Sichtweise nicht nur punktuell wirkt, sondern von ständiger Präsenz ist. Dazu ist eine lange Zeit der Übung und Assimilation notwendig, und es bedarf weiterer Erfahrungen, welche diese Sicht der Welt vertiefen.

Der Ochs und sein Hirte – eine Zen-Parabel

Der Weg zur Zen-Erfahrung und seiner Vertiefung ist in der Parabel vom Ochs und seinem Hirten in exemplarischer Weise beschrieben. Sie stammt aus dem alten China und bildet bis heute eines der zentralen Lehrstücke des Zen-Buddhismus. Sie ist abgesehen von ihrem hohen dichterischen Wert von bedeutungsvollem Inhalt. In zehn Bildern wird der Entwicklungsweg des Zen-Schülers dargestellt, vom Beginn der Suche über die erste tiefe Erkenntnis bis zur vollen Verwirklichung. Der Verfasser der Verse über den Ochsen und seinen Hirten ist Meister K'uo-an Shih-yuan (jap. Kakuan Shion), der im

11. Jahrhundert in China lebte. Der japanische Zen-Meister Kubota Ji'un Roshi (geb. 1932) schreibt zum Inhalt: »Die Geschichte handelt von einem Ochsen und einem jungen Hirten. Der Ochse steht für das wesenhafte Selbst, nach dem wir suchen. Der junge Hirte repräsentiert das Ich der Erscheinungswelt auf der Suche nach dem wesenhaften Selbst, und zwar dem wirklichen Selbst, nicht nur nach Konzepten und Gedanken darüber. – Die Serie der zehn Bilder vom Ochsenhirten beschreibt sehr konkret den Prozess, in welchem das kleine, begrenzte, unvollkommene und relative Ich, der kleine Hirte, zum vollkommenen, unbegrenzten und absoluten Selbst, dem Ochsen, erwacht, den Ochsen ergreift, zähmt und dann wieder vergisst, um ihn schließlich ganz in seine Persönlichkeit einzuverleiben.«[1]

Die zehn Bilder können in drei Gruppen zusammengefasst werden, in denen sich der Entwicklungsprozess des Zen-Schülers vollzieht. Die Stationen 1–3 beziehen sich hauptsächlich auf das Erkennen des »wesenhaften Selbst« im Sinne des Zen, die Bilder 4–8 auf die Läuterung des Schülers und die Bilder 9 und 10 auf die Umsetzung der errungenen inneren Haltung in der Welt. Im Folgenden gehen wir auf die einzelnen Stationen ein. Dabei wird zunächst der Vers angeführt, welcher die Situation schildert. Um einerseits ein Verständnis für den Zen-Text zu fördern und andererseits einen Bezug zur westlichen Psychologie herzustellen, werden die Bilder auf zwei Ebenen erörtert. Zunächst findet sich ein Auszug aus dem Kommentar von Kubota Ji'un Roshi[2] zum jeweiligen Bild. Anschließend stellen wir Überlegungen zur jeweiligen psychologischen Situation des Zen-Schülers an. Dabei beziehen wir die Sichtweise C. G. Jungs mit ein, die auf verschiedenen seiner Werke basiert. Gelegentlich angeführte Zitate von Jung oder Yamada Roshi sind nicht in Hinblick auf diese Zen-Parabel verfasst worden. Die zehn Phasen des Zen-Weges sind die folgenden:

1. Die Suche nach dem Ochsen

Unablässig durchstreift er das dichte Gras,
Die Gewässer sind weit und die Gebirge fern,
der Weg führt ihn ohne Ende.

Alle Kräfte erschöpft, sein Wille gebrochen,
weiß er nicht mehr, wo weiter zu suchen.
Nur der Gesang der Zikaden vom Ahornbaum
dringt abends zu seinem Ohr.

Nach Kubota Ji'un Roshi ist dies die »Phase, in der (beim Suchenden) die Sehnsucht nach dem wesenhaften Selbst, dem uranfänglichen Selbst, dem Ochsen, virulent geworden ist. Man spricht auch von der ersten Herzensregung, die sich auf das wahre Selbst richtet, eine sehr schöne und wertvolle innere Bewegung. Einmal der Vielheit illusorischer Täuschungen verfallen, gehen wir von einem Ding zum anderen und geraten immer mehr in eine hoffnungslose Verlorenheit, bis wir schließlich im Staub der unendlichen Illusionen den Blick auf das wahre Selbst gänzlich verloren haben. Immer sehen wir nur unsere eigene Unvollkommenheit, unser Unvermögen und unsere zeitliche Begrenztheit auf eine Lebenszeit von 50 oder 80 Jahren. Das liegt daran, dass wir der wichtigsten Frage, der Frage nach unserem wahren Selbst, den Rücken zukehren und deswegen unser wahres Wesen, die Essenz unseres Daseins nicht wahrnehmen können. Wer mit rein materiellen Errungenschaften unzufrieden ist und nach einem tragfähigen spirituellen Fundament sucht, der hat die Phase der ›Suche nach dem Ochsen‹ erreicht. Darin werden alle geistigen und körperlichen Energien erschöpft. Ihr wisst nicht mehr, wie es weitergehen könnte. ›Was kann ich noch tun? Und wie?‹«

Psychologisch gesehen geht es hier um den Menschen, der wegen seiner Anhänglichkeiten und Leidenschaften in der Welt umherirrt. Er ist in einem Bewusstsein und Weltverständnis gefangen, das ihn zum Opfer der Verhältnisse werden lässt. Ist er davon tief unbefriedigt, so hält er nach einer anderen Erfahrungsmöglichkeit Ausschau. Es geht um die Sehnsucht nach dem Wesentlichen und – im Sinne des Zen – Wesenhaften des Lebens. In diesem Stadium ist der Mensch noch in einer starken Ich-Orientierung verhaftet und hat die größeren Lebenszusammenhänge nicht in seinem Blickfeld. Alles muss gehen, wie er es will, und nicht so, wie die Umstände das Leben arrangieren. Das entspricht einer Abspaltung vom psychischen Fundament und einer fehlenden Bewusstheit über wesentliche Inhalte. Sie nehmen wiederum eine Gegenposition zum Bewusstsein ein und durchkreuzen von daher dessen Absichten. Der Mensch befindet sich in einem inneren Zwiespalt, an dem er leidet. Er ist uneins mit sich selbst, ist sich dessen aber möglicherweise gar nicht bewusst.

Im Kommentar zum tibetischen Totenbuch schreibt Jung: »Das ›Erkennen des Geistes‹ bedeutet Selbstbefreiung. Vom psychologischen Standpunkt aus heißt dies: je mehr Gewicht wir dem unbewussten Prozess zumessen, umso mehr lösen wir uns von der Welt der Begehrlichkeit und der getrennten Gegensätze, und umso mehr nähern wir uns dem Zustand der Unbewusstheit, der durch Einheit, Unbestimmbarkeit und Zeitlosigkeit charakterisiert ist.«[3] Jung postuliert damit für die seelische Entwicklung einen Weg von der ichbetonten Einstellung (Welt der Begehrlichkeit) zu einer umfassenderen Einstellung, welche näher beim Unbewussten liegt (welches durch »Einheit« respektive Ununterschiedenheit charakterisiert ist). In diesem Rahmen versteht er »Selbstbefreiung« als Annäherung an das Unbewusste. Der suchende Mensch ist demnach jemand, der sich mit seinen eigenen, unbewussten Inhalten verbinden will. So gesehen bedeutet Selbstbefreiung auch »Befreiung von Bewusstheit« durch Annäherung an einen Zustand der unbewussten Einheit.

Im Zen wird ein Bewusstsein angestrebt, welches eine zusätzliche Tiefendimension beinhaltet. Yamada Kôun Roshi schreibt, dass alle Religionen darin übereinstimmten, dass es mehr gebe, als nur diese Erscheinungswelt.[4] Davon hätten auch die meisten Menschen eine vage Vorstellung. Diese Ahnung sei aber nicht bloß eine Idee, sondern eine erfahrbare Wirklichkeit. »Im Zen lernt man, diese Wirklichkeit zu erleben und zu erkennen, wie sie ist. Im Zen geht es um nichts anderes als um dieses Faktum. Das ist die Grundlage und das Ziel, das A und O des Zen.«[5]

2. Das Finden der Ochsenspuren

Unter den Bäumen, am Rande des Wassers –
zahlreiche Spuren des Ochsen.
Wohlriechendes Gras sprießt reichlich – könnt ihr das sehen?

Auch wer tiefer in die Berge hineingeht und nach ihm sucht, wie könnte auch nur seine Nase, die bis zum Himmel reicht, ihm verborgen bleiben?

Kubota Ji'un schreibt zu diesem zweiten Bild: »Mit dem ›Finden der Ochsenspuren‹ ist die Phase gemeint, da man die Abdrücke der Hufe des Ochsen auf dem Boden entdeckt. Meistens ist damit das konzeptionelle Verständnis der Sutren, der Lehren Shakyamunis und der Patriarchen gemeint.

Das Studium dieser Texte ermöglicht ein intellektuelles Verständnis der Erfahrung, von der sie sprechen, und damit ein verstandesmäßiges Begreifen der Existenz des Ochsen. Aber was ist das, ein intellektuelles Verständnis von der Existenz des Ochsen? Der berühmte Mönch Jô (aus dem 4. Jahrhundert) sagt: ›Himmel und Erde und ich selbst haben dieselbe Wurzel. Alle Dinge und ich selbst sind eins.‹ Aber: Da gibt es noch ein ›Ich‹, welches diese Aussagen ›versteht‹. Solange es aber noch so ein ›Ich‹ gibt, hat man die innere Wahrheit der Leere und die Bewusstseinsverfassung, die ausgedrückt wird in dem Satz: ›Alle Dinge und ich selbst sind eins‹ nicht wirklich verstanden. Wer in einem theoretischen, konzeptionellen Zen-Verständnis gefangen bleibt, verharrt in der Phase der Spurenfindung. Auch wer sich in wissenschaftlicher Weise mit Zen befasst, bleibt – vom Standpunkt der Praxis her gesehen – bei den ›Spuren‹ hängen, so differenziert und sorgfältig die Forschungen auch sein mögen.«

Im Sinne des seelischen Verlaufs handelt es sich hier um die Suche nach tieferer Erkenntnis, ohne dass schon klar wäre, welcher Weg zu nehmen ist. In Allgemeinen wird von den Interessierten zunächst das Studium der einschlägigen Texte in Angriff genommen. Das begriffliche Verstehen ist für die tiefere Zen-Erfahrung jedoch nicht hilfreich. An der vordergründigen Zwiespältigkeit des Lebens leidend wenden sie sich schließlich nach Innen, um die Seele zu erforschen. Im Grunde geht es dabei um eine innere Schau, die allerdings im Vorfeld schon erahnt wird (wofür die Fußabdrücke des Ochsen stehen). In dieser Phase suchen manche eine Lehrperson, die ihnen weiterhelfen kann. Es gilt herausfinden, wer man »eigentlich« ist, abgesehen von all den übernommenen Rollen, mit denen sich viele Menschen vollständig identifizieren. Gewisse Impulse aus dem Unbewussten veranlassen einen, sich tiefer mit sich selbst auseinanderzusetzen. Zum weiteren Fortschritt im Prozess schreibt C. G. Jung im Vorwort zu Suzukis Buch über die »Große Befreiung«: »Wenn nun das Bewusstsein möglichst von Inhalten entleert wird, so geraten diese in einen (wenigstens vorübergehenden) Zustand des Unbewussten. Die Verdrängung erfolgt im Zen in der Regel dadurch, dass den Inhalten die Energie des Bewusstseins entzogen und entweder auf die Vorstellung der Leere oder auf das Kôan übergeleitet wird. Die ersparten Energiebeträge verfallen dem Unbewussten und verstärken dessen natürliche Ladung bis zu einem gewissen Maximum. Das entsprechende Training führt schließlich zum Durchbruch der unbewussten Inhalte ins Bewusstsein.«[6] Jung spricht in dieser Textstelle davon, dass die dem Bewusstsein entzogene Energie nicht einfach verschwindet, sondern die Tiefendimension des Menschen belebt. Tatsächlich können sich im Unbewussten sehr hohe Energiekonzentrationen finden, ohne dass der Mensch als Ganzes unbewusst wird, das heißt in einem Zustand der inneren Finsternis versinkt. Man denke etwa an die Anspannung, die ein Musiker vor einem großen Konzert hat. Er hat nicht alle Töne, die er spielen wird, in seinem Bewusstsein – im Gegenteil –, aber er ist voller Energie. Zugleich ist er ohne weiteres bewusst genug, um vor Konzertbeginn den Weg zu seinem Instrument finden zu können. Und wer kennt nicht das Gefühl der »Leere im Kopf« vor einer großen Prüfung, die man dann doch besteht? Ähnlich verhält es sich in der Meditation. Die inneren Kräfte werden gesammelt, bis sie zu einem Durchbruch gelangen.

Yamada Roshi sagt zum Ziel dieses Weges: »Buddhisten nennen den Ort der Sehnsucht das Reine Land, Christen sprechen eher vom Himmel oder dem Paradies. Ihr müsst realisieren, dass der Himmel genau hier ist. Jetzt, in diesem Augenblick seid ihr mitten im Paradies. Es gibt keinen anderen Weg, frei zu werden. Wenn ihr nicht gerade hier an diesem Ort frei seid, werdet ihr niemals frei werden. Denn genau hier – da ist der Himmel. Hier ist das Reine Land. Wo immer ihr hingeht, immer seid ihr in der Mitte der Wesenswelt.«[7]

3. Das Erblicken des Ochsen

Vom Strauch her ertönt der Gesang des Buschrohrsängers.
Warm scheint die Sonne, mild weht der Wind,
am Flussufer leuchtet das Grün der Weiden.
Niemand kann dem Ochsen mehr entkommen.
Kein Maler könnte sein majestätisches Haupt
mit den Hörnern malen.

Im dritten Bild wird der Moment beschrieben, wo der Suchende eine erste grundlegende Erkenntnis über das Wesen seiner Existenz gewinnt. Zu diesem wichtigen Schritt im Prozess schreibt Kubota Ji'un: »›Den Ochsen finden‹ bedeutet, das wahre Selbst ganz klar zu sehen und zu erkennen. Genauer: Bis zu diesem Zeitpunkt war man gewohnt, sich vorzustellen, dass es irgendwo eine Substanz mit dem Namen ›Selbst‹ oder ›Ich‹ gäbe. Das wahre Selbst in voller Klarheit zu sehen ist dagegen die Erfahrung der Tatsache, dass jenes Selbst vollkommen leer ist und keinerlei Substanz besitzt und dass es niemals so etwas wie ein substantielles Ich oder Ego gegeben hat. Wer das wahre Selbst erfährt, stößt damit auf die ursprüngliche Quelle allen Seins. Was auch immer man sieht oder hört, jedes einzelne Phänomen ist so, wie es ist, das wahre Selbst. Auch alle Bewegungen wie Aufstehen, Hinsetzen, Weinen, Lachen, Essen und Trinken sind das wahre Selbst, das wahre Faktum. So erscheint der wahre Ochse unübersehbar mit seiner ganzen Größe in völliger Offenheit. Wer wirklich den Ochsen gesehen und Erleuchtung erfahren hat, ist zum ersten Mal frei von allen Fesseln des Ego und sieht die Realität so, wie sie wirklich ist. Es ist so, als hätte man alles Gepäck von den Schultern abgeladen und kann nun erstmals im Frühjahr den warmen Sonnenschein und den milden Frühlingswind genießen. Die ganze Umgebung, in der wir leben, ist nichts anderes als der Ochse selbst. Der wahre Ochse ist das ganze Universum.« In diesem dritten Bild wird die Erfahrung des Kensho dargestellt. »Wenn ihr Kensho erlangt habt, dann ist das innerhalb der 10 Ochsenbilder (aber) erst das Stadium, was genannt wird ›den Ochsen erblicken‹. Der Ochs erscheint als Metapher für die Wesensnatur.«[8]

Psychologisch verstanden geht es jetzt darum, mit dem Herzen zu lernen und sich nicht mehr in der Welt der Unterscheidungen zu bewegen. Man nimmt von vielem Abschied und öffnet sich für das entscheidende Erlebnis des seelischen Durchbruches. Das Erlebnis des Kensho, der Schau des Wesens, kann im Rahmen der westlichen Psychologie im Grunde nicht erklärt werden. Es geht um die Wahrnehmung einer anderen Dimension, um die Entwicklung einer neuen Sicht der Welt. Dabei scheint die ursprüngliche Quelle allen Seins auf. Es ist allerdings nicht angezeigt, das entscheidende Erlebnis des Zen – Satori oder Kensho, die »Schau des Wesens« – im Sinne der westlichen Psychologie deuten zu wollen. Diese »Psychologisierung des Zen« scheint unangebracht, weil sie die Zen-Erfahrung auf ein psychologisches Modell reduziert, wo es im Zen doch darum geht, alle diese (Modell-)Vorstellungen zu lassen, um auf einer viel tieferen Ebene aufnahmefähig zu werden. Im Nachhinein kann eine derartige Erfahrung allerdings mit psychologischen Prozessen verglichen werden – wenn auch nicht mehr.

Jung nimmt in verschiedenen Texten zum Begriff und der Erfahrung des Kensho (auch Satori genannt) Stellung: Satori bezeichnet eine Art von Erleuchtung, welche dem Europäer nachzufühlen fast unmöglich ist. Es bezeichnet ein Erlebnis, das bemerkenswert im Dunkel bleibt. Es ist die zentrale Anschauung von nicht zu überbietender Fremdartigkeit. Wenn man die Zen-Texte aufmerksam liest, so kommt man wohl nicht um den Eindruck herum, dass es sich, bei all der Bizarrerie, um ein natürliches Geschehen handelt, ja sogar um etwas dermaßen Einfaches, dass man den Wald vor lauter Bäumen nicht mehr sieht. In den Texten wird ein unter den heftigsten Konvulsionen erfolgendes Wandlungserlebnis beschrieben. Es handelt sich eben nicht darum, dass etwas anders gesehen wird, sondern dass man anders sieht. Jeder Einbruch des Unbewussten ist eine Antwort auf eine bestimmte Bewusstseinslage. Diese Reaktion hat stets Ganzheitscharakter, da sie einer durch kein diskriminierendes Bewusstsein aufgeteilten Natur entspricht. Daher die überwältigende Wirkung. Es ist die unerwartete, umfassende, völlig einleuchtende Antwort, die umso mehr als Erleuchtung und Offenbarung wirkt, als das Bewusstsein sich in einer aussichtslosen Sackgasse festgerannt hat. Der Vorgang des Satori ist gedeutet und formuliert als ein Durchbruch eines in der Ich-Form beschränkten Bewusstseins in die Form des nicht-ich-haften Selbst.[9]

Jung spricht einerseits von einer völligen Dunkelheit bezüglich der Antworten auf die Zen-Kôan und hält das Erlebnis des Kensho (Satori) dem westlichen Geist für weitgehend unzugänglich. Andererseits interpretiert er es in einem psychologischen Sinne als Einbruch des nichtpersonalen Selbst ins Bewusstsein und macht es damit gewissermaßen »verständlich«. Es entspricht einem Grundkonzept von Jung, das Unbewusste gegenüber dem Bewusstsein als kompensatorisch zu verstehen (das Unbewusste beinhaltet alles, was dem Bewusstsein »fehlt«). Satori interpretiert er als Einbruch des energetisch aufgeladenen Unbewussten ins Bewusstsein. Dieses Konzept ist für die Beurteilung einer Zen-Erfahrung aber nur beschränkt geeignet. Weil sich die Zen-Erfahrung nicht auf Inhalte (des persönlichen oder kollektiven Unbewussten) bezieht, kann sie gegenüber dem Bewusstsein weder als kompensatorisch verstanden werden (persönliches Unbewusstes) noch als ergänzend (Inhalte des kollektiven Unbewussten). Im Zen prüft der Meister die »Wesenserfahrung« des Schülers, also die Erfahrung des »Nichts«, was in der Psychologie von C. G. Jung als unmöglich erscheint, weil dieses nicht erfahrbar und nicht fassbar ist. Die Interpretation des Satori als »Durchbruch eines in der Ich-Form beschränkten Bewusstseins in die Form eines nicht-ich-haften Selbst« ist dem Selbstverständnis des Zen näher als andere Formulierungen Jungs.

Was aber bedeutet dieser Durchbruch? Das kann nur die praktische Erfahrung zeigen. In Zen-Texten finden sich deshalb keine theoretischen Erläuterungen, wohingegen sie auf das Faktum selbst hinweisen. Nur der Weg dazu wird beschrieben. Yamada Roshi erklärt dazu: »Der Zen-Weg beginnt beim Alltagsbewusstsein. Bei anhaltender Übung kommt ihr tiefer und tiefer. Ist der Geist völlig leer, ist das der Punkt des großen Todes. Alle geistigen Funktionen sind zum Stillstand gekommen. Im Allgemeinen denken die Menschen, dies sei Satori, aber da irren sie sich. In diesem Moment braucht es einen zusätzlichen Impuls, um da wieder herauszukommen. Hinzukommen muss ein Schritt vorwärts. Dann öffnet sich alles – und das ist die Große Auferstehung.«[10]

4. Das Ergreifen des Ochsen

Alle Kräfte sind eingesetzt worden, den Ochsen zu fangen. Doch sein Ungestüm und seine Wildheit zu bändigen ist noch schwerer. Manchmal prescht er vor bis zur Spitze des Hochlands; Manchmal verbirgt er sich in Nebel und Wolken.

Kubota Ji'un führt dazu an: »In der Phase des Ochsenfangens wird der Ochse, unsere Wesensnatur, mit viel Mühe eingefangen. Das Wesen des Ochsen ist klar geworden. Wer Erleuchtung erfahren hat, für den ist es von höchster Wichtigkeit, mit großer Strenge und Ausdauer mit seinem Üben fortzufahren, damit die Welt, in die ein kleiner Einblick geschehen war, immer klarer und deutlicher wird. Dieser Ochse war lange Zeit ausgerissen in entlegene Gebiete und wilde Gebirgslandschaften, das heißt, er war tief in den Sumpf der phänomenalen Welt des Dualismus versunken. Und da er den Geschmack dieser Welt nicht so leicht vergessen kann, ist es nicht so leicht, ihn davon zu befreien. Nach dem ersten Zugriff merkt man, dass der Ochse noch eine tief eingewurzelte Neigung besitzt, in die Welt der Unterscheidungen und Dualitäten zurückzukehren. Man stellt sich selbst in den Mittelpunkt, sieht andere Menschen als getrennte Wesen an und ist wieder ganz in der Welt der Unterscheidungen gefangen. Erst nach vielen Jahren intensiver Praxis wird es endlich möglich, den Ochsen einzufangen.«

Nachdem ein Durchbruch erreicht ist, geht es auf dem seelischen Entwicklungsweg nun darum, das Erlebnis zu halten und die neue Einstellung zum Leben zu festigen, damit es in seinem Gehalt wirklich präsent bleibt. Dabei wird die im Kensho erblickte Welt zunehmend klarer und deutlicher. Im entsprechenden Bemühen (Halten des Ochsen) kommt man mehr und mehr in die Situation, sich als Ausdruck eines großen Ganzen zu verstehen und die Impulse für sein Handeln in diesem Zusammenhang zu begreifen. Dadurch wird der Bezug zur »geistigen Dimension« der Welt gefestigt, und die entsprechenden Lebensimpulse können konsequent verfolgt werden.

Im Rahmen der Individuation (des Weges zur tieferen Persönlichkeit) geht es bei Jung um die Stärkung des »Selbst« und um die dauerhafte Verlagerung des Zentrums der Persönlichkeit in dieses »Nicht-Ich«. In seinem Kommentar zum Tibetischen Buch der großen Befreiung (nicht zu verwechseln mit dem tibetischen Totenbuch!) schreibt Jung: »Im Osten ist der Geist ein kosmisches Prinzip, die Essenz des Seins überhaupt, währenddem wir im Westen zur Erkenntnis gelangt sind, dass Geist die unerlässliche Bedingung zur Erkenntnis und daher auch zur Welt als Vorstellung bildet. Wir haben uns ja schon dermaßen an diese Anschauung gewöhnt, dass der ›Geist‹ seinen universellen Charakter ganz verloren hat. Er ist zu einer mehr oder weniger vermenschlichten Größe geworden.[11] – Wir wissen nur, dass es keine Gewissheit und keine Beweismöglichkeit für die Gültigkeit eines metaphysischen Postulates wie zum Beispiel eines All-Geistes gibt. Mit anderen Worten, es ist ebenso möglich, dass unser Geist nichts als eine wahrnehmbare Manifestation eines All-Geistes ist. – (Auch) Materie ist eine Hypothese. Wenn man sagt ›Materie‹, schafft man eigentlich ein Symbol für etwas Unbekanntes, welches sowohl Geist als irgend etwas anderes sein kann; es kann sogar Gott sein.«

Wie sich aus dem Vergleich dieser Zitate mit anderen Textstellen Jungs ergibt, finden sich bei ihm durchaus vielfältige Aussagen zum Wesen und zur Erfahrung des Zen. Die vorliegenden Ausführungen zum All-Geist können auch vom Standpunkt des Zen her als zutreffend bezeichnet werden. Yamada Roshi spricht ebenfalls von der Relativität der Materie und verweist auf die wesensmäßige »Leerheit« der Daseinsformen, welche die Erscheinungswelt bilden. »Naturwissenschaftler unserer Zeit dringen mehr und mehr in die tieferen Geheimnisse der Materie ein. Allem Anschein nach können sie schon fast bestätigen, dass die vier Elemente von Anfang an »keine Existenz« besitzen. Im Herz-Sutra heißt es: »Bodhisattva Avalokitesvhara erkannte, dass alle fünf Skandas leer sind, und überwand so alles Leiden«. Die fünf Daseinsaggregate (Skandas) sind Materie (Form), Wahrnehmung, Gedanken, Willenskraft und Bewusstsein. Alle Dinge entstehen durch unterschiedliche Arten der Verbundenheit miteinander. Dazu gehören nicht nur die materiellen Dinge der objektiven Welt, sondern auch die Geschehnisse im Innern, unser Geist mit seinen Handlungen. Diese inneren Handlungen und Einstellungen haben zwar keine Form, gehören aber doch zu den Daseinsaggregaten.«[12]

Im Zen geht es darum, erfahrungsmäßig über die Unterscheidungen und Zuordnungen – dieses ist Materie, jenes ist Geist, anderes ist Gott – hinaus zu gelangen und die Einheit der Welt zu erkennen. Nach dieser Auffassung hat der dualistische Geist (der in der griechischen Philosophie ihren Ursprung hatte) die ursprünglich (im magischen und teilweise im mythischen Bewusstsein) bestehende Einheit aufgelöst. Zen zeigt einen Weg, wieder zu dieser Einheit zurückzufinden respektive über den Dualismus hinaus zu einem »apersonalen« Bewusstsein zu gelangen. Das scheint im Prinzip auch Jung als Möglichkeit anzuerkennen. Im Sinne des aperspektivischen Bewusstseins (Jean Gebser) bedeutet dies ein neues, integriertes Bewusstsein, aber nicht die Wiederherstellung magischer Elemente. Es geht um ein Bewusstsein, das die Einheit der Welt wahrzunehmen vermag, ohne deswegen den klaren Geist zu verlieren, den der Dualismus hervorgebracht hat.

5. Das Zähmen des Ochsen

Immer muss der Hirte streng sein mit der Peitsche,
sonst folgt der Ochse seiner Laune zu Staub und Schmutz.
Doch geduldiges Zähmen macht ihn sauber und sanft,
und friedlich folgt er dem Hirten ohne Zügel und Zwang.

Nach Kubota Ji'un ist »das Zähmen des Ochsens ein sehr wichtiger Prozess, in dem man sich die bisherigen Erfahrungen wirklich zu Eigen machen muss. Eine Erleuchtungserfahrung bringt noch nicht das automatische Verschwinden aller unserer Gedanken, Konzepte und Illusionen. Sobald ein Konzept wieder auftaucht, sind auch andere illusorische Gedanken und Vorstellungen bald wieder zur Stelle. Natürlich kann man auch nach dem Wesen dieser illusorischen und unterscheidenden Gedanken, die unablässig aufsteigen, fragen. Sie sind nämlich in sich selbst gänzlich leer und ohne Wirklichkeitsgehalt. Wer aufgrund dieser Einsicht wirklich zur Ruhe kommt, für den kann jeder aufsteigende Impuls zur Manifestation des wahren Selbst werden. – Mit dem ›geduldigen Zähmen‹ ist unser ernsthaftes und nachhaltiges Üben gemeint. Nur durch strenges Sitzen und anhaltendes Übens wird der eigene Herz-Geist nach und nach ruhiger, der Gesichtsausdruck wird sanfter, und die zuvor schneidend barsche Sprechweise verliert sich allmählich. Würde das nicht geschehen, wäre es kein echtes Zen.« Yamada Roshi ergänzt: »Wer nach einer anfanghaften aber echten Erfahrung getreu weiterübt, kann erleben, wie die anfängliche Glut immer kräftiger und leuchtender wird, bis sie schließlich den Glanz der strahlenden Mittagssonne erreicht.«[13]

Die andauernde Bemühung führt im Sinne des psychischen Entwicklungsprozesses mehr und mehr in einen Zustand der Einheit im Tun und Lassen. Alles geschieht zwanglos von Innen heraus. Man wird sich »Selbst«. Die lenkende Kraft geht von dem an vordergründigen Interessen haftenden Ich auf das Selbst über, jene größere Persönlichkeit, die wir auch sind. Jung meint in diesem Sinne: »Es steht zu vermuten, dass die Kôan-Methode der Freiheit des seelischen Geschehens nirgends auch nur die geringste Fessel anlegt und darum das Endergebnis auch aus nichts anderem hervorgeht als aus der individuellen Disposition des Initianden.«[14] Dazu ist zu bemerken, dass der Geist des übenden Menschen in einer bestimmten Verfassung sein muss, damit er das Wesen erkennen und gültig zum Ausdruck bringen kann. Die Frage ist, wie er dahin gelangt. Bezeichnenderweise spricht Jung nicht über Zazen, die Meditationsmethode, welche den individuellen Geist mehr und mehr zur Ruhe kommen lässt, bis sich eine neue Sichtweise öffnet. Jung glaubt, dass das Endergebnis aus nichts anderem hervorgeht als aus der individuellen Disposition des Initianden. Daraus schließt Jung, dass dessen Reaktion (beispielsweise auf ein Kôan) eine einfache und natürliche Antwort sei, die seinem individuellen Wesen entspreche. Aus der Sicht des Zen ist dies richtig und falsch zugleich – richtig, indem Inhalt und Färbung der Antwort dem Wesen des suchenden Menschen entsprechen – und falsch, indem es nicht um eine Beliebigkeit der Antwort gehen kann, wie Jung vermutet. Sie ist im Gegenteil eine absolut präzise Reaktion auf die gestellte Frage und bringt gleichzeitig die Essenz des Zen in treffender Weise zum Ausdruck.

6. Der Heimritt auf dem Ochsen

Auf dem Rücken des Ochsen will der Hirte langsam nach Hause reiten.
Im rötlichen Abendlicht spielt der Fremde auf seiner Flöte.
Jeder Takt, jeder Ton ist erfüllt von unvorstellbarem Klang.
Echte Freunde wissen davon auch ohne Worte.

Gemäß Kubotas Kommentar »kann der Hirte jetzt in aller Ruhe den Rücken des Ochsen besteigen und auf ihm heimreiten. Die langwierige Mühe des Zähmens hat sich gelohnt. Jetzt folgt der Ochse genau jedem Wink. Die Mühen haben Früchte gebracht. Der Kampf ist endlich vorbei. Das heißt: Man hat erkannt, dass alle Unterschiede substanzlos sind. Alle Gegensätze wie die zwischen Erleuchtet und Unerleuchtet, Heilig und Gewöhnlich, Gut und Böse, Gewinn und Verlust sind in sich selber leer, und die Mauer zwischen diesen Gegensätzen ist verschwunden. Wenn man den Ochsen jetzt anruft, wendet er nicht mal seinen Kopf. Und wenn man versucht, ihn anzupacken und in eine Richtung zu zerren, würde er nicht Halt machen. Alle Dinge nehmen ihren Lauf, Tag für Tag und Stunde für Stunde tut man einfach das, was jetzt dran ist, und geht seinen Weg ohne Hindernis. Hier geht es darum, dass man langsam und friedlich auf dem Rücken des Ochsen, dem wahren Selbst, den langen Heimweg antritt. Das Ende ist noch nicht in Sicht. Warum? Weil es da noch ein Selbst gibt, das auf den Ochsen schaut, ein Ich, das auf dem Rücken des Ochsen sitzt. Der Klang einer Flöte aus diesem fernen Volke ist Ton für Ton ein Gruß an die niedersinkende Sonne. Das ist ganz klar zu hören. Doch hat dieser Flötenklang auch einen melancholischen Beigeschmack. Trotz des Hauchs von Melancholie, der über allem liegt, vermittelt jeder Ton und jeder Rhythmus auch den Geschmack der Unendlichkeit.«

Im psychologischen Sinne ist man nun in seinem Selbst verankert und spielt die Melodie des großen umfassenden Seins, das die Welt in all ihren hellen und dunklen Aspekten widerspiegelt, ja diese ist. Aufgehoben im Klang der Welt wird alles als ein einziges Wesen wahrgenommen, und in diesen Zustand der Einheit liegt Heimat. Nun ist der Geist gelassen, und man wirkt auf andere durch seine innere Ruhe.

Damit hat die Persönlichkeit ein hohes Maß an Integration erreicht. Das Ich steht nicht mehr im Widerspruch zu unbewussten Inhalten – es hat sich vielmehr an das Große Ganze hingegeben. Die Basis dieser Haltung ist die Erfahrung, dass Form und Nicht-Form (Leere) identisch sind. Es ist nicht einmal eine andere Seite desselben – es *ist* dasselbe. Im Rahmen von Konzepten ist diese Wahrnehmung eigenartig und nicht zu verstehen, und dem dualistischen Geist erscheint sie als paradox. Da diese Erfahrung grundsätzlich den Rahmen von Konzepten sprengt, stößt sie aber nicht nur in einen apersonalen, sondern auch in einen akonzeptionellen Raum vor.

Nach Jung fällt es dem östlichen Geist nicht schwer, sich ein Bewusstsein ohne Ich zu denken. »Man hält das Bewusstsein für fähig, über den Ich-Zustand hinauszugelangen; in diesem ›höheren‹ Zustand verschwindet das Ich sogar vollständig. – Ich bezweifle die Existenz von geistigen Zuständen, die über das Bewusstsein hinausgehen, nicht. Aber die Bewusstheit nimmt in dem Maße ab, als der Zustand über sie hinausgeht. Bewusstheit in unserem Sinne wird (im Osten) entschieden als inferior angesehen, nämlich als Zustand von avidya (Unwissenheit), während das, was wir den ›dunklen Hintergrund der Bewusstheit‹ nennen, als ›höhere‹ Bewusstheit verstanden wird.«[15] Unwissenheit im Sinne des Zen ist der Zustand eines Bewusstseins, das sich nur an der äußeren Welt orientiert und die Ebene der »Wesenswelt« nicht erfasst. Im Sinne der Jung'schen Psychologie entspricht dies dem Verhaftetsein ans Ich, das nicht über die eigenen Bedürfnisse hinaussieht. Im Weltbild des Zen ist dies das Verhaftetsein an die Welt der »Formen«, welche die ihr inneliegende Dimension der »Leere« nicht wahrnimmt und den Menschen deshalb an die Formenwelt (die äußere Welt) ausliefert. Bewusstheit im östlichen Sinne umfasst mehr als den von Jung zitierten »dunklen Hintergrund der Bewusstheit« – es umfasst die klare Wahrnehmung der Außenwelt genauso wie die gleichzeitige Wahrnehmung der Dimension der »Wesenswelt«, das heißt die den Formen inneliegende »Leere«. Der Begriff Leere ist dabei als Unfassbares oder Unbeschreibliches zu verstehen. Jeder Gegenstand umfasst auch das Große Ganze der Welt, und erst wenn diese Qualität des Daseins wahrgenommen wird, kann im Sinne des Zen von »Bewusstsein« gesprochen werden.

7. Der Ochse ist vergessen, der Hirte bleibt

*Schon hat er auf dem Rücken des Ochsen sein Heim erreicht.
Da ist der Ochse verschwunden und der Hirte allein.
Als die Sonne schon hoch am Himmel steht,
ist er noch am Träumen.
Peitsche und Halfter hängen nutzlos im Stall.*

Nun ist – nach dem Kommentar von Kubota Roshi – »der Ochse vergessen. Auch hier ist mit dem Ochsen unser wahres oder uranfängliches Selbst gemeint. Wenn auf derart gründliche Weise nach dem wahren Selbst, dem Ochsen, gesucht wird, verschwindet das suchende Selbst (die suchende Person) – und es bleibt nur das wahre Selbst, der Ochse, übrig. Genaugenommen ist dies die Welt, in der auch das wahre Selbst nicht zu Bewusstsein kommt. Das Selbst ist ganz und gar vergessen; es ist die Welt der Leere, in der es ›kein Wölkchen am Himmel‹ gibt, ›das den Blick behindern könnte.‹ Das ganze Universum ist reines Gold! Vom Erz, aus dem das Gold einmal gewonnen wurde, und von dem Werkzeug, das man benutzt hat, ist nichts mehr da. Nur reines Gold! Nur durch lebendige Erfahrung kann diese Welt wahrgenommen und ›geschmeckt‹ werden. Doch gibt es immer noch die Möglichkeit eines weiteren Fortschritts. So gibt es an diesem Punkt noch immer ein Bewusstsein eines ganz natürlichen Selbst. Man ist sich seiner selbst bewusst. Ich wünsche allen, dies wirklich zu erfassen, wie wichtig die Erfahrung ist, dieses Selbst wenigstens einmal ganz und gar zu vergessen. Die Anstrengungen dürfen nicht aufgegeben werden! Denn es gibt noch dieses Bewusstsein eines Selbst, das es ›nicht nötig hat, den Ochsen zu züchtigen.‹ «

Im Sinne der seelischen Entwicklung und Bewusstwerdung erscheint der Ochse nur als ein vorübergehender Wegweiser auf dem Weg zu sich selbst – zum »Selbst«. Es entsteht ein Zustand von innerer Ruhe und Vergessen; Kôan und Sutren sind genauso nutzlos, wie das Buchwissen unwichtig geworden ist. Wenn das »suchende Selbst« (das aus dem eigenen Inneren geborene Bedürfnis nach tieferer Erfahrung) verschwindet, bleibt das »wahre Selbst« (die eigentliche Substanz, die wir sind – jenseits von Suchen und Nicht-Suchen). Der Mensch hat jetzt einen Zustand inneren Friedens erreicht – er steht nicht mehr im Widerspruch zur Welt oder zu sich selbst. Vielmehr befindet er sich in Übereinstimmung mit den eigenen Lebensverhältnissen, wie sie nun einmal sind. Dabei geht es aber keineswegs um eine Selbstaufgabe, sondern im Gegenteil um die Freiheit, in der gegenwärtigen Realität ganz anwesend zu sein. Aus dieser Präsenz wiederum ergibt sich das absichtslose Handeln, das den hingegebenen Menschen auszeichnet.

Jung zitiert Nukariya, Professor am Sôtô-Shu Buddhist College Tokio, der sagt: »Wir müssen unsere innerste, reine, göttliche Weisheit aufwecken. Wenn dieses innerste Wissen völlig erwacht ist, so sind wir imstande zu verstehen, dass jeder von uns identisch ist, im Geiste, im Wesen und in der Natur, mit dem universalen Leben oder Buddha, dass jeder mit Buddha lebt von Angesicht zu Angesicht. Dass das Leben kein Meer von Geburt, Krankheit, Alter und Tod, auch nicht ein Tal der Tränen ist, sondern vielmehr Buddhas heiliger Tempel.« Jung sagt dazu aber, dies klinge alles so »flach-erbaulich«. Man ziehe das abstruse Dunkel der Zen-Anekdoten dieser Formulierung entschieden vor.[16] Dazu ist zu vermerken, dass die Darstellung von Nukariya in Übereinstimmung mit dem Inhalt des »Herz-Sutra« steht, dem zentralen Text des Buddhismus. Wenn dieser als »flach-erbaulich« erscheint, ist in Betracht zu ziehen, dass Jung möglicherweise einen zentralen Aspekt der Aussage nicht aufgenommen hat. Tatsächlich wirken die spirituellen Texte des Ostens auf den westlichen Menschen fremdartig. Jung hat sich an anderen Stellen sehr ausführlich damit auseinandergesetzt und diese entsprechend gewürdigt. Hier allerdings geht die Betrachtung weniger tief und es bleibt bei der intuitiven Reaktion auf das Fremdartige. Das »Leben von Buddha« bezieht sich auf den einen universalen Geist, der allem innewohnt, auf das Unfassbare, welches unsere Existenz letztlich ist. Alles, was auf dieser Welt geschieht, ist Ausdruck der unnennbaren Schöpferkraft, alles trägt diese Kraft in sich. Im Zen geht es darum, eine Erfahrung davon zu machen, sodass man mit gutem Gewissen sagen kann, »alles Leben ist Buddhas heiliger Tempel« – unabhängig von unseren Bewertungen.

8. Ochs und Hirte sind verschwunden

Peitsche und Leine, Ochse und Hirt – alles ist weg.
Weit und breit nur blauer Himmel – das kann niemals mitgeteilt werden!
Wie sollte sich auf rotglühendem Ofen eine Schneeflocke halten?
Wer dahin kommt, versteht genau, was die Alten meinten.

Dazu kommentiert Kubota: »Sich selbst vergessen haben, alle anderen auch vergessen haben, alle Dinge der Welt vergessen haben! ›Weggefallen sind Körper und Geist‹ (Dogen Zenji). Da ist nur der eine runde Kreis ohne jeden Inhalt. Um diesen Zustand zu erreichen, ist es von äußerster Wichtigkeit – wie ein Sprichwort sagt –, ›nicht dort zu verweilen, wo die Buddhas sind, und auch dort schnell vorbeizugehen, wo sie nicht sind‹. Dabei bedeutet das ›Verweilen, wo die Buddhas sind‹, seine Zeit mit solchen Gedanken und Konzepten wie zum Beispiel ›Buddha‹ oder ›Erleuchtung‹ und dergleichen zu vertrödeln. Auf der anderen Seite bezieht sich der Ausdruck ›Wo die Buddhas nicht sind‹ auf eine Bewusstseinsverfassung, in der einen solche scheinbar kostbaren Vorstellungen gar nichts mehr angehen. Auch einen solchen Zustand soll man nicht nähren und pflegen oder darauf stolz sein, sondern rasch daran vorbeigehen. Wer diese Bewusstseinsstufe durchlaufen hat, für den liegt die Welt, in der es nichts und niemanden mehr gibt, klar und offen zutage. Das ist die tiefste Basis des Zen, die Welt des Nichts, welche nur durch eigene Erfahrung zu realisieren ist. Ohne diese Erfahrung gibt es kein authentisches Zen; es wäre nicht mehr als eine intellektuelle Spielerei mit Plastikfiguren. – Wenn jemand das wahre Faktum wirklich erfahren hat, wie mag sich das äußern? Ein Mensch mit tiefer Erleuchtungserfahrung macht nicht viel Wind um sich. Unendlich weit dehnt sich der klare blaue Himmel. Das ist ein Ausdruck für das wahre Faktum der Leere, die Welt des wahren Selbst. Erst auf dieser Ebene kommt man mit dem Geist der Buddhas und Patriarchen gleich.«

Im seelischen Entwicklungsprozess hat der Mensch auf dieser Stufe seine gewohnte Form verlassen und hängt an nichts mehr. In einer Haltung innerer Zentrierung und zugleich Abgeschiedenheit erlebt er die Welt vor aller Begriffsbildung. Sie erscheint in ihrem grundlegenden Aspekt als unendliche Weite, wofür das Wort »Leere« ein treffender Ausdruck ist. In der Empfindung vollkommener Leere erlebt er das Ungeschiedene allen Daseins, ohne dass dies wirklich in Worte gefasst werden könnte. Er hat die Welt der Vorstellungen verlassen und erkennt die tiefe Dimension des Seins.

Einer solchen Einschätzung stimmt Jung im Wesentlichen zu: »Da wir dem Unbewussten keine bestimmte Form zuschreiben können, scheint die östliche Behauptung, dass der All-Geist ohne Form und doch der Entstehungsort aller Formen sei, psychologisch gerechtfertigt.«[17] Wenn sich Jung mit jenem Phänomen auseinandersetzt, welches er den »All-Geist« nennt, kommt er der Einstellung des Zen erheblich näher als in anderen Fällen, in denen er die Erfahrungswelt des Zen in den Begriffen von Bewusstsein und Unbewusstem zu fassen versucht. Sobald Zen in diese Konzeptwelt eingegossen wird, entstehen Unverträglichkeiten. Dort entsteht die Gefahr einer verkürzenden Jung'schen Interpretation des Zen. Dieses entzieht sich aber solchem Ansinnen und verweist auf die Wahrnehmung des »Faktums«, auf die Erkenntnis des umfassenden Daseins aller Lebenselemente, die nur auf dem Erfahrungsweg gewonnen werden kann. Nach Yamada Roshi besteht »das Ziel unserer Zen-Praxis darin, dieses Faktum, die absolute Leere ganz klar zu realisieren«.[18]

9. Die Heimkehr zum Ursprung

Heimgekehrt zum Ursprung, sieht der Hirte,
wie vergeblich alle Mühe war.
Was wäre besser in dem Moment, als blind und taub zu sein?
Vom Inneren der Hütte aus sieht er nicht, was draußen ist.
Ganz von selbst strömt das Wasser weiter,
ganz von selbst erstrahlen die Blumen in köstlichem Rot.

Kubota erklärt dazu: »Wie viel Zeit und wie viel Schmerzen waren nötig, um die achte Station ›Ochse und Hirte verschwunden‹ zu erreichen! Da dies erst nach äußerst langwierigen Bemühungen und harter

Arbeit erkannt werden konnte, neigt man dazu, an dieser Phase hängen zu bleiben und sich am Ergebnis auf Dauer festzuhalten. Kommt man aber zu der Einsicht, dass dieses Faktum: ›Ochse und Hirte sind verschwunden, Person und Dharma sind leer‹, zum Wesensgehalt des Menschseins gehört, stellt es überhaupt nichts Außergewöhnliches dar. Durch diese Erfahrung kehrt man zum Ursprung zurück, zur Quelle, von der alles seinen Ausgang nahm. Das ist die ›Heimkehr zum Ursprung‹, wo keine Spur von ›Buddha‹ oder ›Buddhismus‹ gefunden werden kann. In dieser Phase kann man erkennen, dass alle Schwankungen wie die Hochs und Tiefs dieser Welt, Manifestationen der vollkommen Stille und des Nichtseins sind. Wenn man das so ausdrückt, klingt es, als seien da zwei Dinge, das Sein und das Nichtsein. Zwischen beidem gibt es aber keinen Unterschied. Jedes Ding ist einfach so, wie es ist – und jedes Ding ist leer, wie es ist. Die Tatsache, dass es keinen Unterschied gibt zwischen sich selbst und anderen, setzt sich einfach so fort. Das Wasser fließt von selbst – und die Blumen sind natürlicherweise von leuchtendem Rot.«

Was die seelische Situation betrifft, erfährt man nun, dass es nur diese eine Welt gibt – nichts Außergewöhnliches. Diese wirkliche Welt ist aber die »Anwesung des anfänglichen Wesens«. Sie ist selbst Handelnde – alle Tat ist im Grunde Tat des Buddha-Geistes. Dieses Wesen ist in allem zu finden. Das erinnert an den »neuen und ewigen Bund« zwischen Gott und den Menschen im Christentum. Den ewigen Bund – diese Bindung oder Identität – gab es aber schon immer. Was ohnehin ist, wird rituell vollzogen, damit es bewusst werde unter den Menschen. Auf dieser Stufe erfährt der Mensch, dass er ganz »diese Welt« ist – was sollte er denn sonst sein? Er hat Teil und ist Ausdruck des Allumfassenden. Ohne ihn gibt es die Welt nicht, und ohne Welt gibt es ihn nicht. Dieses Erkennen bringt eine große psychische Entlastung von allen Vorstellungen und Inhalten, mit denen wir uns das Leben schwer gemacht haben. Wenn wir erfassen können, wie wenig Gehalt unsere Hirngespinste aufweisen, dann können wir sie auch lassen, und wir leben aufgehoben als Ausdruck dieser Welt. Auch die psychische Entlastung durch eine entscheidende seelische Erfahrung ist ein Faktum!

Zu dieser Einheit des Seins sagt Jung: »Im Gegensatz zu der klaren Unterscheidung und Differenzierung der Formen im Bewusstsein sind die unbewussten Inhalte äußerst unbestimmt und vermischen sich daher leicht … Es ist daher nicht unwahrscheinlich, dass die Empfindung von Einheit von dem unterschwelligen Wissen um den All-Zusammenhang im Unbewussten herrührt.«[19] Diese Erklärung von C. G. Jung über die Wahrnehmung der Einheit mag richtig sein, aber die reale Erfahrung erscheint hier eher als ein Konzept. Indem wir davon sprechen, ist die Erfahrung nicht schon realisiert, und die Erlösung des am inneren Zwiespalt leidenden Menschen ist doch immer eine praktische. Sie geschieht möglicherweise nach langer Übung. In dieser Erfahrung wird man froh sein über die neu gewonnene innere Freiheit – über die Ruhe des Geistes, die nun gewonnen ist.

10. Auf dem Marktplatz mit offenen Händen

Barfuß und mit entblößter Brust kommt er zum Markt
Mit Asche und Lehm beschmutzt – im Gesicht ein Lächeln.
Ohne das Geheimnis von Göttern und Hexen zu nutzen,
bringt er verdorrte Bäume zum Blühen.

Kubota Roshi würdigt diesen letzten Zustand in der Parabel vom Ochsen und seinem Hirten wie folgt: »Mit herabhängenden und leeren Händen erscheint der Ochsenhirte auf dem Marktplatz. Ein Mensch, der diese Ebene erreicht hat, gibt keine Anzeichen der erreichten Bewusstseinsverfassung, der Tiefe und Ruhe zu erkennen. Auch legt ein Mensch dieses Ranges keinen Wert auf die Einhaltung von Regeln des Umgangs oder der Lehrweise, wie sie von den Weisen und Heiligen früherer Zeiten überkommen sind. Ein solcher Mensch geht einfach dahin, wo er oder sie möchte, tut, was er oder sie möchte, und lebt, wie er oder sie möchte. Ohne etwas vorauszuplanen, öffnet er sein Herz, schwatzt mit allen und handelt spontan, wie es ihm gerade einfällt. Und doch kommt er dabei vom rechten Weg nicht ab. Er führt ein Leben in völliger Freiheit, ein Leben in natürlicher Einfachheit, ohne für etwas zu kämpfen – und dennoch entstehen keine Probleme. Ein Mensch dieses Ranges hat die Kraft, einen weitreichenden guten Einfluss auf die Menschen auszuüben. Das Wesen der Erleuchtungserfahrung ist ganz und gar in die Person eingegangen, so sehr ›personalisiert‹, dass nichts mehr fehlt. Mit anderen Worten: Dieser Mensch ist in seinem Buddha-Sein ausgereift. Ein Mensch diesen Formats und mit dieser Erfahrung ist auch in der Lage, Mitleid zu empfinden mit einem leidenden Menschen, wodurch er die Kraft erhält, ihm auch zu helfen und ihn zu retten. Wer die Vollendung im Sinn der Ochsenbilder erreicht, kann auch denjenigen, die – wie vertrocknete Bäume – alle Geisteskraft verloren haben, dazu verhelfen, wieder aufzublühen und neuen Lebensatem zu schöpfen. Weil so ein Mensch immer zufrieden und friedvoll in seinem Herzen ist, gibt es immer ein Lächeln auf seinem Gesicht. Auch wenn es gerade nichts zu lachen gibt, zeigt sein Gesicht doch immer ein freundliches Lächeln. Das wird ausgedrückt mit der Formel: ›Immer Frieden unter der Sonne‹.«

Im Sinne der seelischen Entfaltung ist der Mensch nun ganz sich selbst geworden – ohne irgendwelche Umstände zu machen. Er lebt ganz in der Welt, beklagt sich über nichts und wirkt aus sich selbst heraus. Er handelt, wie es sich gerade ergibt, ist in diesem Sinne »nutzlos«, und er wirkt gerade deshalb. Sein Lächeln ist nicht Ausdruck einer Verdrängung, sondern eines gesunden Lebensgeistes. Er hat sein Leben »in Ordnung gebracht« und fühlt sich darin wohl – wie immer die Lebensumstände sind. Er denkt nicht »positiv«, wie das in gewissen psychologischen Schulen empfohlen wird, sondern er *ist* positiv in seiner Grundhaltung dem Leben gegenüber. Er weiß, dass er ein gültiger und umfassender Ausdruck des Lebens ist. Das gibt ihm Selbstvertrauen und Gelassenheit zugleich. In dieser Haltung hilft er anderen Menschen ohne irgendwelche Umstände zu machen. »Nur mit Hilfe der Wesenswelt können wir andere Menschen retten, sagt Zen.«[20]

Zazen – Kôan – Kensho

»Kein Zen ohne Zazen« – dies ist das Credo aller Zen-Schulen. Zazen ist mehr als ein »Königsweg« zur Erfahrung der Wesensnatur allen Seins – es *ist* der Weg. Wird Zen nicht mit Zazen praktiziert, so haben wir es allenfalls mit Zen-Philosophie zu tun, nicht aber mit Zen.

Zazen heißt »Sitzen im ausgeglichenen Zustand von Körper und Geist« oder auch »Sitzen in der Wirklichkeit/Wahrheit«. Es ist die Meditation Buddhas. In dem Sinne, dass Zen sich auf die Erkenntnis Buddhas und die Ursprünge der buddhistischen Lehre bezieht, verkörpert Zazen in der äußeren Sitzhaltung den Weg zur inneren Erfahrungswelt Buddhas. Der historische Buddha verweist dabei auf das Hintergründige oder besser »Ingründige« allen Seins, auf die Wesenswelt, die auch »Buddhanatur« genannt wird. Dabei geht es nicht um die Person Buddha, sondern um das, was er erkannte. Man kann auch sagen, dass die dem Sein schon immer inhärente »Buddhanatur« von Shakyamuni erkannt wurde und er deshalb der »Buddha« genannt wurde.

Jeder Mensch trägt die Essenz des Seins in sich, derer er sich nach und nach bewusst wird. Im Zen wird dem Menschen nichts hinzugefügt; er erreicht nur eine neue Sicht auf sich selbst und auf die Welt. Dazu wird ihm vielmehr »weggenommen«, was die Sicht auf das Ursprüngliche verhindert – nämlich alle Illusionen über das Sein, die sich im Laufe des Lebens angesammelt haben. Im Sinne des »Wegnehmens« ist Zazen eine ungegenständliche Meditation – der Praktizierende stellt sich nichts vor. Er lernt im Gegenteil alle Vorstellungen zu lassen und mehr und mehr in die eigene Tiefe zu sinken, um jenseits aller Vorstellungen zu erkennen, was er »wirklich« ist.

Die Übung des Zazen wurde von Dogen Kigen Zenji (1200–1253) als essentieller Teil des Zen nach Japan gebracht. Wie schon erwähnt war Dogen 1223 nach China gereist und übte dort seit 1225 bei Meister Ju-ching, einem Vertreter der Tsao-tung (jap. Sôtô-)Schule des Zen. Dort erlernte und übte Dogen die absolute Treue zum meditativen Sitzen (jap. Zazen), das die Schüler Ju-chings stundenlang und nächtelang übten. 1227 kehrte Dogen nach Japan zurück und lehrte dort bis zu seinem Tode 1253 das »reine Zazen« (Sitzen in der Meditation). In Dogens Werk »Fukan Zazengi« findet sich die Anleitung zu Zazen, wie es heute noch in der gleichen Weise geübt wird. Die entscheidenden Anweisungen von Dogen lauten wie folgt:

»Für die Übungspraxis des Zazen ist ein ruhiger Raum geeignet. Esst und trinkt nicht zu viel. Gebt alle Bindungen auf und ruht euch von den Pflichten des Alltags aus. Denkt nicht an Gut und Böse oder an Falsch und Richtig. Hört auf, über die Dinge nachzudenken, und lasst alle Begriffe und Vorstellungen los. Versucht nicht, Buddha zu werden! In der Regel breitet man eine feste Matte aus, wo man sitzen will, und legt auf die Matte ein rundes Sitzkissen. Man kann entweder den vollen oder den halben Lotossitz einnehmen. Im vollen Lotossitz legt man zuerst den rechten Fuß auf den linken Oberschenkel und dann den linken Fuß auf den rechten Oberschenkel. Im halben Lotossitz legt man nur den linken Fuß auf den rechten Oberschenkel. Kleider und Gürtel sollen locker und doch wohl geordnet sein. Danach legt man den rechten Handrücken auf den linken Fuß und dann die linke Hand in die rechte Handfläche. Die beiden Daumenspitzen berühren sich. Haltet dann den Körper aufrecht und sitzt gerade, so dass ihr weder nach rechts noch nach links und weder nach vorn noch nach hinten geneigt seid. Es ist wichtig, dass Ohr und Schulter sowie Nase und Nabel eine gerade senkrechte Linie bilden. Die Zunge sollte den oberen Gaumen berühren. Sowohl die Lippen als auch die Zähne liegen an- und aufeinander. Die Augen sollet ihr immer ein wenig offen halten. Atmet leise durch die Nase ein und aus. Wenn sich der Körper in der richtigen Position befindet, atmet einmal tief aus und pendelt zu Anfang nach links und rechts.

Wenn ihr dann still und unbeweglich sitzt, ›denkt aus dem Grund des Nicht-Denkens‹. ›Wie kann man aus dem Grund des Nicht-Denkens denken?‹ ›Es ist nicht wie das gewöhnliche Denken.‹ Dies ist die wesentliche Kunst des Zazen. In Zazen zu sitzen bedeutet nicht, Zen-Konzentration zu erlernen. Es ist die Praxis und Erfahrung, in der das Erwachen vollkommen verwirklicht wird. Die kosmische Ordnung verwirklicht sich beim Zazen unmittelbar, ohne das geringste Hindernis und ohne die geringste Einschränkung. Wenn ihr euch nach dem Sitzen erhebt, bewegt den Körper langsam und steht ruhig auf. Seid ohne Hast.«[21]

Die praktische Übung des Zazen ist heute in den einzelnen Zen-Schulen etwas unterschiedlich. In der Regel sitzt die Gruppe zwei bis drei Mal hintereinander während 25 Minuten, jeweils unterbrochen von einer kurzen Sequenz der Meditation im Gehen *(Kinhin)*. In Einführungskursen werden die Interessenten mit den weiteren Umständen der praktischen Übung vertraut gemacht und sie üben die Formen des Sitzens ein. Dazu verwendet man ein rundes Kissen *(Zafu).* Im Allgemeinen wird im Westen im halben Lotussitz gesessen, denn nur wenige vermögen über längere Zeit im ganzen Lotussitz (beide Beine verschränkt) zu sitzen. Schon der halbe Lotussitz verlangt einige Übung und kann zunächst schmerzhaft sein. Es lohnt sich aber, diesen einzuüben, weil er nicht nur eine gute Versenkung ermöglicht, sondern auch bis in die alten Tage äußerst bewegliche Beine beschert! Andere wählen den »burmesischen Sitz« (bei dem beide Beine ohne Verschränkung voreinander liegen) oder sie behelfen sich mit kleinen Sitzbänken, die in allen Zen-Zentren zur Verfügung stehen und die es auch in vielen Varianten zu kaufen gibt. In der gleichen Weise wird auch in den strengen Übungswochen *(Sesshin)* meditiert. Dort dauern die Meditationen insgesamt 7–8 Stunden täglich und in der übrigen Zeit gilt konsequentes Schweigen – auch während der Mahlzeiten.

Als Unterstützung des Anfängers hat sich die Praxis des Atemzählens etabliert. Hugo Enomiya-Lassalle beschreibt dies wie folgt: »Die Konzentration auf den Atem kann auf zweifache Weise geschehen: Indem man die Atemzüge zählt oder, ohne zu zählen, auf sie achtet.« Zählt man die Atemzüge, dann immer nur von 1 bis 10, indem man entweder das Einatmen oder das Ausatmen zählt. »Wenn man sich ohne zu zählen auf den Atem konzentriert, folgt man gewissermaßen dem Atem im Geiste – beim Einatmen nur auf das Einatmen und beim Ausatmen nur auf das Ausatmen achtend. Die Konzentration auf den Atem ist uralt und soll bis auf Buddha oder noch weiter zurückgehen. Es hat für seinen Zweck, allmählich alles andere auszuschalten und innerlich zur Ruhe zu kommen, eine überraschend gute Wirkung und ist für den Anfang durchaus anzuraten.«[22] Richard Wilhelm bezieht sich im Kommentar zum »Geheimnis der Goldenen Blüte«, den er mit C. G. Jung gemeinsam herausgegeben hat, ebenfalls auf das Zählen der Atemzüge: »Wenn das Herz die Zahl der Atemzüge vergisst, so ist das ein Zeichen, dass das Herz nach außen davongelaufen ist. Dann muss man das Herz festhalten.«[23] Man kann dazu noch anfügen, dass das Zählen wie die Zahl selbst im Sinne von C. G. Jung eine Bedeutung hat: »Die Zahl ist etwas Besonderes – man darf wohl sagen – etwas Geheimnisvolles. Man hat sie ihres numinosen Nimbus nie ganz berauben können ... Sie ist das gegebene Instrument zur Herstellung einer Ordnung oder zur Erfassung einer schon bestehenden, aber noch unbekannten Regelmäßigkeit, das heißt eines Angeordnetseins. Sie ist wohl das primitivste Ordnungselement des menschlichen Geistes, wobei den Zahlen von 1 bis 4 die größte Häufigkeit und die allgemeinste Verbreitung zukommt ... Es ist darum wohl keine allzu kühne Schlussfolgerung, wenn wir die Zahl psychologisch als einen bewusst gewordenen Archetypus der Ordnung definieren.«[24] Es ist zu vermuten, dass die Übung des Atemzählens auch in diesem Sinne eine ordnende Wirkung auf den Geist ausübt. In dieser Übung geht es aber nicht darum, den Atem bewusst zu kontrollieren. Die korrekte Atmung ist keine Sache des Tuns, sondern des Zulassens. Es ist wichtig, den Atem nicht als etwas von sich selbst Getrenntes zu betrachten, auf das man sich konzentrieren sollte.

Die eigentliche Ausrichtung des Zazen ist, in einen Zustand »Jenseits des Denkens« zu kommen. Während der Übung soll man nicht sinnieren oder über etwas nachdenken – beispielsweise über die Lebensprobleme, die sofort auftauchen, nachdem etwas Ruhe eingekehrt ist –, sondern man soll vielmehr nur sitzen. Gerade die Einfachheit dieser Übung ist ihre große Schwierigkeit. Im Nachdenken sind wir getrennt von der Lebenswirklichkeit – getrennt von dem, was unser gegenwärtiges tatsächliches Sein als sitzender Mensch ist, und damit getrennt von der Wahrheit, getrennt vom Universum. Zazen bedeutet immer wieder an den wortlosen Ursprung allen Seins zurückzukehren.

Diese ursprüngliche Form des Zazen wird *Shikantaza* (mit aller Kraft nur Sitzen) genannt. Der Begriff setzt sich zusammen aus wörtlich (jap.): *shi* mit der Bedeutung nur; *kan* mit der Übersetzung regieren, herrschen, sorgen für; und *taza* für Sitzen. Eine wörtliche Übersetzung wäre: »Nur konzentriert aufs Gerade-Sitzen«. Meist wird Shikantaza übersetzt mit »nur sitzen«. Shikantaza bezeichnet Zazen selbst, ohne Techniken wie Atemzählen oder Kôan-Studium. Es wird charakterisiert durch intensives nichtdiskursives Bewusstsein; Zazen wird nur um des Zazen willen gemacht. Shikantaza wird vor allem in jenen Sôtô-Schulen geübt, die das Studium von Kôan nicht verfolgen. »Bei der Übung des Shikantaza (des einfachen Sitzens) gibt es nichts hinzuzufügen. Denn Shikantaza allein erfordert bereits unsere ganze Kraft. Shikantaza ist unser Atem. Wir atmen nicht, um Satori zu bekommen. Da gibt es keinen ›Zweck‹, da ist nur das Zazen, das mit Leib und Seele geübt wird. Das bedeutet nichts anderes als ›einfach zu sitzen‹.«[25]

In der Übung des Zazen, der Sitzmeditation des Zen, entwickelt sich *Jôriki*, »jene besondere Kraft oder Macht, die aus gesammeltem Geist erwächst, wie er durch die Schulung im Zazen bewirkt wird. Jôriki befähigt unter anderem zu höchster Geistesgegenwart selbst in unvorhergesehenen und schwierigsten Situationen«.[26] Diese Kraft ist »mehr als Konzentrationsfähigkeit im üblichen Sinn des Wortes. Es ist eine dynamische Kraft, die uns, einmal in Bewegung gesetzt, dazu befähigt, in gänzlich unvorhergesehenen Situationen blitzschnell zu handeln, wie es den Gegebenheiten am besten entspricht, ohne erst nachsinnend innezuhalten. Wer Jôriki entwickelt hat, ist nicht länger ein Sklave seiner Leidenschaften, noch ist er der Umwelt preisgegeben. Stets Meister über sich und die Umstände seines Lebens, vermag er sich in völliger Freiheit und Gelassenheit zu bewegen.«[27]

Nach Shimano Roshi entspringt die geistige Kraft des Jôriki der Erfahrung von *Samadhi*. Dies ist der Zustand vollständiger Versunkenheit, die nach langer Übung des Zazen erreicht werden kann. »Weiter gibt es im Zazen einen einzigartigen Zustand. Er lässt sich beinahe nicht beschreiben. Es handelt sich mehr oder weniger um Folgendes: Euer Körper und euer Geist sind miteinander verschmolzen. Kein Schmerz stört euch, ihr empfindet keinen Widerstand, fühlt euch vollkommen frei. Irgendwie eins geworden. Und doch spürt ihr, wie Körper und Geist ungemein leicht sind. Nicht schwer, nicht dunkel. Bestimmte Empfindungen gibt es keine, etwa Ablehnung oder Verärgertheit. Nichts von all dem. Ihr habt das Gefühl, als ob ihr körperlich leer wärt. Auch döst ihr nicht – ihr seid hellwach. Euer Atem kommt von selbst, ohne Anstrengung, in regelmäßigen Abständen. Euer Kopf ist klar. Diesen Zustand kann jeder Mensch nach einiger Übung erreichen.«[28]

Die Bedeutung von Samadhi wird in den verschiedenen Zen-Schulen unterschiedlich gewertet. In der Sôtô-Schule wird Samadhi als das eigentliche Ziel des Zen angesehen. Der Sôtô-Zenmeister Kodo Sawaki

Roshi (1880–1965) sagt dazu:»Samadhi bedeutet das Selbst, für das es keinen Ersatz gibt, zu ergreifen, es bedeutet, eins mit dem gegenwärtigen Augenblick zu werden. Wichtig ist, dass wir dieses Samadhi unser ganzes Leben lang fortsetzen. Gestern Zazen, heute Zazen. Tag ein, Tag aus, Jahr für Jahr Zazen üben. Auf diese Weise werden wir vertraut mit uns selbst in Zazen, und dieses Zazen zu ergreifen bedeutet nichts anderes, als uns Selbst zu ergreifen ... Einsame Stille herrscht nur dort, wo du gemäß der Lehre einfach Zazen übst – ohne die kleinste Abweichung ... Wenn du Zazen praktizierst, ist das in Wirklichkeit gar nicht ›du‹, der da Zazen praktiziert. Da ist nur unbegrenzte Weite, die unbegrenzte Weite praktiziert. Diese unbegrenzte Weite ist die Bedeutung des Glaubens an Zazen. Dein Zazen darf keine halbe Sache sein. Kein Mittel zum Zweck. Zazen muss deine Welt sein: Wenn du den Weg bis ganz ans Ende gehst, kehrst du heim an diesen Ort, hier und jetzt, ganz du selbst. Das Unergründliche, mit einem Wort ausgedrückt, heißt: Kein Gewinn. Und in der Umgangssprache: Zazen bringt nichts!«[29]

Rinzai-Zen geht dem gegenüber davon aus, dass Samadhi allein nicht genügt, sondern dass das wesentliche Element des Zen vielmehr die»Wesensschau« *(Kensho)* ist, die gemeinhin mit Erleuchtung übersetzt wird.»Obgleich viele außerordentliche Kräfte aus Jôriki hervorgehen, so können wir durch Jôriki allein nicht unsere trügerische Weltschau mit den Wurzeln ausrotten, das Satori-Erwachen muss hinzukommen.«[30] Auch die Sanbô-Kyôdan-Schule vertritt klar diese Auffassung. Das, was gemäß Sôtô im Zazen gegenwärtig ist, wird von den anderen Zen-Schulen nicht bestritten. Alles hat Buddha-Natur, sie ist den Erscheinungen inhärent, und ihr kann nichts hinzugefügt werden. Auch wenn der Durchbruch des Kensho die Welt an sich nicht verändert – so doch sehr wohl die Sicht darauf. Nach Auffassung von Rinzai bedarf es für diesen Durchbruch zur umfassenden Sicht des Daseins einer über das stille Samadhi hinaus gehenden Konzentration der Kräfte, einer tiefen Anspannung, welche sich schließlich durch einen kleinen zusätzlichen Impuls zur umfassenden Sicht erlösen kann.

Zum Aufbau der notwendigen Spannung und manchmal auch zum Durchbruch selbst werden im Zen seit Jahrhunderten *Kôan* verwendet. Kôan enthalten kurze überlieferte Begebenheiten, Anekdoten und Gespräche zwischen Meister und Schüler, die sozusagen die ganze Lehre auf den Punkt bringen. Deren Fragestellungen können mit dem Intellekt weder verstanden noch bewältigt werden. Sie müssen im Zustand der inneren Sammlung ergründet werden, bis ihre Lösung aufscheint. Das japanische Wort *kôan* besteht aus den Schriftzeichen Kô (öffentlich) und An (Plan, Dokument) und bedeutet sinngemäß »Zeugnis der Wahrheit«. Die Wahrheit ist insofern »öffentlich«, als sie stets offen zutage liegt und jederzeit von jedem gesehen werden kann. Auf einige Kôan von herausragender Bedeutung wurde bereits hingewiesen, u. a.: »Die Predigt des Welt-Erhabenen«[31] und Bodhidharmas »Weit und leer«.[32]

Wird nach einer Zeit der Annäherung an Zen eine formelle Schülerschaft eingegangen und damit ein klares Bekenntnis zum Zen-Weg abgelegt, dann bekommt man sein erstes Kôan. Die Arbeit am Kôan wird von diesem Moment an zu einem wichtigen Aspekt der Zen-Schulung als einem radikalen inneren Weg. Die Auseinandersetzung mit dem ersten Kôan soll zum Durchbruch verhelfen, zu einer tiefen Erfahrung, die ein neues Verständnis der Welt und seiner selbst ermöglicht. Das zu Beginn der formellen Zen-Schulung am meisten verwendete Kôan ist das Kôan »MU« (Jôshûs Hund), weil es am besten geeignet ist, um den Durchbruch zu erreichen. Der Text lautet: »Ein Mönch fragte Jôshû in allem Ernst: ›Hat ein Hund Buddhanatur oder nicht?‹ Jôshû sagte: ›MU!‹«

Yamada Kôun Roshi kommentiert das Kôan wie folgt: »Die Geschichte ist so, wie ihr gelesen habt: Einst fragte ein Mönch den Jôshû: ›Hat ein Hund Buddhanatur?‹ Jôshû antwortete: ›MU!‹ – Das chinesische Schriftzeichen bedeutet: nichts, nicht-sein oder nichtshaben. Nähmen wir die Antwort wörtlich, hieße es: ›Nein, ein Hund hat keine Buddhanatur.‹ Aber das wäre nicht richtig. Warum nicht? Weil Shakyamuni Buddha erklärt hat, dass alle Lebewesen Buddhanatur haben. Den Sutras zufolge war Shakyamuni Buddha, als er seine große Erleuchtungserfahrung machte, erstaunt über die Herrlichkeit der Welt der wahren Wirklichkeit. Gänzlich außer sich, rief er aus: ›Alle Lebewesen haben Buddhanatur! Aber ihrer Verblendung wegen können sie es nicht erkennen.‹ Der Mönch in dieser Geschichte konnte diese Worte nicht glauben. Für ihn war Buddha die am meisten zu verehrende, am höchsten entwickelte Persönlichkeit. Ein Buddha war jemand, der seine Persönlichkeit zu dieser Vollkommenheit entfaltet hatte. Wie konnte da ein Hund Buddhanatur haben? Wie konnte ein Hund so vollkommen sein wie Buddha? Er konnte nicht glauben, dass so etwas möglich war; deshalb fragte er Jôshû aufrichtig: ›Hat ein Hund Buddhanatur?‹ Und Jôshû antwortete: ›MU!‹ Jôshû konnte, so groß er auch war, Shakyamunis Aussage nicht negieren. Darum bedeutet seine Antwort nicht, dass einem Hund die Buddhanatur fehlt. Was bedeutet dann MU? Das ist der entscheidende Punkt des Kôan. Versucht ihr, in MU irgendeine Bedeutung zu finden, werdet ihr Jôshû verfehlen und ihm niemals begegnen. Ihr werdet die MU-Schranke niemals durchschreiten können. Was soll dann also getan werden? Das ist die große Frage. Zen-Übende müssen versuchen, die Antwort selbst zu finden, und sie dem Roshi präsentieren. In fast allen japanischen Zendos endet die Erläuterung von MU an dieser Stelle. Doch möchte ich euch noch folgendes sagen: MU hat überhaupt keine Bedeutung. Wenn ihr das Problem von MU lösen wollt, müsst ihr damit eins werden. Bei der Übung mit MU müsst ihr euch selbst vergessen. Euer Bewusstsein muss von der MU-Übung völlig absorbiert sein.«[33]

Wer sein erstes Kôan erhalten hat, meditiert fortan über dieses Kôan und erhält dafür auch die notwendige Begleitung und Unterstützung. Der Zen-Lehrer oder die Zen-Lehrerin erkennt und kommentiert die entsprechenden Fortschritte und gibt weitere Anregungen. Für eine fruchtbare »Arbeit am Kôan« ist eine tiefe innere Sammlung im Sinne des *Samadhi* (Versenkung, in der das diskursive Danken aufhört) Voraussetzung. Dafür sind alle äußeren Einflüsse und inneren Ablenkungen zu meiden, ohne aber in einen träumerischen Zustand oder gar in Apathie zu verfallen. Der Geist ist im Gegenteil hellwach. Je erfahrener jemand in der Meditation ist, desto schneller stellt sich der Zustand jener »leeren« inneren Aufmerksamkeit ein. Was den Anfänger Tage und später Stunden kostet, erreicht der Geübte schon nach wenigen Minuten. Nach und nach verbindet der Körper mit der Sitzhaltung die Erfahrung des Samadhi (jap. *Zanmai*), und sobald er sich hinsetzt, weiß er: »Nun ist Samadhi-Zeit«. Mit den Jahren der Übung wird dieser Zustand auch zunehmend in den Alltag integriert, womit der Abstand zwischen dem alltäglichen Bewusstsein und der Versenkung geringer wird.

Oft dauert es Jahre, bis die »Schranke« des ersten Kôan durchschritten werden kann. Man setzt sich mit allen möglichen Überlegungen auseinander und begegnet dabei stets sich selbst. Es verhält sich dabei wie beim Shikantaza: Nichts ist schwerer, als die Aufmerksamkeit in einer unbegrifflichen Dimension zu halten und zugleich hellwach zu sein. Das Kôan dient dem Aufbau jener Spannung, welche den Durchbruch zu einer neuen Sichtweise des Lebens ermöglicht. In der Auseinandersetzung damit entsteht bei manchen eine wahre Verzweiflung darüber, die Schranke nicht durchbrechen zu können – wie viel Mühe sie sich auch geben und so sehr sie sich auch anstrengen. Es geht eben darum, in eine andere Dimension des Daseins zu gelangen, und das ist nun einmal nicht machbar. Vielen gelingt es nie, und dennoch lohnt sich die Übung allemal. Sie verhilft dem Menschen, sich zu konzentrieren – nicht auf etwas, sondern auf »nichts«, und das ist alles.

Die Lösung des Kôan wird im Einzelgespräch der Lehrperson vorgetragen, die sie annimmt oder abweist. Dabei prüft sie den jeweiligen Bewusstseinszustand ihres Gegenübers. Entscheidend für den weiteren Weg ist die Bewältigung des ersten Kôan. Damit wird die Tür zur Erfahrung der »Wesenswelt« aufgestoßen. Den Anlass dazu bildet oft ein unbeabsichtigtes Ereignis, das den Übenden in einem unerwarteten Moment trifft und die ganze Wand seiner Illusionen in einem Mal niederstürzen lässt.

Der Durchbruch zum Sein wird im Japanischen *Kensho* genannt – »Schau des Wesens«, oder auch *Satori*. Im westlichen Kulturkreis wird dafür der Begriff entlightenment oder Erleuchtung verwandt. Weil sich damit aber viele Vorstellungen verbinden, ist er leicht irreführend. Außerdem sollte man ohnehin nicht etwas Derartiges anstreben, denn es wird zu einem Hindernis auf dem Weg. Der Begriff ist auch viel weniger exakt als »Kensho«, der konkret davon spricht, um was es geht: Das Wesen der Welt soll geschaut werden. Was aber ist das »Wesen der Welt«? Auch darüber sollte man sich keine Vorstellungen machen. Es zeigt sich einfach, wenn es Zeit dafür ist. In den buddhistischen Texten gibt es Hinweise darauf, um was es hier geht. Intellektuell verstanden vermögen diese Schilderungen die Erfahrung aber in keiner Weise zu ersetzen – sie können nicht mehr sein als »Fingerzeige zum Mond«, die nicht der Mond selber sind.

Ist die Schranke des ersten Kôan passiert, gilt es unzählige weitere Kôan zu bewältigen. Sie dienen der Verankerung der ersten Erfahrung und deren Integration ins Alltagsleben. Inhaltlich behandeln sie die Verschiedenheit von Menschen und Situationen innerhalb der Einheit von Erscheinungs- und Wesenswelt, die Untrennbarkeit dieser beiden Aspekte, und schließlich die Art und Weise, in welcher Rede und Handeln dieses Paradox zum Ausdruck zu bringen können.

Die Kôan von berühmten Meistern wurden von späteren Zen-Meistern gesammelt, zusammengestellt und kommentiert. Bekannte Sammlungen sind: *Mumonkan* (Torlose Schranke), *Hekiganroku* (Niederschrift von der smaragdenen Felswand), *Shôjôroku* (Buch der Gelassenheit), *Denkôroku* (Buch der Weitergabe des Lichts), *Genro* (Die Hundert Zen Kôan der Eisernen Flöte) u. a. Es gibt zeitgenössische Zen-Meister, die wie ihre Vorgänger in der Vergangenheit spontan eigene Kôan erfinden, um ihre Anhänger zum Buddha-Wesen zu erwecken. Auch sie werden vielleicht eines Tages gesammelt werden. Ein Beispiel dafür ist Bernhard Tetsugen Glassman Roshi mit dem Kôan »Wie können Sie die Gewalt auf der anderen Straßenseite stoppen?«[34]

Die Fülle der Leere

Im Zen geht es um etwas Unergründliches, das doch erfahren werden kann. Weil es allumfassend ist, ist es ohne Form, und es entzieht sich jeder Beschreibung. Daher wird es die »Leere« genannt, und es ist wichtig, sich darunter nichts vorzustellen. Die Zen-Texte wirken geheimnisvoll und unverständlich, weil sie von etwas berichten, das mit den fünf Sinnen nicht wahrgenommen und mit dem Verstand nicht eingeordnet werden kann. Sie deuten auf etwas hin, das alle Vorstellungen übersteigt; sie sind wie ein Fingerzeig auf etwas, worauf nicht gezeigt werden kann. Es gibt dazu ein bekanntes Kôan von Meis-

ter Gutei, dem 11. chinesischen Patriarchen, der im 9. Jahrhundert lebte[35]:
»Was auch immer Meister Gutei über Zen gefragt wurde, als Antwort streckte er einfach einen Finger hoch. Einst wurde sein junger Diener von einem Besucher gefragt: ›Worin besteht die Lehre deines Meisters?‹ Da hielt der Bursche ebenfalls einen Finger hoch. Als Gutei davon hörte, schnitt er dem Jungen mit einem Messer den Finger ab. Schreiend vor Schmerz lief der Junge davon. Gutei rief ihm nach. Als der Junge seinen Kopf zurückwandte, streckte Gutei einen Finger hoch. Da wurde der Junge plötzlich erleuchtet. Als Gutei zum Sterben kam, sagte er zu den versammelten Mönchen: ›Ich habe dieses Ein-Finger-Zen von Tenryû empfangen. Mein ganzes Leben lang habe ich es benutzt, aber nicht ausgeschöpft.‹ Nach diesen Worten trat er ins Nirvana ein.«

Guteis Finger zeigt auf das Unnennbare – ja er ist dieses Unnennbare selbst. Darin ist die ganze Welt präsent, alle Wesen und alles Sein auf einen Punkt gebracht. Manchmal ist im Zen auch von der Nadelspitze die Rede, die alles umfasst, auf der alles Platz findet. So ließ der 14. indische Patriarch Nagarjuna (ein berühmter indischer Philosoph des 2. Jahrhunderts) vor seinem späteren Nachfolger Kanadaiba eine Wasserschale aufstellen, als dieser ihn besuchte. Er »nahm eine Nadel, warf sie in die Schale und bot diese Kanadaiba zur Begrüßung dar«[36]. Eine eigenartige Begrüßung, könnte man denken, aber nach dem Bericht wurde Kanadaiba bei dieser Gelegenheit erleuchtet. Der Vers zu diesem Kôan hilft zum Verständnis: »Eine Nadel hat das Wasser des blauen Ozeans geangelt und ihn vollständig ausgeschöpft. Für den wilden Drachen – wohin er auch geht – ist es schwer, seinen Körper zu verstecken.« Man muss es selbst erlebt haben, wie sich in der Spitze eines Grashalms die ganze Welt konzentriert, um eine Ahnung von der hier angesprochenen Dimension zu erhalten. Es verhält sich damit wie mit einem Hologramm, in welchem der kleinste Teil das Ganze enthält. (Unter diesem Gesichtswinkel erscheint auch die scholastische Frage: »Wie viele Engel passen auf eine Nadelspitze?« nicht so unsinnig, wie der rationale Mensch denkt.)

Vielleicht wäre es nicht einmal notwendig, den Finger hochzuhalten. Die Wesenswelt ist immer präsent. Sie wird in allem dokumentiert, was geschieht – erleuchtet oder unerleuchtet macht da keinen Unterschied. Dennoch: Wissend um die Wesensnatur (Guteis Finger) ist es doch etwas ganz anderes als unwissend (des Burschen Finger).

Yamada Roshi kommentiert dies so[37]: »Mumon sagt, dass weder die Erleuchtung des Gutei noch die des Jungen etwas mit der Fingerspitze zu tun haben. Der Finger war bloß das Medium. Er gab den Anstoß und verursachte die Erschütterung, welche Gutei und seinen jungen Diener zur Erleuchtung führte. Shakyamuni Buddha erlangte seine große Erleuchtung, als er am Osthimmel das flimmernde Licht der Venus sah. Kyôgen kam zur Wirklichkeitserfahrung, als er einen kleinen Kieselstein gegen einen Bambusstamm prallen hörte. Für Reiun waren die rosafarbenen Blüten entfernter Pfirsichbäume der Auslöser, der nach 30 Jahren harter Zen-Übung seine Sicht in große Einsicht verwandelte. Alle diese Menschen kamen durch verschiedene Mittel zur Erleuchtung. In jedem der erwähnten Fälle brachte die Wirklichkeitserfahrung der Person zu Bewusstsein, dass ihre Selbstnatur leer ist, grenzenlos und eins mit dem Universum. In der Fingerspitze kann man die Erleuchtung nicht finden. Doch kommt ihr zu Satori, werdet ihr alle dasselbe erfahren.«

Weil man über die Erfahrung nicht sprechen kann, bleibt man wortlos. Mumon schreibt in seinem Kommentar zum ersten Fall seiner Kôan-Sammlung: »Du wirst dich fühlen wie ein Stummer, der einen Traum gehabt hat: Sprachlos kennst du ihn nur für dich selbst.«[38] Von einer solchen Situation hatte ich einmal einen Traum. Darin sollte ich einen Vortrag über Zen halten, aber als ich mit der Rede beginnen wollte, hatte ich alles vergessen. So schwieg ich, und im Publikum entstand ein raunender Unwille. Nachdem einige Zeit verstrichen war, fasste ich mich wieder und erklärte, dass ich über zentrale Fragen des Lebens hätte reden wollen, aber dass ich – wo mir nichts mehr eingefallen sei – lieber geschwiegen hätte, als von irgendeiner unbedeutenden Seite her in die Thematik einzusteigen. So sei ich ungewollt zu einem »schweigenden Redner« geworden. Dabei hätten die Zuhörer allerdings mein Wesen – das Wesen jedes Menschen – vielleicht klarer sehen können, als wenn ich gesprochen hätte. Es verhalte sich damit wie mit der Stille, die man nicht schaffen, sondern nur finden könne, indem man das Laute vermeide.

Man könnte diesen Traum im Freud'schen Sinne deuten als eine unbewusste Fehlleistung, als ein Versagen. Es sei der bewussten Intention etwas Störendes in die Quere gekommen. Man könnte ihn auch dahingehend interpretieren, dass der Träumer Angst vor dem Vortrag hatte und deshalb alles vergaß. Viele Menschen kennen jene Träume, wo man etwa im Bahnhof das richtige Gleis nicht findet, wo man den Zug oder das Flugzeug verpasst, wo man seine Koffer nicht dabei hat oder wo man mit den Füßen am Boden klebt und doch schnell vorankommen sollte. Im Jung'schen Sinne könnte man den Traum dahingehend interpretieren, dass das Unbewusste als tiefere, leitende seelische Instanz in diesem Moment die Führung übernahm und das Schweigen an die Stelle des Redens setzte. Wenn es im Zen auch keinen Ansatz für die Deutung von Träumen gibt, so kann man den Traum aber auch im Sinne des Zen verstehen: dass hier die Wesensnatur des Menschen präsentiert wurde.

Die Wesenswelt ist die »Leere« in allen Dingen – die Leere in der Fülle. Die Leere ist zugleich Fülle, und die Fülle ist nichts anderes als Leere. Für die Menschen des Westens hat der Begriff Leere dabei etwas Irreführendes, weil wir meinen, dass da »Nichts« sei. Aber was ist eigentlich »nichts«? Kann man sich das vorstellen? Ist etwas nicht, so steht für unsere Wahrnehmung etwas anderes an dessen Stelle. Liegt kein Buch auf dem Tisch, so ist da wenigstens Luft. Aber gar nichts? Vollständige Leere ist vollständige Fülle. Sie ist ohne Form und enthält in sich doch die Möglichkeit aller Formen, wie Yamada Roshi sagt.[39] Ohne das »Nicht-Sein« ist Sein nicht denkbar. Im »Nicht-Sein«, in der »Nicht-Form« oder »Leere« ist alles miteinander verbunden – alles ist Eins. Im Zen wird die Dimension der Ununterschiedenheit aller Dinge die »Wesenswelt« genannt. Auf dieser Ebene gibt es keine Unterscheidungen – wohl aber auf der Ebene der »Erscheinungswelt«, wie sie im Buddhismus genannt wird. Die Wesenswelt ist aber nicht etwas, das abseits oder im Unterschied zu den Erscheinungen dieser Welt existiert – sie ist vielmehr allem inhärent.

Yamada Kôun Roshi nannte die »Wesenswelt« das Null-Unendliche, das allem innewohnt – sie ist das »Wesen« aller Dinge: »Das Es oder die Buddhanatur, das wahre Selbst, unser uranfängliches Selbst oder unsere Wesensnatur ist, auch wenn es vom Universum getrennt zu sein scheint, mit dem Universum vollkommen eins. So verstehen wir den Sachverhalt im Denken. Im Alltagsleben aber sehen wir beides als getrennte Wirklichkeiten an. Das ist sogar unvermeidlich, wenn man keine tiefe Erfahrung gemacht hat. Im Herz-Sutra heißt es: ›Form ist nichts anderes als Leere, Leere nicht anderes als Form.‹ So stellen wir uns vor, dass es da etwas gibt, was leer ist, und auch etwas, was Form hat, und dass beide eins sind. Aber das stimmt so nicht. Eher sieht es so aus, dass es auf den Blickwinkel ankommt: Von einer Seite her gesehen, ist es leer, von der anderen Seite her gesehen, hat es Form. Wie ich immer wieder sage, muss man in den eigenen Geist (jap. *kokoro*) schauen, wenn man die Welt der Leere sehen und erkennen will. Ganz gleich aber, wie intensiv ihr da nach dem Selbst sucht, ihr werdet nichts finden. Wer ist es, der einen Laut hört? Sicher, es gibt etwas, was da hört. Aber dieses Etwas hat keine Form. Und genau dieses Etwas ist das, was da hört. Genau so ist es beim Sehen. Wollt ihr etwas sehen, dann könnt ihr die Dinge der Außenwelt klar erkennen. Ihr selbst jedoch seid vollkommen leer – und doch könnt ihr sehen. Schließt ihr die Augen, dann könnt ihr nichts sehen. Alles ist leer. Öffnet ihr die Augen, könnt ihr wieder alles sehen. Im Grunde müsst ihr lernen, dieses Nichts mit offenen Augen zu sehen. Das heißt, ihr müsst ganz klar die Tatsache erfassen, dass ›Form nichts anderes als Leere ist‹ und ›Leere nichts anderes als Form‹.«[40]

Wo also findet sich diese »Leere«, dieses ewige Sein? An keinem anderen Ort als in der Form. Ich hatte auch dazu einmal einen Traum: Da war ein Meister, der mit dem Stab auf die Dinge um ihn her zeigte und sagte: »Hier ist es, und hier, und ihr seht es nicht, ihr Dummköpfe!« In einem anderen Traum waren zwei Meister in zwei Tempeln, oben und unten. Sie schickten einen Schüler hin und her mit den Worten: »Dort ist es … dort ist es.« Schließlich brach der Schüler zusammen. Der eine Meister ließ aber nicht von ihm ab, fragte drängend weiter, was *es* sei, und setzte dem Schüler immer mehr zu. Schließlich attackierte er ihn mit dem Schwert. Da fiel es dem Schüler wie Schuppen von den Augen. In einem weiteren Traum stand ich außerhalb eines Tempels und fühlte, dass tief in den Kellergewölben des Tempels Zen-Meister waren. Plötzlich erklang von dort her ein schallendes Gelächter. Später habe ich dieses Lachen selbst erfahren.

Bei diesen Träumen – aber auch ganz grundsätzlich – stellt sich die Frage, wer denn eigentlich unser Lehrmeister ist. Ist es der konkrete Meister, der uns anleitet und uns hilfreich unter die Arme greift? Auch zu dieser Frage gibt es ein passendes Kôan: Der »Tresterfresser« von Ôbaku Kiun[41] (chin. Huang-po, 770–850, ein Vorläufer der Rinzai-Schule): »Ôbaku unterwies seine versammelten Mönche und sagte zu ihnen: ›Ihr seid alle Tresterfresser! (Trester ist Bodensatz.) Wenn ihr so weitermacht auf eurem Weg, wann werdet ihr dann euer ›Jetzt‹ erleben? Wisst ihr nicht, dass es im ganzen Land der Tang-Dynastie keinen einzigen Zen-Lehrer gibt?‹ Da trat ein Mönch nach vorn und sagte: ›Was sagt Ihr dann über die, welche an vielen Orten ihre Mönchsgemeinschaft anleiten und ihre Anhänger lehren?‹ Ôbaku erwiderte: ›Ich sage nicht, es gibt kein Zen, sondern es gibt keine Zen-Lehrer.‹ «

Eidô Shimano Roshi erläutert: »Ich sagte auch nicht, es gebe kein Zen im Universum. Im Gegenteil, es ist voll davon. Es gibt nichts anderes als *dies*. Aber es gibt keinen Lehrer, auf den ihr euch stützen könnt, ausgenommen auf euch selbst. Euch ganz allein … Zen ist eine einsame Sache, wie jede andere Disziplin auch. Echt einsam. Wenn ihr diese Einsamkeit nicht ertragen könnt, keine tiefe Beziehung zu euch selbst, eurem wahren Selbst aufnehmen könnt, werdet ihr es nicht zu tiefer Erkenntnis bringen.«[42] Nach Yamada Roshi steht Zen im Kôan Tresterfresser für die Wesensnatur. Alles ist dies: Berge, Flüsse, Bäume, Gras – die ganze Wirklichkeit. Zen ist in diesem Sinne nicht etwas, das man im eigentlichen Sinne lehren kann. »Niemand kann es euch lehren. Es ist völlig ausgeschlossen zu erwarten, dass jemand euch Zen beibringen könnte. Ihr müsst es ganz allein für euch praktizieren, so könnt ihr es selber kosten und schmecken. Das ist der Grund, weshalb es keine Zen-Lehrer geben kann.«[43] Dazu nochmals Shimano: »Wer nicht unter Anleitung eines Lehrers übt, versteht nicht, wie wichtig es ist, auf sich selbst gestellt zu werden. Deshalb sollt ihr euch an beides halten, an einen Lehrer und an die Erkenntnis der begrenzten Rolle, die er spielt.«

Westtor

Individuation – der Weg zu sich selbst

Wenn es in unseren Breitengraden um Modelle der seelischen Entwicklung geht, so spielt dabei die moderne Psychologie eine wesentliche Rolle. Aber nur wenige Ansätze haben gleichzeitig die spirituelle Dimension im Auge. Unter den großen Lehren der Neuzeit ist es vor allem die analytische Psychologie C. G. Jungs, die in die spirituelle Tiefe reicht und einem Vergleich mit Zen standzuhalten vermag. Jung war ein spirituell veranlagter, suchender Mensch und Forscher. Bereits in den Berichten über seine frühe Jugend spricht er von seinen Persönlichkeiten »Nr. 1« und »Nr. 2«.[1] Die Nr. 1 ist dabei der äußeren Welt zugewandt und bewältigt alle hier anstehenden Aufgaben, und die Nr. 2 ist auf die Innenwelt ausgerichtet. Ein Leben lang setzte sich Jung mit seinen spirituellen Erfahrungen auseinander, und sie sind in sein Gesamtverständnis der menschlichen Psyche und sein Konzept des kollektiven Unbewussten eingeflossen. Diese innere Welt hat Jung in seiner Auseinandersetzung mit der Alchemie[2] erschlossen, in seiner Archetypenlehre in eine innere Ordnung gefasst und in seinem Erinnerungsbuch[3] beschrieben. Bis zu seinem Lebensende beschäftigte er sich auch mit der fernöstlichen Spiritualität, und in seinen letzten Wochen hatte er neben seinem Bett ein Zen-Buch von Charles Luk liegen mit dem Titel »Ch'an and Zen Teaching«[4]. Er bat seine Mitarbeiterin Marie-Louise von Franz ausdrücklich, dem Autor mitzuteilen, dass er begeistert sei. Sie berichtete dem Autor: »Als er las, was Hsu Yun gesagt hatte, hatte er manchmal das Gefühl, dass er selbst genau dasselbe gesagt haben könnte! Das war genau ›Es‹!«[5]

Jung nannte den von ihm dargestellten Prozess der seelischen Entwicklung den »Individuationsprozess«. Es handelt sich dabei um jenen Weg, den ein wacher Mensch durchläuft, um zu seiner eigentlichen Persönlichkeit heranzuwachsen. Dabei emanzipiert er sich von den in der Kultur vorgegebenen Rollen, ohne deswegen unsozial zu werden. Über viele Stufen differenziert er sich aus den ursprünglichen Mustern zu jener individuellen Erscheinung, die ihn eigentlich ausmacht.

In diesem Prozess spielt die spirituelle Dimension eine wichtige Rolle – nicht als Glaubensinhalt, sondern als Erfahrungsrealität –, weil sie zur »größeren Persönlichkeit« führt und gehört, die Jung als das »Selbst« bezeichnete. Er setzte sich auch explizit mit Zen auseinander und äußerte sich in mehreren Schriften darüber. Obwohl er nicht über eigene Meditationserfahrung im Sinne des Zen verfügte, zeigt er in seinem Werk doch klare Ansatzpunkte zur Welt des Zen und zu dessen universellem Charakter.

Über den Individuationsprozess hat Jung kein Buch geschrieben, welches alle entscheidenden Aspekte zusammenfassend darlegt – ebenso wie es von ihm (im Gegensatz zu Sigmund Freud) kein geschlossenes Werk über die Traumdeutung gibt. Jungs Psychologie ist Schritt für Schritt entstanden – nicht als eine Lehre konzipiert – und man sieht seinem Werk die Jahresringe an, in denen es gewachsen ist. Im Gesamtwerk findet sich zwar ein Text mit dem Titel »Individuation«, der jedoch keine umfängliche Darstellung dieses zentralen Themas der Jung'schen Psychologie enthält. Von C. G. Jung sind jedoch viele Darlegungen über den Individuationsprozesses überliefert. Allen voran ist der in seinem Werk »Psychologie und Alchemie« präsentierte Fall zu nennen, worin Jung in sehr anspruchsvoller Weise die Tiefen dieses Prozesses zur alchemistischen Symbolik in Beziehung setzt.[6] Der Vergleich mit der alchemistischen Prozedur war ihm dabei Orientierungsgröße zum Verständnis des seelischen Geschehens. Er geht davon aus, dass sich die Alchemisten im Grunde mit seelischen Inhalten beschäftigten, die sie allerdings auf die Materie projizierten. Die Prozedur sollte zur Herstellung von materiellem Gold dienen. Jung postuliert, dass es hier eigentlich um die Suche nach tieferer Erkenntnis über das Wesen des Menschen geht. Er vermutet, dass sich darüber zumindest einige Alchemisten bewusst gewesen sein könnten. Eine weitere Darstellung eines Individuationsprozesses enthält das Werk »Symbole der Wandlung«. Zudem legt Jung unter dem Titel »Zur Empirie des Individuationsprozesses« eine Bilderserie vor, welche diesen Entwicklungsprozess in weiteren Sinnbildern darstellt.

In der Individuation geht es um die *geistige Ausrichtung* des Menschen, das heißt um seine eigentliche Selbstwerdung. »Individuation bedeutet ein psychologischer Entwicklungsprozess, der die gegebenen individuellen Bestimmungen erfüllt, mit anderen Worten den Menschen zu dem bestimmten Einzelwesen macht, das er nun einmal ist.«[7] Angestrebt wird dabei nicht eine Abgrenzung gegenüber anderen Menschen, sondern vielmehr eine Differenzierung gegenüber dem Kollektiv. »Individuation bedeutet zum Einzelwesen zu werden, und, insofern wir unter Individualität unsere innerste, letzte und unvergleichbare Einzigartigkeit verstehen, zum eigenen Selbst zu werden.«[8] Im Zuge dieses Entwicklungsprozesses weitet der Mensch das Ich als Kern seiner bewussten Persönlichkeit aus, und er gelangt gleichzeitig in einen überpersönlichen Bereich. Die individuell gewordene Person ist diejenige, die in die Tiefe reicht.

Im Individuationsprozess lernt der Mensch in sich jene Seelenkräfte kennen, die er unabhängig von seiner äußeren Erscheinung besitzt. Hierzu gehören der *Schatten*, der die dunkle und oft unbewusste Seite der eigenen Persönlichkeit bildet, sowie die Beziehung zur eigenen Seele, welche Jung die *Anima* nannte. (In der geschlechtlichen Spezifizierung wählte er später für die Frau den separaten Begriff *Animus*.) Sind diese Beziehungen zur eigenen Innenwelt unbewusst, so projizieren sie sich auf andere Menschen, wodurch Abhängigkeiten entstehen können. Weil sich diese Inhalte am ehesten in den nahen privaten Beziehungen projizieren, empfiehlt Jung, »dasjenige psychische Material, das nicht außen, sondern bloß im Privatleben zutage tritt, zu betrachten.«[9] Die Projektion kann dadurch aufgelöst werden, dass die projizierten Inhalte als einem selbst zugehörig erkannt werden.

Im Individuationsprozess wird schließlich der »Mittelpunkt der Persönlichkeit« zu einer neuen Orientierungsgröße. Jung nennt diesen das *Selbst*, worunter die Totalität des Psychischen überhaupt verstanden werden soll.[10] Der Mensch ist mehr als nur sein Ich – mehr als seine Identifizierung mit gewissen Inhalten, mehr als seine Wünsche und Ziele, seine Sorgen und Ängste. Indem die bewussten und unbewussten Aspekte der Persönlichkeit verbunden werden, entsteht eine ganzheitliche Persönlichkeit, welche das Unbewusste einschließt. Sie steht mit den tiefen Lebenskräften in Beziehung, die wir sind, und über die wir doch nicht verfügen können. Selbstverwirklichung bedeutet im Sinne Jungs »zum Selbst zu werden«. »Das Selbst aber begreift unendlich viel mehr in sich als bloß ein Ich ... Es ist ebenso der oder die anderen, wie das Ich. Individuation schließt die Welt nicht aus, sondern ein.«[11]

Weil jedes Leben Entwicklung umfasst, zeigt auch jeder Mensch einen Individuationsprozess. Dieser Prozess kann unbewusst verlaufen – man lernt aus seinen Lebenserfahrungen und wächst daran. Das Bewusstsein weitet sich, die Persönlichkeit wird zentrierter. C. G. Jung war es ein großes Anliegen, diesen Prozess durch eine bewusste Haltung und Anstrengung zu unterstützen. Er plädierte dafür, sich den Inhalten der eigenen Seele, den unbewussten Anteilen der eigenen Persönlichkeit, aktiv zuzuwenden und sich mit ihnen auseinanderzusetzen. »Der Weg des Individuationsprozesses, wie ihn Jung weist, wird im Gegensatz zum ›natürlichen Verlauf‹, der dem Menschen widerfährt und dessen passives Objekt er ist, aktiv mitgestaltet, bewusst begangen und erlebt«, sagte seine Mitarbeiterin Jolande Jacoby dazu.[12] Dieser Weg ist allerdings anstrengend. »Wir wissen, dass bei den Primitiven niemand Medizinmann oder Weiser des Stammes wurde, ohne durch harte, in lebenslänglicher Anstrengung bestandene Erprobung und Zucht gegangen zu sein, dass keinem Heiligen das Ringen mit seinen inneren Dämonen erspart blieb, keinem großen Künstler ein Werk ohne Anstrengung und Schweiß gelang.«[13] So verhält es sich auch bezüglich des Individuationsprozesses – es ist der ganze Einsatz gefordert.

In der bewusst gelebten Individuation geht es um den Umgang mit Material aus tiefen seelischen Schichten, das sich nicht leicht fassen lässt. Dies geschieht dadurch, dass alle Manifestationen der zunächst unbewussten seelischen Inhalte sorgfältig beachtet werden und eine bewusste Auseinandersetzung damit stattfindet. Die Äußerungen des Unbewussten sah Jung auf der persönlichen Ebene vor allem in den Träumen der Menschen sowie in spontan entstandenen Bildern und Symbolen. (Aus heutiger Sicht könnte man die körperlichen Reaktionen und Erscheinungen hinzufügen, welche oft genug die Sprache des Unbewussten sprechen.[14]) Zur Unterstützung des Verständnisses zog Jung auch kollektive Symbole, Märchen, Mythen, alchemistische Darstellungen und religiöse Bilder hinzu. Darin zeigt sich, was in der menschlichen Seele allgemein vor sich geht.

Die implizite Zielsetzung des Individuationsprozesses bezieht sich auf drei *Ebenen*. Zum einen geht es um die Entwicklung des Menschen zum *Individuum* mit ganz persönlichen Zügen. »Die Individuation ist allgemein der Vorgang der Bildung und Besonderung von Einzelwesen, speziell die Entwicklung des psychischen Individuums als eines vom Allgemeinen, von der Kollektivpsychologie unterschiedenen Wesens. Die Individuation ist daher ein Differenzierungsprozess, der die Entwicklung der individuellen Persönlichkeit zum Ziele hat.«[15] Der individuelle Standpunkt ist dabei nicht gegensätzlich zur Kollektivnorm, sondern nur anders orientiert. Weil das Individuum nicht nur Einzelwesen ist, führt dieser Prozess auch nicht zu einer Vereinzelung.[16] Je mehr der Mensch sich seinem ureigensten Wesen zuwendet, desto mehr erfährt er sich aber als unterschieden von den kollektiven Haltungen der Masse. Dabei geht es nicht um eine Pflege des Egoismus, sondern um die Erkenntnis des Eigenwertes und der Bedeutung des eigenen Daseins.

Im Weiteren dient der Individuationsprozess der *Vervollständigung* des Menschen. Dabei wird nicht Vollkommenheit als Ideal einer nur guten Persönlichkeit angestrebt, sondern vielmehr Vollständigkeit, das heißt eine Persönlichkeit, welche die hellen und dunklen Seiten des Menschseins gleichermaßen umfasst und sich der eigenen Dunkelseiten bewusst ist. In diesem Sinne offenbart sich der Individuationsprozess »als Reifungsprozess der Seele und zielt auf die Vervollständigung der Persönlichkeit durch größtmögliche Erweiterung des Bewusstseinsfeldes hin, was die schrittweise Integration ihrer unbewussten, aber bewusstseinsfähigen Inhalte zur Voraussetzung hat«[17]. Diese größere Vollständigkeit erreicht der Mensch durch die Bewusstwerdung über seine Schattenseiten, durch den bewussten Bezug zur eigenen Innenwelt, und die gleichzeitige Ausrichtung auf die Welt.

Schließlich geht es im Individuationsprozess um die Öffnung des Menschen zur *Transzendenz* hin. »Das Gesamtphänomen der Persönlichkeit fällt offenkundig nicht mit dem Ich, das heißt mit der bewussten Persönlichkeit zusammen, sondern bildet eine Größe, die vom Ich unterschieden werden muss ... Ich habe daher vorgeschlagen, die vorhandene, jedoch nicht völlig erfassbare Gesamtpersönlichkeit als das Selbst zu bezeichnen. Das Ich ist definitionsgemäß dem Selbst untergeordnet und verhält sich zu ihm wie ein Teil zum Ganzen.«[18] Das Selbst als die größere Persönlichkeit des Menschen ist dabei einerseits dem Individuum zugehörig, und andererseits reicht es weit darüber hinaus, indem es alle unbewussten und vielleicht nie bewusstseinsfähigen Inhalte umfasst. In diesem Sinne bewirkt der Individuationsprozess eine Annäherung an die Ganzheit des seelischen Daseins, die zumindest ahnungsweise erfahren werden kann.

Grundsätzlich geht es im Individuationsprozess um Vorgänge der *Zentrierung*, welche die Herstellung eines neuen Persönlichkeitszentrums bewirken.[19] Nach Jung bewegt sich dieser Prozess spiralförmig um ein Zentrum, dem er sich langsam annähert, wobei die Eigenschaften der »Mitte« sich immer deutlicher abzeichnen.[20] Dieser Prozess der Selbstwerdung erscheint dabei nicht nur als ein geistiges Problem, sondern als das Lebensproblem überhaupt.[21] So erscheint es im Sinne Jungs als große Aufgabe des Menschen, sich über sich selbst – und damit über das menschliche Wesen schlechthin – in einem stets wachsenden Umfang bewusst zu werden. Der Drang dazu erscheint im Wesen des Menschen angelegt, und so folgt er nur seinen tiefen seelischen Kräften, wenn er sich um Selbsterkenntnis bemüht. Sie ist zugleich Welterkenntnis, die seit je das Anliegen des Menschen war.

Der Individuationsprozess als Ganzes hat seine eigene Autonomie. Die Frage, ob der Prozess beim Bewusstsein oder beim Archetypus beginnt, kann nach Jung nicht beantwortet werden. »Man befindet sich mit der psychologischen Erfahrung in bester Übereinstimmung, wenn man dem Archetypus ein bestimmtes Maß an Selbstständigkeit und dem Bewusstsein eine dessen Grad entsprechende schöpferische Freiheit zugesteht. Daraus entsteht dann allerdings eine Wechselwirkung zwischen zwei relativ autonomen Faktoren, welche uns zwingt, in der Beschreibung und Erklärung der Vorgänge bald den einen, bald den anderen Faktor als handelndes Subjekt auftreten zu lassen.«[22] Es sind also sowohl das bewusste Bemühen des Menschen um seine psychische Entwicklung notwendig und entscheidend als auch die inneren Kräfte der Seele, welche den Prozess vorwärts treiben und diese zu ihrem eigentlichen Ziel führen.

Jung hält den Individuationsprozess keineswegs für abschließend geklärt, ja, er dürfte sich einer solchen Aufklärung letztlich entziehen, weil es ja stets um die Autonomie und das Material des Unbewussten geht. »Der wissenschaftliche Terminus ›Individuation‹ will nun keineswegs bedeuten, dass es sich dabei um einen restlos bekannten und aufgeklärten Tatbestand handle. Er bezeichnet bloß das noch sehr dunkle und erforschungsbedürftige Gebiet der persönlichkeitsbildenden Zentrierungsvorgänge im Unbewussten.«[23]

Im Grunde ist der Individuationsprozess ein Mysterium, das aus den Urkräften des Lebens schöpft und ihn einer Bestimmung zuführt, die sich unserer Einschätzung letztlich entzieht. So wie sich die Welt in ihren äußeren Formen stets wandelt und ausdifferenziert, entwickelt sich auch das Bewusstsein des Menschen laufend weiter, und ein Ende ist nicht abzusehen. Was dem Individuum geschieht, erscheint zugleich als Prozess der Menschheit zum Menschsein.

Vom Schatten zur Transzendenz

Im Individuationsprozess entwickelt sich der Mensch zu einer größeren Persönlichkeit. Das geschieht vorwiegend in der zweiten Lebenshälfte, nachdem die wichtigen Aufgaben der äußeren Lebensgestaltung bewältigt sind und eine eventuelle Neurose einigermaßen aufgelöst ist. Es geht bei der Individuation aber nicht in erster Linie um Heilung, sondern um seelische Entwicklung und Bewusstwerdung. Insofern übersteigt dieser seelische Prozess, der wohl Jungs zentrales Anliegen war, den Bereich der therapeutischen Psychologie und stößt in eine spirituelle Dimension vor.

Wie oben S. 92f. dargelegt, umfasst der Individuationsprozess im Wesentlichen die folgenden Stufen, die den Menschen zur »größeren Persönlichkeit« führen, welche Jung das »Selbst« nannte:
- Integration des Schattens
- Bewusstwerdung über die gegengeschlechtliche Natur der Psyche unter dem Titel der Anima, respektive des Animus
- Hinwendung zum Selbst.

Schatten

Der Individuationsprozess als fortschreitende Bewusstwerdung über das eigene Wesen beginnt mit dem Naheliegenden. Zunächst geht es um all das, was wir von uns selbst bisher nicht wahrgenommen haben, obwohl es durchaus offensichtlich und für andere Menschen leicht erkennbar ist. Jung nennt diesen Bereich den *Schatten*. »Der Verlauf des Individuationsprozesses leitet sich regelmäßig ein durch die Bewusstwerdung des ›Schattens‹, das heißt einer Persönlichkeitskomponente, welche in der Regel negatives Vorzeichen hat. In dieser ›inferioren‹ Persönlichkeit ist alles enthalten, was sich den Gesetzen und Regeln des bewussten Lebens nicht unbedingt ein- und anpassen will.«[24] Der Schatten enthält »die Summe aller persönlichen und kollektiven psychischen Dispositionen, die infolge ihrer Unvereinbarkeit mit der bewusst gewählten Lebensform nicht gelebt werden und sich zu einer relativ autonomen Teilpersönlichkeit mit konträren Tendenzen im Unbewussten zusammenschließen«.[25]

Der Begriff »Schatten« geht auf Sigmund Freud zurück. Jung schreibt dazu: »Der hohe Gewinn aber, den die psychologische Einsicht aus der Freud'schen Aufklärungsarbeit gezogen hat, ist die Tatsache, dass die menschliche Natur auch eine dunkle Seite hat, und nicht nur der Mensch, sondern auch seine Werke, seine Institutionen und Überzeugungen. Selbst unsere allerreinsten und heiligsten Anschauungen ruhen auf tiefen dunkeln Grundlagen, und man kann schließlich ein Haus nicht bloß vom Dachfirst herunter, sondern auch vom Keller herauf erklären.«[26] Jung erachtet den Begriff Schatten für diese andere Seite der Persönlichkeit als »so trefflich und so plastisch ausgedrückt, dass es beinahe anmaßlich wäre, sich über den Gebrauch dieses Sprachgutes hinwegzusetzen. Schon der Ausdruck ›inferiorer Persönlichkeitsanteil‹ ist ungeeignet und irreführend, wohingegen der Terminus ›Schatten‹ nichts präsumiert, das ihn inhaltlich bestimmen würde. ›Der Mann ohne Schatten‹ ist nämlich der statistisch häufigste Menschentypus, welcher wähnt, nur das zu sein, das er von sich selber zu wissen beliebt.«[27]

Der Schatten ist das Gegenstück zur *Persona*, der »öffentlichen Person«, als welche sich ein Mensch in der Außenwelt darstellt. Je einseitiger diese Persona ist, und je mehr sich der Mensch mit ihren »nur guten« Inhalten identifiziert, desto mehr erscheint der Schatten als unbewusste Dunkelseite der Persönlichkeit. Er enthält die nicht gelebten, teils verdrängten und teils noch gar nicht bewusst gewordenen Persönlichkeitsanteile. Ist der Schatten sehr verdrängt, führt er ein Eigenleben, manchmal geradezu als psychische Teilpersönlichkeit. Kann eine Lebenslage mit den üblicherweise zur Verfügung stehenden Strategien (der Persona) nicht bewältigt werden, so kann das Verhalten des Betroffenen ins Gegenteil kippen – beispielsweise wird ein im Allgemeinen verständnisvoller Mensch plötzlich gewalttätig. Es zeigt sich die abgespaltene Dunkelseite der Persönlichkeit. Ist der »Spuk« vorbei und findet der Betroffene wieder zum normalen Verhalten zurück, so wird die Sache von ihm oft heruntergespielt. Manchmal weiß er auch kaum mehr, wie er sich verhalten hat – eben weil eine Teilpersönlichkeit handelte, die wenig mit der übrigen Psyche verbunden ist.

In der »Realisierung des Schattens«[28] geht es um »die Anerkennung eines fremden Anderen (in sich), nämlich eines objektiv vorhandenen Anderswollenden«.[29] Dabei gehört »die Begegnung mit sich selber zu den unangenehmeren Dingen, denen man entgeht, solange man alles Negative auf die Umgebung projizieren kann. Ist man imstande, den eigenen Schatten zu sehen und das Wissen um ihn zu ertragen, so ist erst ein kleiner Teil der Aufgabe gelöst: Man hat wenigstens das persönliche Unbewusste aufgehoben. Der Schatten aber ist ein lebendiger Teil der Persönlichkeit und will darum in irgendeiner Form mitleben. Man kann ihn nicht wegbeweisen oder in Harmlosigkeit umvernünfteln. Dieses Problem ist unverhältnismäßig schwierig, denn es ruft nicht nur den ganzen Menschen auf den Plan, sondern erinnert ihn zugleich an seine Hilflosigkeit und an sein Unvermögen.«[30]

In der Arbeit am eigenen Schatten geht es auch um die Auseinandersetzung mit dem, was grundsätzlich als »das Böse« erscheint. Manchmal ist es nötig, aus einer unterscheidenden und abgrenzenden Kraft heraus zu handeln. Das Individuum bedarf dafür der Inspiration aus dem eigenen Inneren, welches im Gegensatz zur kollektiven Moral stehen kann. Dabei kann die moralische Leistung auch gerade darin liegen, sich in Widerspruch zur allgemeinen Moral zu stellen.

Der individuelle Standpunkt steht dabei aber nicht grundsätzlich im Gegensatz zur Kollektivnorm, sondern ist nur anders, eben individuell orientiert.[31] Dieser Widerspruch muss aber ausgehalten werden, bis die innere richtungweisende Kraft herangewachsen ist. Im Konkreten ist der Konflikt mit Geduld und Tapferkeit zu ertragen, bis sich diejenige Lösung ergibt, welche dem betroffenen Menschen beschieden ist. Derweil ist »das Richtige zu tun, und zwar nach Kräften, um den Andrang des Bösen in sich nicht übermächtig werden zu lassen«.[32] Die Integration des Schattens ist eine schwierige Aufgabe und damit Teil des Prozesses, der zur bewussten Individualität führt.

Der Schatten enthält aber durchaus nicht nur negative Eigenschaften wie etwa eine starke Getriebenheit oder eine unbewusste Härte, die erkannt werden muss, sondern insofern auch positive Seiten, als hinter ihm die größere Persönlichkeit, das »Selbst« steht und sich in noch ungelenker Form zum Ausdruck bringen kann. Solche »ungelenken Lebenselemente sollten ins Leben eingebaut und nicht bekämpft werden«[33]. Es ist deshalb wichtig zu ahnen, ob dieses dunkle Andere »einen Fehler, den man überwinden sollte, darstellt oder ein Stück Leben, das wir annehmen sollten«. Dies ist »eines der schwierigsten Probleme, dem wir auf dem Weg der Individuation begegnen«.[34]

Anima / Animus

Noch anspruchsvoller ist nach Jung die Auseinandersetzung mit der Anima respektive dem Animus. »Ist die Auseinandersetzung mit dem Schatten das Gesellenstück der Inividuation, so ist diejenige mit der *Anima* das Meisterstück« schreibt er dazu.[35] Mit »Anima« und »Animus« sind im Wesentlichen drei Dinge gemeint:
 1. Jung bezeichnet damit die als *gegengeschlechtlich angenommene Seele* des Menschen (»Anima« für den Mann und »Animus« für die Frau). »Eine sehr weibliche Frau hat eine männliche Seele, ein sehr männlicher Mann eine weibliche Seele.«[36] Jung unterscheidet also die Seele des Mannes (die Anima) von derjenigen der Frau (dem Animus). »Der Gegensatz rührt daher, dass zum Beispiel der Mann nicht in allen Dingen männlich ist, sondern er hat normalerweise auch gewisse

weibliche Züge. Je männlicher seine äußere Einstellung ist, desto mehr sind darin die weiblichen Züge ausgemerzt; sie treten daher im Unbewussten auf. Dieser Umstand erklärt, warum gerade sehr männliche Männer charakteristischen Schwächen unterworfen sind: Sie verhalten sich zu den Regungen des Unbewussten weiblich-bestimmbar und beeinflussbar.«[37] Umgekehrt zeigt sich die seelische Struktur der Frau als männliche Einstellung gegenüber den Regungen des Unbewussten, das heißt, sie verfolgen diese manchmal in wenig differenzierter Form mit »Unbelehrbarkeit, Hartnäckigkeit und Eigensinnigkeit«.[38]

2. Allgemeiner bezeichnet Jung damit die *Einstellung gegenüber dem Unbewussten*. Während die Persona die Einstellung des Menschen zur äußeren Welt zeigt, bringt die Anima des Mannes oder der Animus der Frau deren Einstellung zur Innenwelt zum Ausdruck. »Die innere Persönlichkeit ist die Art und Weise, wie sich einer zu den inneren psychischen Vorgängen verhält, sie ist die innere Einstellung, der Charakter, den er dem Unbewussten zukehrt ... Die innere Einstellung bezeichne ich als Anima, als Seele. Was den Charakter der Seele anbetrifft, so gilt nach meiner Erfahrung der allgemeine Grundsatz, dass sie sich im Großen und Ganzen zum äußeren Charakter komplementär verhält ... Ist die Persona intellektuell, so ist die Seele ganz sicher sentimental.«[39]

3. Jung bezeichnet mit dem Begriff Anima auch das *personifizierte Bild* der Frau im Manne, so wie er das personifizierte Bild des Mannes in der Frau den Animus nennt. »Jeder Mann trägt das Bild der Frau von jeher in sich. Dieses Bild ist im Grunde genommen eine unbewusste, von Urzeiten herkommende und dem lebenden System eingegrabene Erbmasse, ein ›Typus‹ (›Archetypus‹) von allen Erfahrungen der Ahnenreihe am weiblichen Wesen, ein Niederschlag aller Eindrücke vom Weibe, ein vererbtes psychisches Anpassungssystem ... Dasselbe gilt auch von der Frau, auch sie hat ein ihr angeborenes Bild vom Manne.«[40] Ist der Archetypus projiziert, so ist er einer der wesentlichsten Gründe für leidenschaftliche Anziehung und ihr Gegenteil. Ist er hingegen nicht projiziert, aber auch nicht als eigener Seelenteil bewusst, so zwingt er das Individuum, diesen darzustellen.

Unter diesen Umständen kann der Mann seine Anima zum Beispiel als »Animosität«, das heißt unbeherrschte Emotionen zeigen. So kann ein Mann seinen Gefühlen völlig ausgeliefert sein. Er fühlt nach innen, während eine Frau nach innen mehr »denkt«. »Er ist deshalb leichter total verzweifelt, wo die Frau immer noch trösten und hoffen kann.«[41] Wird der Mann von seinen Launen und Affekten überfallen, so verhält sich seine Anima wie eine Person, welche die Führung übernommen hat. Durch die Verdrängung seiner weiblichen Züge häuft der Mann im Unbewussten Weibischkeit und Sentimentalität auf.[42]

Bei der Frau liegt der Fall umgekehrt. Wenn bei ihr der Animus hervorbricht, so sind es nicht Gefühle wie beim Mann, sondern sie fängt an zu diskutieren und zu räsonieren. Der Animus bringt Meinungen hervor, die als unantastbare Prinzipien erscheinen, wo man über die Situation bewusst nachdenken sollte.[43] Und wie die Animagefühle unwirklich und launenhaft sind, so sind die animusgeprägten Argumente unlogisch und unvernünftig. Diese Meinungen stehen gewissermaßen an Stelle der Handlungen in der Außenwelt, welche im Bewusstseinsschatten liegen.[44] Man kann direkt von einem Animusdenken reden, das stets recht haben und das letzte Wort behalten will und mit einem ›eben gerade darum‹ aufhört. Die Anima ist irrationales Gefühl, der Animus irrationale Meinung.[45]

Anima und Animus erscheinen auf verschiedenen *Stufen*. Bezüglich der Anima des Mannes ist »die erste Stufe mythologisch am klarsten im Bild der Eva symbolisiert, als einem Bild rein biologischer Bezogenheit. Die zweite Stufe ist zum Beispiel in Goethes Helena veranschaulicht. Sie symbolisiert eine romantische und ästhetische Form des Eros, vermischt mit sexuellen Elementen. Die dritte Stufe wäre zum Beispiel in der Jungfrau Maria verkörpert als Symbol des vergeistigten Eros. Die vierte Stufe erscheint in der Gestalt, welche die Liebe oft als Sapientia (Weisheit) personifiziert.«[46] Wie die Anima beim Manne, so erscheint auch der Animus bei der Frau meistens in vier Entwicklungsstufen: »zuerst als Symbol physischer Kraft, zum Beispiel als Sportheld. Auf der nächsten Stufe besitzt er dann auch Initiative und gerichtete Tatkraft, und auf der dritten Stufe wird er zum ›Wort‹ und projiziert sich deshalb oft auf geistige Größen, den Arzt, den Pfarrer, den Professor. Auf der vierten Stufe verkörpert er dann den ›Sinn‹ und wird zum Vermittler schöpferischer und religiöser Erfahrungen, durch die das Leben einen individuellen Sinn findet.«[47]

In der Auseinandersetzung mit der Anima oder dem Animus geht es im Rahmen des Individuationsprozesses um die Bewusstwerdung der inneren Einstellung zu den eigenen seelischen Inhalten. Beschäftigt man sich mit diesem gegengeschlechtlichen inneren Teil, so eröffnet sich nach Jung ein Zugang zu den unbewussten Lebenskräften und zur schöpferischen Tätigkeit. Statt der depressiven Launen, der Reizbarkeit, der kindlichen Wünsche, der sexuellen Phantasien, einer kalten ruchlosen Naturhaftigkeit oder der intellektuellen Spielereien – alles Eigenschaften der Anima – entwickelt der Mann eine wirkliche Beziehung zu den Menschen und zu seiner eigenen Seele. Und umgekehrt findet die Frau anstelle ihrer Rechthabereien, ihrer »ruchlosen« Überlegungen, einer selbstunsicheren Gefühlslahmheit – Eigenschaften des Animus – zu geistiger Tiefe und Verinnerlichung und zu einer Schöpferkraft, die auf das geistige Zeitgeschehen bezogen ist.

Die Erschließung von Anima und Animus führt in eine weitere seelische Dimension, welche C. G. Jung das *kollektive Unbewusste* nannte. Gemeint ist damit der Zugang zu all jenen Seelenkräften, welche unsere Verhaltensweisen aus den ererbten Möglichkeiten her bestimmen. Es sind die grundsätzlichen Lebenskräfte, die sich hier zeigen, als Macht, Weisheit, Kraft, Wut, Konstruktivität, Zerstörungskraft, Denkfähigkeit usw., personifiziert in Archetypen wie dem König, Propheten, Helden, Heiland, Berserker, usw. Die bewusste Beziehung zu den inneren Seelenkräften und Gefühlszuständen macht den Menschen frei, die Belange des Lebens aktiv zu gestalten. Er reagiert nicht einfach, sondern agiert. Er erkennt die eigenen gegengeschlechtlichen Bezüge in all ihren Manifestationen und geht bewusst damit um. Seinen Gefühlsregungen ist er nicht ausgeliefert, sondern er steht in einem offenen Verhältnis dazu. Er entscheidet selbst, mit welchen Emotionen er auf ein Ereignis reagiert, und bewegt sich frei in all seinen Beziehungen.

Die Auseinandersetzung mit dem gegengeschlechtlichen Teil im Menschen ist ein schwieriges Unterfangen und erfordert ein beträchtliches Maß an Mut und Leidensfähigkeit – schließlich geht es darum, sich von der Besessenheit durch unbewusste Inhalte zu befreien und auf diesem Wege alles auszuhalten, was einem aus dem eigenen Inneren zuströmt. Der Lohn der Anstrengung ist aber eine innere Freiheit, nicht nach unbewussten Mechanismen, sondern nach eigenem Ermessen zu handeln und zu wirken.

Selbst

Die Hinwendung zum Selbst schließlich ist der letzte große Themenkreis der Individuation. Er enthält die Annäherung an jene größere Persönlichkeit, die wir im Tiefern sind. Nach Jungs Erkenntnis umfasst die seelische Existenz des Menschen mehr als nur sein Ich, welches gewissermaßen das Exekutivorgan der seelischen Gesamtheit ist. Das Ich, welches das Bewusstsein und die bewusste Handlungsfähigkeit des Menschen bezeichnet, wird nach Jung von einem unbestimmt großen unbewussten seelischen Bereich umgeben. »Der Zuwachs der Persönlichkeit geht aus dem Unbewussten hervor, dessen Grenzen nicht absteckbar sind. Infolgedessen ist auch der Umfang der stufenweise sich verwirklichenden Persönlichkeit unbegrenzbar ... Insofern die Persönlichkeit noch potentiell ist, kann sie als transzendent bezeichnet werden, und insofern sie unbewusst ist, ist sie ununterscheidbar von allem.«[48] Für diesen unbewussten Hintergrund der menschlichen Seele hat Jung den Begriff *Selbst* verwendet. »Der Terminus des ›Selbst‹ schien mir eine passende Bezeichnung zu sein für diesen unbewussten Hintergrund, dessen jeweiliger Exponent im Bewusstsein das Ich ist ... Wie das Unbewusste, so ist das Selbst das a priori Vorhandene, aus dem das Ich hervorgeht. Es präformiert sozusagen das Ich. Nicht ich schaffe mich selbst, ich geschehe vielmehr mir selber.«[49] Andernorts definiert Jung das Selbst als »Totalität der bewussten und unbewussten Psyche«[50], und indem es das Unbewusste mit umfasst, ist es auch »das Grenzenlose, weil Unbestimmbare«.[51]

»Der Begriff ist einerseits bestimmt genug, um einen Inbegriff menschlicher Ganzheit zu vermitteln, und andererseits unbestimmt genug, um die Unbeschreiblichkeit und Unbestimmbarkeit der Ganzheit auszudrücken.«[52] Weil das Bewusstsein mit dem Ich als Zentrum unbewusste Inhalte assimiliert, fällt das Zentrum der totalen Persönlichkeit nicht mehr mit dem Ich zusammen, sondern stellt vielmehr einen Punkt in der Mitte zwischen Bewusstsein und Unbewusstem dar. »Das Selbst ist per definitionem die Mitte und der Umfang des bewussten und des unbewussten Systems.«[53] Der Mensch begegnet im Selbst dem wenig fassbaren *seelisch Größeren*, das er ist. Um das zu erfahren, muss er aber die Intentionen seines Ich einschränken, er muss sich gewissermaßen selbst opfern, um sich zu gewinnen. »Wir gewinnen aus dem Selbstopfer uns selbst, das Selbst, denn nur was wir geben, das haben wir.«[54] Weil das Selbst »als Ganzes aber, um seiner umfänglicheren Natur willen, verborgen bleibt«[55], kann es nur in einzelnen Aspekten erkannt werden. Die Begegnung mit dem Selbst kann im Sinne Jungs nicht mehr als eine Annäherung sein. Das Selbst ist letztlich *unfassbar*, weil es das bewusste Fassungsvermögen des Menschen übersteigt. Es ist eine absolute Paradoxie[56], »denn nur das Paradoxe mag die Fülle des Lebens annähernd zu fassen, die Eindeutigkeit und das Widerspruchslose aber ist einseitig und darum ungeeignet, das Unerfassliche auszudrücken«[57]. Zugleich gehen vom Selbst aber die entscheidenden Impulse zur Bewusstwerdung aus. Es ist »jenes zentrale, archetypische Strukturelement der Psyche, das als Anordner und Lenker der seelischen Ereignisse von allem Anfang an in uns wirkt«.[58]

Die Hinwendung zum Selbst ist eine Annäherung an den »Gesamtumfang aller psychischen Phänomene im Menschen. Es drückt die Einheit und Ganzheit der Gesamtpersönlichkeit aus.«[59] Es wird also nach und nach ein Verhältnis zum eigenen psychischen Dasein hergestellt, das außer dem Bewusstsein alle unbewussten Einflüsse mit einbezieht und darüber hinaus in eine Dimension reicht, welche dem Menschen nur noch ahnungsweise zugänglich ist. »Es übersteigt unser Vorstellungsvermögen, uns klarzumachen, was wir als Selbst sind, denn zu dieser Operation müsste der Teil das Ganze begreifen können ... Und so wird das Selbst stets eine uns übergeordnete Größe bleiben.«[60] Der psychische Entwicklungsprozess bewegt sich nach der These Jungs spiralförmig um ein Zentrum, dem er sich langsam annähert, wobei sich die Eigenschaften der *Mitte* immer deutlicher abzeichnen.[61] »Dies wäre der Punkt des neuen Gleichgewichtes, eine neue Zentrierung der Gesamtpersönlichkeit, ein vielleicht virtuelles Zentrum, welches der

Persönlichkeit wegen seiner zentralen Lage zwischen Bewusstsein und Unbewusstem eine neue sichere Grundlage gewährt.«[62]

Der Mensch, der Teil eines größeren Ganzen geworden ist, wirkt aus einer »größeren Persönlichkeit« heraus – er wirkt aus tiefen inneren Kräften, die im Zusammenspiel mit seinem Bewusstsein seine Handlungen bestimmen. Wichtig ist dabei, dass er sich nicht mit dieser größeren Persönlichkeit, welche Jung die »Mana-Persönlichkeit« nennt, identifiziert. Indem man Einsicht in die treibenden Kräfte des Unbewussten gewonnen hat, besteht die Gefahr, sich mit diesen Kräften zu identifizieren. Jung empfiehlt dagegen das »völlige Eingeständnis der eigenen Schwäche gegenüber den Mächten des Unbewussten«[63]. »Wenngleich man es zunächst kaum hindern kann, dass man sich nicht ein bisschen bewundert, weil man tiefer gesehen hat«, so sollte man doch nicht in dieser Haltung hängen bleiben. Die neue Beziehung zu dieser größeren Persönlichkeit, die man auch noch ist, bringt nach Jung außer der Bewältigung von Anima/Animus die zweite wahrhaftige Befreiung von Vater und Mutter und damit die Empfindung der eigenen Individualität.[64]

Der Weg zu dieser größeren Persönlichkeit führt nach Jung über die Verbindung des Bewusstseins mit den unbewussten Inhalten der menschlichen Seele, die sich in »Schatten«, »Anima und Animus« und schließlich im »Selbst« finden. Jung versteht diesen seelischen Integrationsprozess als eine Vereinigung der Gegensätze von Bewusstsein und Unbewusstem.

Vereinigung der Gegensätze

Die seelischen Inhalte des Menschen umfassen nach Jung einerseits sein Bewusstsein mit dem intellektuellen und gefühlsmäßigen Verständnis von Zusammenhängen sowie dem gewollten Handeln, und andererseits alle unbewussten Strukturen, Impulse und Verhaltensweisen. Diese umfassen unerkannte oder verdrängte Aspekte der persönlichen Lebensgeschichte wie auch tiefe Instinkte, Triebe und Impulse, die der Natur des Menschen zugehören. Ebenso gehören dazu die

Grundmuster menschlichen Verhaltens, die Jung »Archetypen« nannte. Seelische Ganzheit entsteht nach Jung durch die Verbindung der bewussten und unbewussten Aspekte der Persönlichkeit. Wie schon dargelegt, verschiebt sich das Zentrum der Persönlichkeit dabei von der rein bewussten Seite (dem Ich) zu einem Ort, der Bewusstsein und Unbewusstes gleichermaßen umfasst, den er das Selbst nannte. Darüber kann per Definition keine volle Bewusstheit bestehen, und dennoch ist die integrierte Persönlichkeit in ihrem Dasein und Handeln von beiden Aspekten geprägt. Vor der Integration stehen Bewusstsein und Unbewusstes in einem gegensätzlichen Verhältnis zueinander, wobei die unbewusste Seite des Menschen das Bewusstsein »ergänzt« und deshalb einen kompensatorischen Charakter hat. Die Entwicklung des Menschen auf dem Weg der Individuation zur »größeren Persönlichkeit« hin geschieht nach Jung durch die Verbindung dieser beiden seelischen Bereiche miteinander.

Über diesen psychischen Entwicklungsweg des Menschen oder gar über den Individuationsprozess gibt es keine ausformulierte Parabel und Bilderserie wie im Zen mit der Geschichte vom »Ochsen und seinem Hirten«. C. G. Jung stellt den Entwicklungsprozess zur seelischen Ganzheit hin aber sehr ausgedehnt dar, vor allem in seinem schon erwähnten Werk »Psychologie und Alchemie« und sehr ausführlich im »Mysterium Coniunctionis«, das sein Alterswerk und Vermächtnis darstellt. Eine kürzere Serie legt er im Buch »Die Psychologie der Übertragung« vor, worin er sich auf eine zehnstufige Bilderserie aus dem »Rosarium Philosophorum« bezieht, einer alchemistischen Schrift aus dem Jahre 1593. Dieses Werk Jungs befasst sich vor allem mit der seelischen Verbindung von Patient und Arzt[65] und war ursprünglich Teil des »Mysterium Coniunctionis«[66]. Weil es in dieser Bilderserie aber zugleich um einen Prozess der »Vereinigung mit sich selbst« geht, erscheint es gerechtfertigt, diese in einer allgemeinen Bedeutung für die stufenweise Darstellung des Individuationsprozesses zu verwenden. Wie die Geschichte vom »Ochsen und seinem Hirten« hat diese Serie zehn Stationen. Aus einem ganz anderen Kulturkreis stammend bedient sie sich einer sehr unterschiedlichen Bildsprache. Dennoch zeigen sich inhaltlich erstaunliche Parallelen, weshalb sie gut mit der Zen-Geschichte vom »Ochsen und seinem

Hirten« verglichen werden kann. Die verwendeten Bilder und Beschreibungen sind sowohl dem Buch »Psychologie der Übertragung« als auch dem Werk »Mysterium Coniuncionis« entnommen, worin Jung die zentralen Entwicklungsthemen des Menschen darstellt.

In dieser Serie geht es um die Vereinigung von König und Königin, von Sonne (sol) und Mond (luna). Im Laufe des Prozesses entsteht ein neues Wesen, eine doppelgeschlechtliche Erscheinung, welche die seelische Ganzheit verkörpert. Sie steht für die Vereinigung der Gegensätze zwischen Bewusstsein und unbewussten Inhalten der Seele. Aus dem Blickwinkel des Mannes steht der König für das (unterscheidende) männliche Bewusstsein und die Königin für das Unbewusste des Mannes (die Anima). Vom Standpunkt der Frau her geht es um die Vereinigung des lunaren (verbindenden) weiblichen Bewusstseins mit dem Unbewussten der Frau (dem Animus). »Luna, wie die Alchemie sie metaphorisch schildert, ist zunächst ein Spiegelbild der unbewussten Weiblichkeit des Mannes; sie ist aber auch in dem Sinne Prinzip der weiblichen Psyche, wie die Sonne das der männlichen ... Das weibliche Bewusstsein hat in einem gewissen Sinne eher Mond- als Sonnencharakter. Sein ›Licht‹ ist das mildere des Mondes, das eher verbindet als unterscheidet.«[67]

Die Vereinigung ist daher eine Verbindung mit sich selbst zwecks Herstellung einer seelischen Ganzheit. Die Ausgangsposition dieser Prozedur ist ein Bewusstsein, das den aktuellen Lebensgegebenheiten nicht mehr angepasst ist. So wie jeder König alt wird, wird auch jede Einstellung des Bewusstseins mit der Zeit überholt und bedarf der Erneuerung, damit sie die Lebensganzheit wieder abzubilden vermag.

Die Verbindung von sol und luna kann auch als kollektives Geschehen der allgemeinen Bewusstseinsentwicklung verstanden werden. Der Notwendigkeit einer Wiedervereinigung des Menschen mit sich selbst ist eine Trennung vorangegangen, die (modern ausgedrückt) als Selbstentfremdung verstanden werden kann. So wie der alternde König hat sich auch das kollektive Bewusstsein von seinen Wurzeln wegentwickelt. Dazu hat das Christentum ebenso seinen Teil beigetragen wie die Entwicklung des rationalen Denkens und die Naturwissenschaften. Die Trennung von Natur und Geist aus der ursprünglichen »Einheitswirklichkeit« war für die Bewusstseinsentwicklung notwendig. Führt sie jedoch zu einer zu einseitigen Bewusstseinsposition, muss sie korrigiert werden:»Geist« und»Erde« müssen wieder miteinander verbunden werden. In der Vereinigung der Gegensätze geht es damit um die»Verirdischung des Geistes und Vergeistigung der Erde, eine Versöhnung der Getrennten, mit einem Wort: um den ersehnten Akt der Erlösung, wo die Sündhaftigkeit des Daseins, die ursprüngliche Spaltung, in Gott wieder aufgehoben wird.«[68]

Der Mensch, der den Weg dieser Bewusstseinsentwicklung geht – er entspricht dem Hirten in der Ochsengeschichte –, muss sich zunächst auf sich selbst zurückziehen.»In moderner Sprache ausgedrückt will das soviel heißen als Abwendung von der sinnlichen Wirklichkeit, Zurückziehung der diese belebenden Phantasieprojektionen, welche den ›zehntausend Dingen‹ ihren ebenso attraktiven wie trügerischen Schein verleihen: also Introversion, Introspektion und Meditation, das heißt sorgfältige Erforschung und Erkenntnis der Begehrungen und ihrer Motive.«[69] (Wir erkennen hier die Parallele zur Meditation auf dem Zen-Weg und die Notwendigkeit, das»Anhaften« zu überwinden.)

Die zehn Stufen des Prozesses, die hier jeweils mit denjenigen des Zen-Weges verglichen werden, gestalten sich wie folgt:

1. Der Mercurbrunnen

Die Serie beginnt mit der Darstellung des»Gefäßes«, in welchem das Werk der Gegensatzvereinigung vollzogen wird. Es ist dies der Brunnen des Mercurius, der als Symbol für das Unbewusste steht. Er hilft jenen Menschen, denen»die Erleuchtung über Wesen und Bestimmung des Menschen im kosmischen Rahmen fehlt. Modern ausgedrückt, sind es diejenigen, denen die Inhalte des persönlichen und des kollektiven Unbewussten unbekannt sind. Ersteres entspricht dem ›Schatten‹ und der sogenannten ›inferioren Funktion‹«.[70] Damit das seelische Werk gelingt, bedarf es einer sorgfältigen Vorgehensweise:»Soll einerseits die Vernunft nicht gekränkt und andererseits das schöpferische Spiel der Bilder nicht plump und gewalttätig unterdrückt werden, so bedarf es eines vor- und umsichtigen, synthetischen Verfahrens, welches die Paradoxie der Vereinigung des Unvereinbaren zuwege bringen soll.«[71]

Diese Ausgangsposition deckt sich in gewissem Sinne mit dem ersten Bild der Ochsengeschichte: die Situation für einen Entwicklungsweg wird vorbereitet. Die Voraussetzungen für ein neues Bewusstsein sind grundsätzlich vorhanden, auch wenn sie noch nicht wirklich in Anspruch genommen werden.

2. König und Königin

Im zweiten Bild treten die Akteure des Geschehens auf den Plan. Wie der weitere Verlauf der Geschichte zeigt, handelt es sich im Grunde nur um einen einzigen Protagonisten – um den Menschen, der sich seiner selbst bewusst wird. Dabei kann es sich um den Mann handeln, der sich mit seiner Seele (der Anima) verbindet, aber auch um eine Frau, die sich ihrer Innenwelt (des Animus) bewusst wird. Jung sagt dazu: »Es ist ein Irrtum zu glauben, dass die persönliche Auseinandersetzung mit dem Partner die Hauptrolle spiele. Letztere fällt im Gegenteil der inneren Auseinandersetzung des Mannes mit der Anima, der Frau mit dem Animus zu.«[72] Die Königin steht damit für die Anima des Mannes, und der König für den Animus der Frau. Tatsächlich geschieht dies im täglichen Leben eines Menschenpaares in den vielfältigsten Varianten. Wer kennt nicht die typischen Streitigkeiten, wo der Mann empfindlich und emotional wird und die Frau mit Rechthaberei ins Feld zieht? Dieselbe Verbindung kann aber auch von positiver Ausrichtung sein, indem die seelische Beziehung zweier Menschen beide zu befruchten und zu fördern vermag. In diesem Falle sieht der Mann in seiner Partnerin die eigene Seele (Anima) und erkennt, dass die Beziehung zu ihr ebenso eine solche zu sich selber ist, so wie die Frau im Partner ihre eigenen seelischen Möglichkeiten finden und verwirklichen kann.

In der Begegnung von König und Königin – von Mensch und Seele – zeigt sich eine erste Kontaktnahme zum seelischen Gegenüber, was in der Ochsengeschichte etwa dem zweiten Bild, dem »Finden der Ochsenspur« entspricht. Der Mensch hat eine Ahnung davon, dass ihm etwas fehlt, und er macht sich auf, mit dem zu Erringenden in Kontakt zu kommen. In der Jung'schen Interpretation geht es um die

Verbindung mit dem Unbewussten, und in der Zen-Geschichte um die Ahnung vom Selbst, welche der Hirte hat.

3. Die nackte Wahrheit

Die seelischen Inhalte erscheinen nun in ihrer Wahrhaftigkeit. Aus der Psychologie ist nur allzu bekannt, wie viel sich Menschen vormachen – Jung nannte die entsprechende Selbstpräsentation des Menschen die »Persona« –, was für ihre Entwicklung hinderlich ist. Demgegenüber findet innerseelische und zwischenmenschliche Entwicklung nur statt, wenn sie in Wahrhaftigkeit erfolgt.

Geht es in dieser Serie um die Herstellung seelischer Ganzheit durch die Verbindung von Bewusstsein und unbewussten Seelekräften, so handelt es sich gleichzeitig um die Bewusstwerdung des Menschen über seine inneren Widersprüche, »und darum ist der Weg zum Selbst zunächst ein Konflikt.«[73] Nach Jung gehört die gegensätzliche Struktur der Psyche zu den anerkannten Tatsachen der Psychologie.[74] »Während das Bewusstsein nach Eindeutigkeit strebt und klare Entscheidungen verlangt, muss es sich doch stets aus Gegenargumenten und -tendenzen befreien, wobei besonders inkompatible Inhalte entweder ganz unbewusst bleiben oder gewohnheitsmäßig oder gar geflissentlich übergangen werden. Je mehr dies der Fall ist, desto unbewusster bleibt die Gegenposition.«[75] Weil es ohne das Erlebnis der Gegensätzlichkeit keine Erfahrung der Ganzheit gibt, muss sich der Mensch durch die Erforschung des Unbewussten mit der abgründigen Gegensätzlichkeit seiner Natur konfrontieren.[76] Das wiederum setzt voraus, den eigenen unbewussten Seeleninhalten unvoreingenommen zu beggnen. Zum vorliegenden Bild hält Jung fest: »Psychologisch ist zu vermerken, dass die Situation die konventionelle Hülle abgeworfen und sich zur Konfrontation mit der Wirklichkeit ohne falsche Schleier und sonstige Verschönerungsmittel gestaltet hat. Damit tritt der Mensch hervor wie er ist und zeigt das, was zuvor unter der Maske der konventionellen Anpassung verborgen war, nämlich den *Schatten*. Dieser wird durch die Bewusstwerdung vom Ich integriert, wodurch sich eine Annäherung an die Ganzheit vollzieht.«[77]

Dieses dritte Bild zeigt die unbeschönigte Selbstbegegnung des Menschen. Im Vergleich zur Zen-Geschichte vom »Ochs und seinem Hirten« geht es hier nicht schon um eine erste Begegnung mit dem Selbst, sondern vielmehr um eine solche mit dem Schatten. Wenngleich dies entlastend wirken kann, handelt es sich weniger um einen ersten Durchbruch, als um eine primäre Selbstbegegnung.

4. Eintauchen im Bade

Nun taucht das nackte Paar ins Becken des Mercurius. »Es ist das Bad des Königs, in welchem er Erneuerung sucht.«[78] Wie bisher steht der König dabei für das Bewusstsein oder den Geist und die Königin für das Unbewusste oder die Materie oder den Körper.[79] Im Brunnen befindet sich die Flüssigkeit des Mercurius – die Wandlungssubstanz. »Er bedeutet jene geheimnisvolle psychische Substanz, die wir heute als die unbewusste Psyche bezeichnen.«[80] Nach Jung kommt dem Wasser auch die Bedeutung von »befruchtendem Interesse« zu[81], und andernorts wird das Wasser als die lebenspendende Seele (Anima) bezeichnet.[82] Die vielen Namen und Bezugsmöglichkeiten deuten dabei die Vielschichtigkeit des seelischen Geschehens an. Das erneuerungsbedürftige Bewusstsein verschwindet in bedrohlicher Weise in den heraufsteigenden Inhalten des Unbewussten, wodurch zunächst eine Verfinsterung des Lichts eintritt. In einem Kampf wird der Konflikt zwischen dem dominierenden Ich-Bewusstsein und den Inhalten des Unbewussten ausgetragen.

Vergleicht man diesen »Abstieg zum Unbewussten«[83] mit dem Zen-Weg, so geht es hier wie in den ersten beiden Bildern der Ochsengeschichte um das Erahnen einer anderen Dimension, die nicht wirklich beschrieben werden kann (weil das Unbewusste per Definition unbewusst und damit nicht fassbar ist). Die Erweiterung der Persönlichkeit erfolgt hier wie im Zen durch die Begegnung mit dem »Ganz-Anderen«. Jung erwähnt in diesem Zusammenhang auch die Meditation: »Wenn die Meditation sich mit den objektiven, spontan bewusst werdenden Produkten des Unbewussten beschäftigt, so vereinigt sie bewusste mit ›unbewussten‹ Inhalten, das heißt solchen, die nicht aus einer bewussten Kausalkette hervorgehen, sondern einem an sich unbewussten Vorgang zu entspringen scheinen.«[84]

5. Die Coniunctio

Im Brunnen des Mercurius – also in den Tiefen des Unbewussten – findet die Vereinigung von König und Königin statt. Ein neues Bewusstsein kann entstehen, wenn sich das alte mit den tiefen Kräften der Seele verbindet – das neue Bewusstsein wächst gewissermaßen aus dem Unbewussten heraus. Auf der individuell-psychologischen Ebene verweist das Unbewusste nicht nur auf verdrängte Inhalte, sondern vor allem auf solche, die noch gar nie bewusst geworden sind. Die unbewussten Inhalte sind im Sinne des Individuationsprozesses zunächst der Schatten, später auch die Anima oder der Animus, mit welchem eine Vereinigung stattfindet. »Dies ist nämlich der eigentliche Sinn der coniunctio, dass sie jene Geburt hervorbringt, die das Eine und Geeinte darstellt.«[85] Schließlich zielt der ganze Prozess auf die Bewusstwerdung des Selbst.

Die Gegensatzvereinigung mit ihrer Relativierung des Ich kann in Bezug zum Samadhi-Zustand in der Meditation gesetzt werden. Indem das Ich in ein größeres Ganzes eintaucht, verliert es an Bedeutung. Wenn dieser Prozess in der Individuation erhebliche Turbulenzen aufweisen kann (»Das Meer hat über König und Königin zusammengeschlagen«[86]), etwa indem man in seelische Schwierigkeiten gerät, verläuft die Vertiefung im Zen gelegentlich unauffälliger, aber doch nicht grundsätzlich anders. Auch in der Meditation können heftige Gefühle auftreten.

6. Der Tod

Um zum »Reiche Gottes« zu gelangen, muss der König im Bad des Unbewussten in jenen dunklen Anfangszustand zurückkehren, worin er sich auflöst. Diese Auflösung ist die Vorbedingung der Erlösung. Es ist jener figürliche Tod, den der Betroffene erleiden muss, um seine

Verwandlung erleben zu können.[87] Dabei erfasst ihn eine Phase der seelischen Dunkelheit, die als Melancholie bezeichnet werden kann.[88] Der Zusammenstoß mit und die Integration von Inhalten, die immer unbewusst und projiziert waren, bedeuten dabei eine ernsthafte Beeinträchtigung des Ich.[89] Daraus entsteht für das Bewusstsein ein todähnlicher Zustand. »Wenn nämlich die Gegensätze sich einen, dann hört alle Energie auf: es gibt keine Gefälle mehr ... Kein neues Leben kann entstehen ..., ohne dass zuvor das alte gestorben ist.«[90] »Das Bewusstsein gerät wegen der Erschütterung seines bisherigen Standpunktes in die Dunkelheit wie die Erde beim Tode Christi, dem die Auferstehung folgen wird. Dies ... will bedeuten, dass die Erweiterung des Bewusstseins zunächst Erschütterung und Verfinsterung bedeutet, dann aber Ausweitung des Menschen zum ganzen Menschen, zum Menschen schlechthin.« Diese intuitive Erfahrung muss in ihrer Unbeschreiblichkeit als »mystische« Erfahrung bezeichnet werden.[91]

Bevor der Durchbruch zum neuen Bewusstsein erfolgen kann – im Zen durch die »Wesensschau« –, wird auf dem Weg des Zen ebenso »gestorben« wie in der alchemistischen Darstellung. Auch hier geht es um eine radikale Wandlung des Menschen, indem er alles lässt, was ihn vorher gebunden hat. Wenn er sich auf sein Inneres konzentriert und dabei nicht an den vordergründigen Inhalten – die etwa in der Meditation auftauchen mögen – festhält, kann er nach und nach eine innere Befreiung erfahren, die ihn schließlich zum Erlebnis des Durchbruches (Satori bzw. Kensho) führt. Diese Erfahrung erfolgt – ähnlich wie auf dem Individuationsweg –, nachdem der Mensch »sich selber gestorben« ist.

7. Der Aufstieg der Seele

Nach dem »todähnlichen Zustand« durchläuft der Protagonist einen mehrstufigen Prozess, bis er schließlich zu einem umfassenden neuen Bewusstsein gelangt. Aufgrund der neu gewonnenen Beziehung zwischen Bewusstsein und Unbewusstem ist er nun in der Lage, eine umfassendere Sicht des Lebens zu entwickeln und für seine Lebensfragen Lösungen zu finden, welche der Ganzheit seiner Seele entspringen.

In der individuellen Psychologie geht es nun um die psychische Lösung von Zweifeln und Konflikten. Durch das geistige Verständnis wird die »ichsüchtige Herzensverhärtung« gelöst, und damit beginnt der Aufstieg zu den höheren Stufen. Im Gegensatz zu den vorherigen Stufen geht es nun aber weniger um ein Erleiden als vielmehr um eine bewusste Bewältigung von Lebensfragen und Einstellungen. »Durch das Verstehen wird das Unbewusste integriert und es entsteht allmählich ein höherer Standpunkt, der beides vertritt, das Bewusste und das Unbewusste. Dann stellt es sich heraus, dass die Überwältigung durch das Unbewusste wie eine Nilüberschwemmung ist, welche die Fruchtbarkeit des Ackerlandes erhöht.«[92]

Sowohl Individuation als auch Zen-Weg umfassen eine langwierige Beschäftigung mit tiefen seelischen Gegebenheiten. Gewonnene Erkenntnisse werden in dieser Weise verankert und so ins Bewusstsein eingefügt, dass sie Bestand haben. Dabei wird gleichzeitig das Bewusstsein ausgeweitet. Das »Ich« – der eigene Wille – verliert an Bedeutung zugunsten einer größeren Persönlichkeit. Im Sinne Jungs schließt diese den Bezug zu unbewussten seelischen Kräften ein, und im Sinne des Zen ist es ein Wissen um die »Wesensnatur« allen Seins.

8. Die Reinigung

Die Bildung eines höheren Bewusstseins geht auf dem Individuationsweg langsam vonstatten. Nach und nach wird die dunkle Nacht überwunden, jener Zustand der Seele, in der sie gelähmt und unfruchtbar darniederliegt. Nachdem man »ans Ende seiner Weisheit« gekommen ist, dauert es einige Zeit, bis sich die neuen Lebenskräfte gestalten können, die nun nicht mehr vom Willen des Ego geprägt sind, sondern aus der Mitte der Persönlichkeit stammen. Der Mensch muss sich neu kennen lernen als einer, dem innere Wahrnehmung und Stimme bedeutungsvoll geworden sind. »Die zuvor dunkle Situation wird allmählich erhellt wie eine finstere Nacht, in welcher der Mond aufgeht. Die Erhellung geht gewissermaßen vom Unbewussten aus.«[93] Nach den Schwierigkeiten der seelischen Auseinandersetzungen tritt nun »Tauwetter« ein. »Der fallende Tau ist ein Vorzeichen der kommenden göttlichen Geburt ... Sie ist das Licht, das nach der Finsternis erscheint, die Erleuchtung nach der Verdunkelung.«[94] Indem das Sonnenlicht für das Bewusstsein steht, geht es jetzt darum, dass ein neues Bewusstsein heranwächst – so wie die Sonne langsam über dem Horizont aufsteigt. »Das Bewusstsein ist nun von den tiefen unbewussten Kräften befruchtet und kontaminiert.«[95]

Dieser Erlösungsprozess ist von ausschlaggebender Bedeutung. »Bei der Auferstehung nach dem Tode geht es um eine Wandlung und Wiedergeburt (Verwandlung der Unbewusstheit in ›Erleuchtung‹!)«[96] Es entsteht neues Wissen, eine neue Sicht der Welt. »Es ist ein Lichtgeist, der von der Sonne in die Schöpfung heruntersteigt und der in allen Geschöpfen lebt.«[97] Es ist nicht zu übersehen, dass es hier um eine Erkenntnis von höchster Bedeutung geht – um einen eigentlichen Wandel der Persönlichkeit. Der Mensch lebt nun nicht mehr aus seinen bewussten Vorstellungen heraus, sondern vielmehr im Rahmen eines Großen Ganzen, an dem er lebendigen Anteil hat.

Erst im achten Bild dieser Serie ist zu verzeichnen, was in der Geschichte vom »Ochsen und seinem Hirten« schon im dritten Bild erscheint: das neue Bewusstsein, das sich dort in einer ersten wichtigen Erfahrung als »Kensho« zeigt, der Schau des Wesens aller Dinge. Das durch den Individuationsprozess gewonnene neue Bewusstsein ist aber nicht gleichzusetzen mit der Erfahrung des Kensho oder Satori, es ist nicht dieselbe neue Sicht, die gewonnen wird. Dennoch geht es auch in diesem Bild um eine entscheidende Schwelle, nach der »alles anders« ist, obwohl sich die Welt nicht verändert hat. Nur die eigene Sichtweise ist anders geworden – aber das ist von entscheidender Bedeutung.

9. Die Wiederkehr der Seele

Mit der neuen Bewusstseinshaltung kommt der Mensch zu neuem Leben. Dabei unterliegt seine Haltung allerdings noch einem weiteren Läuterungsprozess: »Es ist der Silber- oder Mondzustand, welcher aber noch bis zum Sonnenzustand gesteigert werden soll.« Die Dämmerung muss noch zum eigentlichen Sonnenaufgang werden.[98] Bezüglich der persönlichen Psychologie geht es hier um die Entwicklung einer Herzenswärme, welche erst die neue Erfahrung und Einstellung zu einer gelebten Haltung macht. Was erarbeitet und erkannt wurde, soll auch in der Realität umgesetzt werden. »Eine Haltung aber, die dem Unbewussten sowohl wie dem Mitmenschen gerecht werden soll, kann unmöglich nur auf Erkenntnis beruhen, sofern diese bloß aus Intellekt und Intuition besteht. Es fehlt noch das Herz, nämlich das Gefühl, welches dem Verstandenen einen verbindlichen Wert gibt. Die Bücher müssen daher zerstört werden, damit das Denken dem Gefühl keinen Abbruch tut, sonst kann nämlich die Seele nicht zurückkehren.«[99] »Das Bewusstsein beginnt auch emotional auf die vom Unbewussten produzierten Inhalte zu reagieren.«[100]

Nach der Erfahrung des »Kensho« erfolgt auch in der Zen-Schulung eine lange weitere Entwicklungszeit, in welcher die Erkenntnisse vertieft und ausgeweitet werden. Dabei geht es immer wieder um die Realitätsprüfung: Was nicht tief genug erfasst worden ist, bewährt sich in der Welt zu wenig. Es folgt also eine ständige Auseinandersetzung mit den Erkenntnissen, die in jeder Alltagssituation Anwendung finden müssen. Diese Phase entspricht in der Geschichte vom »Ochsen und seinem Hirten« der Periode der Zähmung des Ochsen bis zu jenem freien Zustand, wo der Ochse vergessen ist und der Hirt die Erfahrung der vollkommenen Leere macht und schließlich wieder in die Welt hinausgeht.

10. Die neue Geburt

Zum Abschluss des Prozesses erscheint ein doppelgeschlechtliches Wesen, welches die neu gewonnene Einheit verkörpert. Bei diesem Symbol der Ganzheit geht es »um dieselbe Sache am Anfang und am Ende, um etwas, das schon immer da war und doch erst am Ende erscheint: es ist die Tatsache des Selbst, jene unbeschreibliche Ganzheit des Menschen, die zwar nicht anschaulich gemacht werden kann, aber als intuitiver Begriff unerlässlich ist«.[101] Jung bezieht dieses ganzheitliche Selbst auf »jene potentielle Welt des ersten Schöpfungstages, an dem es noch nichts Getrenntes gab«.[102] Diese Idee basiert auf der Annahme, »dass die Vielfältigkeit der empirischen Welt auf der Grundlage einer Einheit derselben beruhe und dass nicht zwei oder mehrere prinzipiell geschiedene Welten zusammen existieren oder miteinander vermengt seien«.[103] Der Mensch verbindet sich mit »einer potentiellen Welt, welche den ewigen Urgrund alles empirischen Seins bedeutet, so wie das Selbst Grund und Ursprung der individuellen Persönlichkeit ist und diese in Vergangenheit, Gegenwart und Zukunft umfasst«.[104]

Der lebendige Mensch, welcher diese Erfahrung macht, »dauert lange, oder ewig; er ist, obschon lebend, doch unbewegt; er strahlt magische Kraft aus und wandelt Vergängliches in Unvergängliches und Unreines in Reines; er ergänzt und vermehrt sich selber; er ist das Einfache und darum das Universale, die Vereinigung aller Gegensätze ... Man ist begreiflicherweise in einiger Verlegenheit, wie man eine derartige psychische Erfahrung – denn um eine solche handelt es sich – in einem rationalen Begriff formulieren könnte. Sicherlich war damit ein Inbegriff von Vollendung und Universalität gemeint und damit ein Erlebnis ähnlichen Ausmaßes charakterisiert. Wir könnten dem nur noch ... das Tao, den Inhalt von Samadhi oder das Satori-Erlebnis des Zen an die Seite stellen«[105], schreibt C. G. Jung. Tatsächlich zeigt diese Beschreibung große Ähnlichkeit mit der Verfassung des Hirten am Schluss der Ochsengeschichte. Jung versteht den Prozess der seelischen Entfaltung aber zu Recht als einen »vom Osten unbeeinflussten Versuch, eine den großen östlichen Philosophien entsprechende Gegensatzvereinigung in die Wege zu leiten und zu diesem Zwecke ein von den Gegensätzen befreites Prinzip, dem Atman oder dem Tao ähnlich, aufzustellen«.[106]

Der Erkenntnisweg der Individuation weist in seinem Vorgehen etliche Unterschiede zum Zen-Weg auf. In seiner letzten Zielsetzung zeigt er aber doch eine verblüffende Ähnlichkeit: Es geht um eine Erfahrung, welche das trennende Bewusstsein übersteigt und in einen Bereich vorstößt, der durch die Einheit allen Seins charakterisiert ist. Diese basiert auf einer geistigen Existenz jenseits von Zeit und Raum, einer form- und zeitlosenlosen Präsenz, die zugleich allem Sein inhärent ist. Die Bewusstseinsentwicklung des Menschen tendiert zu einer Erfahrung, welche seine Grenzen als Individuum überwindet. Damit erweist er sich als größer, als es der Wahrnehmung des Ich entspricht: Er findet zum Selbst. Auch wenn der Begriff bei Jung und im Zen nicht deckungsgleich ist, kommen sich die Konzepte doch sehr nahe.

Jung und der Zen-Meister Hisamatsu

Wie sich aus dem Vergleich zwischen den in diesem Buch behandelten seelischen Entwicklungswegen des Zen und der Individuation ergibt, weisen diese nicht unerhebliche Ähnlichkeiten auf. Wir werden uns damit im Hauptkapitel »Südtor« noch eingehender beschäftigen.

Angesichts dieser Ähnlichkeiten stellt sich die Frage, ob es auch direkte Begegnungen zwischen Vertretern dieser Entwicklungswege gegeben hat und zu welchen Ergebnissen diese geführt haben. C. G. Jung äußerte sich zu Zen, zum Buddhismus allgemein und zur östlichen Psychologie. Die wichtigsten Texte, in denen sich entsprechende Stellungnahmen finden, sind: Vorwort zu D. T. Suzuki, »Die große Befreiung«[107]; »Psychologischer Kommentar zum Tibetischen Buch der großen Befreiung«[108]; Geleitwort und psychologischer Kommentar zum »Bardo Tödol« (»Tibetanisches Totenbuch«)[109]; »Zur Psychologie östlicher Meditation«[110]; »Über den indischen Heiligen«[111]; »Psychologie und Alchemie«[112]; »Das Geheimnis der Goldenen Blüte«[113] sowie ein Brief an Pfarrer Bernet[114]. Meistens geht es dabei um psychologische Kommentare zu Texten aus dem Osten. Diese interpretiert Jung allerdings im Sinne des Westens, und es ist zu diskutieren, inwieweit er damit dem ursprünglichen Geist des Ostens gerecht wird.

Wie aus seinen Schriften hervorgeht, zeigte Jung einerseits großes Interesse an den Inhalten des Zen als einer hervorragenden kulturellen Leistung des Ostens. Andererseits erachtete er die praktische Zen-Übung für den westlichen Menschen als ungeeignet, und die Zen-Erfahrung des Satori als weitgehend unerreichbar. Die Ausübung des Zen im Westen rückte er in die Nähe der vielen, damals aufkommenden esoterischen Ansätze, die versuchten, ohne eine tiefe, weitreichende und schmerzvolle Auseinandersetzung im Sinne der Individuation zu geistigen Erlebnissen und Erkenntnissen zu kommen. »Wenn wir uns diese Dinge direkt vom Osten aneignen, haben wir nur unserer westlichen Erwerbstüchtigkeit nachgegeben. Damit bestätigen wir wieder, dass alles Gute draußen ist, von wo es geholt und in unsere unfruchtbaren Seelen gepumpt werden muss ... Wir müssen von Innen zu den östlichen Werten gelangen, nicht von außen, wir müssen sie in uns, im Unbewussten suchen.«[115]

Hier ist zu fragen, worin ein Unterschied besteht, wenn sich der westliche oder der östliche Mensch nach Innen wendet. Nach Jung spielt die unterschiedliche psychologische Lage des Menschen im Westen gegenüber derjenigen im Osten eine entscheidende Rolle. »Der westliche Mensch ist von den ›zehntausend Dingen‹ bezaubert; er sieht das Einzelne, er ist ich- und dingverhaftet und der tiefen Wurzel alles Seins unbewusst. Der östliche Mensch dagegen erlebt die Einzeldingwelt, ja sogar sein Ich wie einen Traum und wurzelt wesenhaft im Urgrund, der ihn so mächtig anzieht, dass seine Weltbezogenheit in einem für uns oft unbegreiflichen Maße relativiert ist.«[116]

Diese Ansicht der Verhältnisse wird vom Osten in gewisser Hinsicht geteilt. So schreibt Yamada Roshi: »In Asien sind sich viele Menschen ... dieser Einheitswelt auf instinktive Weise bewusst. Sie haben zumindest eine Ahnung davon und können sich leicht darauf einlassen. Für sie gibt es hinter der Erscheinungswelt mit ihren offensichtlichen Verschiedenheiten eine Welt der wesenhaften Einheit und des Nichtgetrenntseins aller Dinge. Darin könnte ein grundlegender Unterschied zwischen Ort und West bestehen ... Insbesondere Intellektuelle aus dem Westen sind der Meinung, dass es im Osten etwas gibt, was dem Westen fehlt. Sie erkennen allmählich, dass die Grundlage der westlichen Zivilisation in einer unerbittlich harten Trennung zwischen Subjekt und Objekt besteht ... Was ist diese Weisheit des Ostens? Nichts anderes als das Wissen um diese Welt der Einheit.«[117] Die von Jung angenommene fehlende Weltbezogenheit des Ostens bestätigt Yamada Roshi allerdings nicht.

Jung kam wegen unterschiedlicher Voraussetzungen für eine »Einheitserfahrung« in Ost und West zum Schluss: »So groß der Wert des Zen-Buddhismus für das Verständnis des religiösen Wandlungsprozesses ist, so wenig wahrscheinlich ist seine Verwendbarkeit beim westlichen Menschen ... Wer würde bei uns das unbedingte Vertrauen in einen Meister und dessen unverständliche Wege aufbringen? ... Wer könnte sich rühmen, an die Möglichkeit eines über alle Maßen paradoxen Wandlungserlebnisses zu glauben, und zwar in dem Maße, dass er viele Lebensjahre der mühseligen Verfolgung solchen Zieles opferte?«[118] Entsprechend schließt er weiter: »Satori bezeichnet eine Art von Erleuchtung, welche dem Europäer nachzufühlen fast unmöglich ist«, denn sie ist eine »zentrale Anschauung von nicht zu überbietender Fremdartigkeit«.[119] Jung hielt die Psychotherapie für den westlichen Menschen als den geeigneteren und auch vielfältigeren Weg, um zu Erkenntnissen zu gelangen. »So sind die Aufgaben der Psychotherapie viel mannigfaltiger und die einzelnen Phasen des langen Prozesses viel widersprüchlicher als im Zen. Daher ist die direkte Übertragung des Zen auf westliche Verhältnisse weder empfehlenswert, noch überhaupt möglich.«[120]

Aus theoretischen Überlegungen war C. G. Jung insbesondere deshalb der Ansicht, dass östliche Wege für den westlichen Menschen von wenig Nutzen seien, weil er glaubte, dass damit das *Schattenproblem* umgangen würde. Dazu schreibt er über die Psychologie östlicher Meditation: »Durch Dhyâna, das heißt Versenkung und Vertiefung der Kontemplation, hat das Unbewusste, wie es scheint, Gestalt angenommen. Es ist, wie wenn das Licht des Bewusstseins, das aufgehört hat, Gegenstände der äußeren Sinneswelt zu beleuchten, nunmehr das Dunkel des Unbewussten erleuchtete. Wenn die Sinneswelt und der Gedanke an sie gänzlich ausgelöscht sind, so tritt das Innere deutlicher hervor. Hier überspringt nun der östliche Text[121] ein psychisches Phänomen, das dem Europäer zur Quelle endloser Schwierigkeiten wird ... Man glaubt am besten wegzukommen, wenn man möglichst nicht in diese dunkle Ecke schaut. Allerdings, wer so verfährt, der wird auch um diese Ecke nie herumkommen.« Jung war deshalb gegen die Übernahme solche Praktiken durch die Europäer eingestellt, »denn ich weiß zu genau, dass sie sich damit um ihre dunkle Ecke herumzudrücken hoffen. Ein solches Beginnen ist aber völlig sinn- und wertlos.«[122]

Damit der Geist des Meditierenden leer werden kann, werden die in der Meditation auftauchenden Bilder, Erinnerungen und Gedanken tatsächlich möglichst nicht beachtet. Dies schließt aber nicht aus, dass während der Meditationen viele unbewältigte Lebensfragen zum Thema werden. Sie werden aber anders verarbeitet. Dennoch ist dieser Prozess nicht so weit entfernt von dem, was in der Jung'schen Arbeit mit seelischen Inhalten geschieht. Auch in der Meditation müssen sie ausgehalten und verdichtet werden, bis sie schließlich überwachsen sind, und auch dort geschieht vieles nicht im Bewusstsein, sondern in tieferen seelischen Prozessen. Auch ist zu bedenken, dass sich der westliche Mensch wohl kaum der Mühe einer jahre- oder jahrzehntelangen Meditation unterziehen würde, wenn er ein Interesse am Selbstbetrug hätte. Jungs Urteil trifft wohl eher jene Personen, welche sich überhaupt keinem Entwicklungsweg stellen.

Wenngleich C. G. Jung die Zen-Übung für westliche Menschen als ungeeignet erachtete, so hatte er andererseits gleichzeitig eine hohe Achtung vor Zen als einer religiösen und kulturellen Erscheinung. »Den aufmerksamen und anteilnehmenden Leser möchte ich davor warnen, die Geistigkeit des Ostens zu unterschätzen und irgendetwas Billiges hinter Zen zu vermuten ... Auch spielt Zen nicht mit komplizierten Hatha-Yoga-Techniken, welche dem physiologisch denkenden Europäer die trügerische Hoffnung vorspiegeln, man könne am Ende den Geist doch noch ersitzen oder eratmen. Dagegen fordert Zen Intelligenz und Willenskraft, wie alle größeren Dinge, welche wirklich werden wollen.«[123] Ebenso maß er auch dem Satori-Erlebnis hohen Wert bei: »Wer sich ... mit der buddhistischen Lehre auseinandergesetzt hat, der wird unter der bizarren Hülle der individuellen Satori-Erlebnisse Tiefen erahnen oder beunruhigende Schwierigkeiten wittern, von denen der philosophische religiöse Westen bisher glaubte absehen zu dürfen.«[124] Jung traute offenbar der östlichen Religion eine größere Tiefe zu als der westlichen.

Zu Jungs Verständnis des Zen ist anzumerken, dass er sich einerseits auf originale Texte des Ostens stützte, die er gemäß seinen Auffassungen interpretiert, und anderseits auf Auslegungen von Interpreten, Übersetzern und Herausgebern. Im Falle des Zen stützte sich Jung vorwiegend auf Auslegungen von Daisetz Teitaro Suzuki. Wie schon dargelegt, wird D. T. Suzuki (nicht zu verwechseln mit Shunryû Suzuki) in Zen-Kreisen als Wissenschaftler anerkannt, aber nicht als Zen-Meister. Obwohl versierter japanischer Kenner der Philosophie des Zen, hatte er die Materie doch wie Jung nur von außen erschlossen, und Zen ist in *dieser* Form von Jung aufgenommen worden. Weil Zen aber eine Angelegenheit der Erfahrung ist, bleibt so gerade der wichtigste Punkt ausgeklammert. Jung ist mit D. T. Suzuki als Quelle des Zen-Verständnisses gewissermassen eine unheilige Allianz eingegangen, indem sich beide gegenseitig in ihrem wissenschaftlichen

Ansatz bestätigten. Dies führte schließlich zu den eklatanten Fehlinterpretationen von Kôan durch Jung, beispielsweise des klassischen zentralen Kôan MU, das er inkorrekt als »Wu« interpretiert: »Wie viel Weisheit liegt im ›Wu‹ des Meisters, der auf die Frage nach der Buddha-Natur des Hundes antwortet!« Jung bezieht sich dabei an anderer Stelle auf D. T. Suzuki: »Mit diesem ›Wu‹ ist, wie Suzuki bemerkt, ganz einfach Wu gemeint, offenbar das, was der Hund selber auf diese Frage zu antworten hätte.«[125] Diese Aussage basiert auf falsch verstandenen Konzepten, die nichts zu tun haben mit dem, wohin ›MU‹ wirklich weist, nämlich geradewegs in die entscheidende Erfahrung, die jenseits von allen Konzepten liegt.

Selbst wenn Jung Texte von anerkannten Zen-Meistern verwendet hätte, hätte er sie mangels eigener Zen-Erfahrung für seine Kommentare möglicherweise nicht richtig interpretiert. Zen-Texte und deren Auslegung durch Zen-Meister richten sich an Schüler und konfrontieren sie in direkter Weise, um sie zu einer eigenen Erfahrung zu bringen. Die Verfasser solcher Texte hätten Jung wohl mit einer ganz anderen als der ihm eigenen Betrachtungsweise konfrontiert. Jung verwendete weder solche Texte noch Kommentare oder Gespräche mit Zen-Meistern für seine eigenen Kommentare, vielleicht weil sie ihm zu fremdartig und dunkel erschienen.[126]

Angesichts der Tatsache, dass sich C. G. Jung eingehend mit Zen und den östlichen Religionen befasste und darüber mehrere Schriften verfasste, ist es erstaunlich, dass persönliche Kontakte mit Zen-Meistern kaum stattgefunden haben. (Jung hatte auch darauf verzichtet, anlässlich seiner Indienreise den damals sehr bedeutenden indischen Weisen Ramana Maharshi zu besuchen, obwohl dies möglich gewesen wäre und ursprünglich vorgesehen war.) In Japan war Jung zwar nie, aber schon zu seiner Zeit hielten sich mehrere japanische Zen-Meister zumindest zeitweilig in Europa und Amerika auf. Dennoch gibt es nur ein einziges überliefertes Gespräch zwischen C. G. Jung und einem Zen-Meister.

Am 16. Mai 1958 besuchte Shin'ichi Hisamatsu (1889–1980) C. G. Jung in dessen Haus in Küsnacht. Hisamatsu hatte in Kyôto bei Nishida studiert und absolvierte die Zen-Ausbildung ab 1915 im Rinzai-Kloster Myoshinji in Kyôto bei Shosan Ikegami Roshi (1856–1928). Von

1932 bis 1949 lehrte er an der Universität von Kyôto, wo er seit 1943 den Lehrstuhl für Religionsphilosophie und Buddhismus innehatte.

Das Gespräch zwischen Jung und Hismatsu wurde von Aniela Jaffé aufgezeichnet und 1977 erstmals auf Englisch sowie 1986 deutsch publiziert.[127] Rein formell fällt in der Niederschrift des Gesprächs auf, dass Hisamatsu zahlreiche Fragen an C. G. Jung stellte (insgesamt 18 Fragenblöcke), wohingegen Jung abgesehen von wenigen Nachfragen zum Verständnis keine eigenen themenbezogenen Fragen an Hisamatsu richtete. Von der Redezeit beanspruchte Jung zwei Drittel und Hisamatsu ein Drittel. Das Gespräch stellt eher ein Interview von Hisamatsu dar, als dass es sich um ein eigentliches Zwiegespräch handelte, wie es zwischen zwei Fachleuten ersten Ranges möglich gewesen wäre. Angesichts des Umstandes, dass sich C. G. Jung in seinen zahlreichen Schriften zu östlichen Weisheitslehren und in längeren Texten zu Zen geäußert hatte, fällt auf, dass Jung keinen eigentlichen Austausch mit dem Zen-Meister suchte.

Inhaltlich dreht sich die Fragestellung Hisamatsus hauptsächlich um die Thematik, ob und wie der Mensch durch Psychotherapie von seinem grundsätzlichen Leiden (dem »ursprünglichen« Leiden an seiner Existenz) befreit werden könne. Dahinter ist unschwer die anfängliche Frage des Buddha nach einem Weg zur Befreiung vom Leiden, das durch Alter, Krankheit und Tod bewirkt wird, zu erkennen. (Nach der buddhistischen Lehre der »vier edlen Wahrheiten« liegt die Ursache des Leidens im Anhaften, welches durch die drei »Geistesgifte« Gier, Hass und Verblendung/Unkenntnis verursacht wird.) Im Zen wird mit dem Zweck der Erlösung eine Erfahrung angestrebt, die in eine Dimension »jenseits von Leben und Tod« weist. Weil es bei dieser Erfahrung um das »Wahre Selbst« des Buddhismus geht, das zum »Selbst« von Jung in Bezug gesetzt werden kann, drehten sich vermutlich einige Fragen von Hisamatsu um das Unbewusste, das kollektive Unbewusste und das Selbst. Er versuchte wohl zu verstehen, ob die Jung'sche Psychotherapie ähnliche Erfahrungen wie diejenige des Zen zu vermitteln vermöchte. Zum Schluss des Gesprächs stellte Hisamatsu fest, dass (für ihn) der Zusammenhang zwischen dem »wahren Selbst« des Buddhismus und dem Konzept des Unbewussten sehr deutlich geworden sei.

Im Folgenden werden hier die einzelnen Gesprächsabschnitte anhand von Beispielen näher dargestellt und besprochen. Nach einleitenden Begrüßungsworten ergibt sich ein kurzer Austausch über den Charakter des Zen. Hisamatsu hält dazu fest: »Zen ist Philosophie und zugleich Religion; aber keine gewöhnliche Religion, sondern Religion und Philosophie zusammen«. Das eigentliche Gespräch beginnt mit der Frage nach *mu-shin* (wörtlich »Nicht-Geist« – Geist der Leere), die gleich ins Zentrum des Zen zielt. Im Zen geht es wesentlich um diese Dimension, welche auch als Leere charakterisiert wird. Jung sagt im Gespräch mit Hisamatsu dazu: »Ich verstehe darunter das Unbewusste«, und präzisiert auf eine entsprechende Nachfrage Hisamatsus: »Es ist das Unbekannte, das mich psychisch affiziert, das Unbekannte, das mich stört oder das einen Einfluss auf mich ausübt, einen positiven oder negativen Einfluss. Ich merke daran, dass es existiert, aber was es ist, weiß ich nicht.« Darauf aufbauend ergibt sich ein Gesprächsabschnitt, in welchem es um das Verständnis von diesem »Unbekannten«, dem Unbewussten geht. Möglicherweise versuchte Hisamatsu zu erfahren, ob dieses Unbekannte »etwas« ist oder ob es sich um eine völlige Leere handelt. Jung bleibt in der Beantwortung bei seinen bekannten Gedanken über Erinnerungen, Träume und Phantasien, die persönlichen oder allgemeinen Charakter haben können. Das veranlasst Hisamatsu, nochmals nachzufragen: »Ist das nicht-persönliche Unbewusste das Ursprünglichste?« Darauf erhält er von Jung keine direkte Antwort, wohl jedoch Definitionen des persönlichen und des kollektiven Unbewussten. Es zeigt sich im Diskurs schon bis zu dieser Stelle, dass die beiden Exponenten von recht unterschiedlichen Welterfahrungen und Modellen ausgehen, die ein gegenseitiges Verständnis nicht einfach machen.

In einer zweiten Gesprächsphase geht es um Fragen des *Bewusstseins* und schließlich um das *Selbst*. Während Jung die »klesas« (ein Sanskrit-Begriff aus dem indischen Yoga, der oft vereinfachend mit »Leidenschaften« übersetzt wird, aber eigentlich Nichtwissen, Ich-Bezogenheit, Begierden, Ablehnung und Angst als Ursachen des Leidens umfasst) als Eigenschaften oder Symptome des Unbewussten versteht, gehören sie nach Auffassung Hisamatsus zum Bereich des Bewusstseins. Hier zeigt sich die unterschiedliche Einschätzung und Definition des Bewusstseins im Westen und im Osten. Während Erscheinungen, deren Ursprung nicht klar ist, im Westen dem Unbewussten zugeordnet werden, rechnet der Osten diese eher dem Bewusstsein zu, weil sie erfahrbar sind und irgendeine Form oder zumindest Auswirkungen haben. Der Osten unterscheidet nicht »bewusst« und »unbewusst« voneinander, sondern vielmehr »formhaft« und »leer«. Vermutlich im Sinne des Letzteren fragt Hismatsu nach dem »eigentlichen Selbst«, womit er wohl das »wahre Selbst« im Sinne des Buddhismus meint, das durch vollständige Leere gekennzeichnet ist und der »Wesensnatur« im Zen entspricht. Jungs Antwort bezieht sich aber nicht darauf, sondern auf sein eigenes Konzept des Selbst: »Das Selbst ist das Ganze, denn die Persönlichkeit – Sie als Ganzes – bestehen aus Bewusstsein und Unbewusstem.« Demgemäß ist das Selbst »vielleicht zur Hälfte bekannt«, antwortet Jung auf eine entsprechende Frage.

In einem dritten Gesprächsteil geht es um das *Leiden* und die Befreiung davon, das heißt um das Kernstück des Buddhismus. Während der Buddhismus und vor allem das Zen eine grundsätzliche Befreiung vom Leiden anstrebt, versteht Jung den psychotherapeutischen Ansatz in engeren Grenzen: »In der Psychotherapie versucht man das Leiden des Menschen zu mindern, aber ein Leiden ist immer da.« Dies ist die Antwort auf Hisamatsus Frage: »Ist es möglich, dass der Mensch diese verschiedenartigen Leiden auf einen Schlag von sich lösen kann in der Therapie?« Die Frage läuft im Grunde darauf hinaus, ob es in der Psychotherapie auch so etwas wie eine Erfahrung des »Kensho« oder »Satori« gibt, das wirkliche Befreiung bringt. Hisamatsu scheint mit Jungs Antwort nicht ganz zufrieden gewesen zu sein, denn er hakt nach: »Das Leiden ist in gewissem Sinne also nötig zum Leben. Aber trotzdem gibt es im Menschen den Herzenswunsch, davon befreit zu werden.« Und weiter: »Die Absicht der Religionsstifter war, den Menschen von diesem ursprünglichen Leiden zu befreien. Ist es denkbar, dass man mit der Psychotherapie eine solche große Befreiung verwirklicht?« Hisamatsu gibt nicht auf, in die Richtung seiner eigenen Erlösungsvorstellungen und -erfahrungen nachzuforschen.

Im weiteren Verlauf des Gesprächs zeigt sich aber wieder die ursprüngliche *Schwierigkeit* – diesmal am Beispiel der Bindung des Menschen an die »10 000 Dinge« (das heißt an die Erscheinungswelt).

Während Jung die Verhaftung betont und diese erklärt (»wenn jemand 10000 Dingen verhaftet ist, so darum, weil er gleichzeitig dem kollektiven Unbewussten verhaftet ist«), sieht Hisamatsu die Verhältnisse radikaler: »Ich denke, dass es nötig ist, sich auch vom kollektiven Unbewussten und von den Bedingungen des kollektiven Unbewussten zu befreien.« Damit sind wir eigentlich am Kernpunkt der Schwierigkeiten zwischen Tiefenpsychologie und Zen: Die Fragen und Antworten liegen auf verschiedenen Ebenen. Während Jung sich auf das Unbewusste bezieht, dessen Inhalte man zwar (zu einem unbestimmt großen Teil) nicht kennt, das aber doch (zu einem gewissen Teil) Form und – wenn auch nur indirekt – wahrnehmbare Inhalte hat, so bezieht sich Zen auf eine radikale Leere, die dennoch erfahrbar ist. Im Zen ist diese im Erlebnis des Satori zu finden, wofür es im Westen aber kein allgemeines Gegenstück gibt – von gewissen Berichten christlicher Mystiker einmal abgesehen. Gemäß einer rein logischen Denkweise ist eine solche Erfahrung nicht möglich, weil das Formlose mangels Form nicht fassbar ist. Dieser Haltung folgt Jung in seinen Interpretationen stets. Andererseits bestehen im Zen die jahrhundertelange Praxis der Meditation und die genauso langen und vielfältigen Erfahrungen dieser Leere, wie sie dem logischen Geist unmöglich erscheinen. Jung befindet sich mit der Frage Hisamatsus: »Kann man sich denn vom kollektiven Unbewussten befreien?« in der Falle der eigenen Vorstellungswelt, aus der er sich mit einem unerwarteten Schlag befreit. Jung antwortet erstaunlicherweise mit »Ja«. Das ist nach seinen übrigen Überlegungen und seiner allgemeinen Lehre gemäß eine nicht zu erwartende – wenn nicht gar unzulässige – Antwort.

In einem letzten Gesprächsteil geht es nochmals um den Begriff *Selbst*. Während Hisamatsu vom »eigentlichen Selbst« spricht, das keine Form oder Substanz hat, meint Jung: »Ich kann sagen: das Selbst existiert und existiert nicht, weil ich nichts von ihm aussagen kann«, und später »ich kann ja nicht *das* wissen, was ich nicht weiß.« Aber bei der (Erfahrung der) Leere und beim Unbewussten geht es nicht um dasselbe. Das hält Hisamatsu zum Schluss des Gespräches fest: »Das wahre Selbst ist ohne Form und Substanz. Deshalb ist das wahre Selbst niemals durch die 10000 Dinge hingerissen. Gerade darin besteht die Befreiung, die religiöse Befreiung.«

Das Gespräch zwischen Hisamatsu und C. G. Jung zeigt die Schwierigkeiten im Verständnis des Zen durch die analytische Psychologie ebenso, wie sie in vielen anderen Texten zu konstatieren ist. Dennoch war Jung dieser Erfahrungswelt nah – davon zeugen nicht zuletzt seine vielfältigen und tiefgründigen Arbeiten über alchemistische Texte – nur hat er sie nicht direkt auf Zen bezogen.

Südtor

Erwachendes Bewusstsein

Im Zen ist oft von »Erwachen« die Rede, und es wird von einigen Autoren auch im Buchtitel verwendet. Dieses entscheidende Geschehen des menschlichen Geistes beschränkt sich aber keineswegs auf Zen. Der Sufi-Meister Hazrat Inayat Khan (1882–1927) schreibt treffend: »Das ist der Zustand des gewöhnlichen Menschen: Er lebt in einer Art Traumzustand. Der Mystiker ist ein Mensch, der erwacht ist. Das Amüsante daran ist, dass der gewöhnliche Mensch den Mystiker einen Träumer nennen wird, obwohl in Wirklichkeit er selbst der Träumende ist.«[1] Die Wirklichkeit meint hier das eigentliche Wesen des Menschen, sein ursprüngliches Sein, das erschlossen wird. Im Zen wird diese Erfahrung die »Wesensschau« (Kensho) genannt. Darin werden Ich und Welt in ihrer Fülle und ihrer formlosen Tiefe (Leere) zugleich erfahren. »Vollkommene Leere liegt in allem, und alles bin ich selbst, selber gänzlich leer.« Das »Erwachen« führt zu einer wunderbaren Präsenz im Dasein. Es geschieht im Lassen unserer Anhaftung an die »10 000 Dinge« (wie es im Zen heißt), die uns so lange beschäftigt haben. Der Moment, wo dies alles wegfällt – wozu auch unsere Vorstellungen über Lebensverhältnisse und Beziehungen, ja sogar die über Leben und Tod gehören –, entspricht dem Durchbruch in eine ungeahnte Freiheit. Diese enthält die Wahrnehmung, dass das Leben vollständig ist und nichts fehlt. Erwachen ist die Einsicht, dass wir nicht mehr und nicht etwas anderes tun können als zu leben und mit diesem Leben in völliger Übereinstimmung zu sein. Wir sind dieses Leben selbst, und sonst gibt es nichts. »Ich bin das Leben«, heißt es im Neuen Testament.[2] Das gilt für uns alle und ist viel wesentlicher als unsere Einstellung zu konkreten Lebensumständen. Wenn wir dies realisieren, dann ist es möglich, alles zu tun und zugleich nichts tun zu müssen – man handelt frei, einfach der Situation entsprechend.

Erwachen spielt in den mystischen Traditionen aller Religionen eine bedeutende Rolle. In der allgemeinen buddhistischen Lehre wird mit Erwachen (in Anlehnung an die »vier edlen Wahrheiten Buddhas« von der Entstehung und Aufhebung des Leidens) die fundamentale und befreiende Einsicht in die Grundbedingungen allen Lebens verstanden, aus der sich die Überwindung des leidhaften Daseins ergibt. Die analoge Sufi-Botschaft ruft die Menschen auf, zum Bewusstsein des ihm innewohnenden göttlichen Wesens zu *erwachen*. In diesem Sinne spricht sie auch vom »Erwachen des menschlichen Geistes«. In der christlichen Mystik bedeutet Erwachen sowohl Sehnsucht als auch eine Erfahrung. Der Mystiker, die Mystikerin sehnt sich nach dem Überschreiten der Grenzen des ›Ich‹ oder mehr noch: nach dessen Auflösung. Er oder sie möchte eingehen ins Ganze. Dieses Ganze nennen die einen Gott, andere das Göttliche, noch andere das Umgreifende, das Formlose oder einfach das Sein. Im ursprünglich hinduistischen Tantrismus ist die Rede vom Erwachen der Kundalini-Energie, jener geheimnisvollen Kraft, die in allen Menschen schlummert. Aber auch zeitgenössische Autoren sprechen von »spirituellem Erwachen«, wie etwa Eckhart Tolle.

Im Zen geschieht Erwachen im Satori oder Kensho, das heißt in der zentralen Zen-Erfahrung der »Wesensschau«. Dabei erwacht der Mensch gewissermaßen zu sich selbst in seiner tiefen Natur oder seinem eigentlichen Wesen. Zenkei Shibayama (1894–1974) spricht vom »Erwachen unserer grundlegenden Selbst-Natur«, wobei wir nicht mehr von dem »oberflächlichen Hin- und Herschwenken unserer Gedanken gestört werden«.[3] Indem der Mensch »erwacht«, erwacht in seinem Bewusstsein gleichermaßen die Selbstnatur.

Immer schon hat es die Suche nach der spirituellen Erfahrung gegeben, und jede Kultur hat ihren eigenen Ausdruck dafür gefunden. Diese Suche, die bislang vorwiegend in Klöstern gelebt wurde, drängt nun nach einem umfassenderen Ausdruck. Es ist so etwas wie eine kollektive Suche entstanden.

Das Bedürfnis nach Befreiung und Erwachen zu einem »wirklichen«, tief fundierten Leben hat weitere Bevölkerungskreise erfasst. Auf diesem Weg wachsen natürlich auch Stilblüten, wie sie etwa in einigen esoterischen Ansätzen zu beobachten sind, die aber dennoch Ausdruck einer umfassenden Suche sind. Im Rahmen des Christentums vermögen die Kirchen bekannterweise dieses Bedürfnis nicht abzudecken, was aber wohl nicht ein Versäumnis der Amtskirche ist. Diese war nie mystisch orientiert, sondern vielmehr für die Vermittlung religiöser Erfahrungen anderer (zum Beispiel der Heiligen in der Katholischen Kirche) für die breite Öffentlichkeit besorgt. Auch im Buddhismus gibt es eine »Amtskirche«, die der breiten Öffentlichkeit religiöse und moralische Lehren zur Verfügung stellt und Orte der Verehrung eines göttlichen Prinzips anbietet. Für alle Menschen, deren Aufgabe es nicht ist, sich selbst auf einen spirituellen Weg zu begeben, sind die Amtskirchen von großer Bedeutung. Wenn das spirituelle Streben nun größere Bevölkerungskreise erfasst, so ist dies für die Kirchen eine neue Situation, für die sie noch nicht gewappnet sind.

Die mystisch interessierten Menschen treten gewissermaßen aus dem Kreis des Kirchenvolks hervor und suchen nach Wegen, die sie in ihrem Bemühen weiterbringen. Nur an etwas zu glauben, das keiner eigenen Erfahrung entspricht und historisch weit zurückliegt, vermag sie nicht mehr zu befriedigen. Viele Priester und Pfarrer predigen aber von einer Erlösung, die sie selbst nicht erfahren haben, und beziehen sich dabei auf »Jesus Christus«, der es für sie getan habe. Der suchende Mensch verlangt jedoch nach einem Gegenüber, einem Menschen, welcher den Erfahrungsweg gegangen ist und ihm diesen zeigen und ihn darauf begleiten kann. Das wäre in den Kirchen heute gefragt, aber es würde voraussetzen, dass ihre Priester und Pfarrer über spirituelle Erfahrungen verfügen, die mehr sind als der »Glaube an etwas«. Dieser Glaube bewegt sich noch immer in der Vorstellungswelt und macht nicht wirklich Ernst mit dem Gebot »Du sollst dir kein Bildnis machen.«[4] In diesem Fall gehen die suchenden Menschen leer aus, und sie gehen weiter, bis sie Antworten und Kräfte finden, die sie zu befriedigen vermögen.

Viele suchen im Osten nach Antworten – vielleicht bei den Yogis, im Sufismus oder auch im Buddhismus – und einige werden fündig. Manche würden vielleicht im Christentum suchen, wenn es hier Mystiker gäbe, die als Meister gelten und ihre Schüler zu Erfahrungen hinführen könnten. Manche suchen auch in den tiefen Schichten der eigenen Seele nach Antworten, aber nicht alle setzen den Erfahrungen ein Bewusstsein entgegen, welches diese zu fassen vermöchte. Dies führt dazu, dass sie Eingebungen des Unbewussten Wort für Wort als »Mitteilungen geistiger Wesen« niederschreiben, ohne in der Lage zu sein, sie zu verarbeiten. Was dabei entsteht, sind dicke Bücher, die den geneigten Leser aber nicht wirklich zu fesseln vermögen, weil sie reine Produkte des Unbewussten sind. Demgegenüber gibt es jedoch durchaus zeitgenössische geistige Lehrer, die von Bedeutung sind und sehr zu Recht einen Anhängerkreis um sich zu scharen vermochten, wie etwa Jiddu Krishnamurti, Ramana Maharshi, Sri Aurobindo und Yogananda.

Zen-Meister Hisamatsu, der im Westen C. G. Jung besucht hatte (ebenso wie er auch die Theologen und Philosophen Paul Tillich, Martin Buber, Rudolf Bultmann und Martin Heidegger besuchte), hat dieses kollektive Bedürfnis nach spiritueller Erfahrung und auch Befreiung umgesetzt. Er gründete ein Zen-Institut, das der Entwicklung einer Zen-Praxis als Lebensform diente, welche dem modernen Leben angepasst ist. Er wandte sich damit (wie andere moderne Zen-Meister auch) gegen die Tradition eines ins Kloster zurückgezogenen Zen-Buddhismus. Hisamatsu beschreibt das Erwachtsein als die natürliche und eigentliche Seinsweise des Menschen. Nach Hisamatsu darf es im heutigen Zen nicht bloß um das Erwachen gehen, das nur das Individuum betrifft und von Meister zu Meister überliefert wird. Vielmehr gehe es darum, die Grenzen und Problematik der modernen Welt sowie das Menschseins selbst von Grund auf zu durchbrechen, um von diesem Standpunkt des Erwachens aus die Postmoderne zu gestalten. Erwachen ohne die sich hieraus ergebende lebendige Gestaltung der lebendigen realen Welt war für Hisamatsu ein totes Erwachen.[5] Im gleichen Sinne sagt der Schweizer Zen-Meister Niklaus Brantschen: »Innerlichkeit muss sich äußern.« Die Zen-Bewegung im Westen ist ganz wesentlich aus einer derartigen Haltung von japanischen Zen-Meistern gewachsen, was ermöglichte, die Früchte des Zen breiteren Bevölkerungskreisen zur Verfügung zu stellen. Die westliche Zen-Bewegung ist in diesem Sinne nicht – wie ihr gelegentlich vorgeworfen wird – eine exotische, in den Westen importierte Angelegenheit, sondern vielmehr das Resultat einer geistigen Öffnung des Westens und des Ostens.

»Das nächste Jahrhundert wird entweder spirituell oder gar nicht sein«, sagte André Malraux (1901–1976), ein französischer Schriftsteller, der als Frühexistenzialist gilt. Den gleichen Gedankengang formulierte auch der katholische Theologe Karl Rahner (1904–1984) in Bezug auf den Christenmenschen: »Der Christ der Zukunft wird ein Mystiker sein oder es wird keinen Christen mehr geben.« Diese Aussagen spiegeln das Empfinden vieler Menschen, welche einen spirituellen Weg gehen. Wir brauchen ein neues Bewusstsein, damit die Menschheit weiter funktionieren kann – als nächste Stufe in einer Entwicklung, die schon über mehrere Phasen verlaufen ist. Die Geschichte der Bewusstseinsentwicklung geht davon aus, dass die anfängliche Einheit des Daseins – das völlige Aufgehobensein des Menschen in der Natur, das als *archaisches Bewusstsein* bezeichnet wird – nach und nach überwunden worden ist. Es folgte das *magische Bewusstsein*, wo Traum und Realität wahrnehmbar, aber noch miteinander vermischt waren. Das Seelische war stets in der Außenwelt präsent, und so sahen die Menschen in Bäumen und Tieren zugleich auch Geister. Daraus wuchs das *mythische Bewusstsein*, welches die seelischen Inhalte in Mythologien – Geschichten der Seele – fasste. Dadurch wurde das innere Erleben fassbarer und damit auch weniger bedrohlich.

Mit der griechischen Philosophie begann das heutige *mentale* oder *dualistische Bewusstsein*, welches die Einheit allen Seins in Gegensätze aufspaltete. Dadurch wurden einerseits die seelischen Inhalte, welche die Sicht der Außenwelt vorher noch prägten, als inneres Geschehen erfasst, und andererseits wurde es möglich, die Natur als reines Objekt zu sehen und zu behandeln. Das hatte den Vorteil, einen Baum nun ohne Beschwichtigung aller Geister (magisches Bewusstsein) und ohne Rücksichtnahme auf seine Bedeutungsgeschichte (mythisches Bewusstsein) fällen zu können oder ein Tier entsprechend erlegen zu dürfen. Im mentalen Bewusstsein wurde auch die Entwicklung der Naturwissenschaften möglich – das Erkennen von Gesetzen, nach denen sich die Materie verhält (später exemplarisch in der klassischen Mechanik von Newton dargelegt) – und andererseits konnte die Natur damit auch in Besitz genommen und schließlich ausgebeutet werden. Dem hemmungslosen Umgang mit den Naturgütern wurde Tür und

Tor geöffnet. Erst zu einem späteren Zeitpunkt wurde die andere – seelische – Seite genauer untersucht, mit einem ersten Höhepunkt bei Sigmund Freud.

Nachdem unser Bewusstsein nun genügend Distanz von den bedrohlichen, ursprünglich überall in der Natur wahrgenommenen psychischen Inhalten gewonnen hat und wir auch einiges über unsere Psychologie wissen, können wir nun ein neues ganzheitliches Bewusstsein entwickeln. Statt wie in frühen Zeiten unbewusterweise in einer einheitlichen Welt zu leben, beginnen wir nun aber, die Einheit allen Seins bewusst wahrzunehmen. Dieses wachsende neue Bewusstsein wird *aperspektivisches* oder auch *integrales Bewusstsein* (Jean Gebser)[6] genannt. Andere sprechen vom »Wassermann-Zeitalter«, welches durch eine neue Wahrnehmung und einen neuen ganzheitlichen Umgang mit der Umwelt gekennzeichnet ist.

Obwohl Zen eine Geschichte hat, die bis auf Buddha (nach neuerer Forschung ca. 400 v. Chr.) zurückgeht, zielt die Zen-Erfahrung nicht auf ein Zurückfinden in ein magisches, noch nicht unterscheidendes Bewusstsein. Vielmehr geht es um eine Überwindung der bisherigen Bewusstseinsstufen in ihrer Zusammenfassung und Durchdringung. Die Subjekt-Objektspaltung des Dualismus soll überwunden werden in einer ganzheitlichen Erfahrung. Dazu gehört die innere Sicht in die Einheit allen Seins und das äußere Aufgeben einer vermeintlichen Eindeutigkeit, was bedeutet, dass es »nicht mehr nur eine Wahrheit gibt«.[7] Hinsichtlich der Religionen entspricht dies dem Zugeständnis, dass eine grundlegende Wahrheit in vielen Formen Ausdruck finden kann.

Im Christentum steht heute die Rücknahme der Projektion auf Vorbilder und Heiligenfiguren an – es geht um die Erkenntnis, dass ihre Qualitäten Aspekte unserer selbst sind, unserer »göttlichen Natur«. Willy Obrist (geb. 1918), Arzt und analytischer Psychologe, spricht in diesem Sinne vom »Hereinklappen der metaphysischen Welt«[8] und meint damit: Was früher (und bis jetzt) außen wahrgenommen wurde, wird nun als inneres Geschehen erkannt und damit nicht mehr dem Gott, sondern dem Menschen selbst zugerechnet, der wiederum göttliche Inkarnation ist. Religiöse Mythen verweisen auf das innere Sein des Menschen, und es ist bedauerlich, wenn dieser seine besten Werte nach außen projiziert und ihrer damit verlustig geht. Das »Wiedererkennen« der eigenen Natur entspricht dem Erkennen, dass man selbst die Inhalte des Mythos ist, beispielsweise der »Gottesgeburt«. Es ist ja bezeichnend, wie sehr sich die Mythen verschiedener Religionen ähnlich sind, und sie verweisen damit auf allgemeingültige Gegebenheiten des inneren Menschen. Dazu gehören etwa die Mythen von der Geburt des Göttlichen in der Menschenwelt, die meistens unter besonderen Umständen erfolgt (Christus, Buddha, Krishna), der Erdenwanderung eines göttlichen Wesens, das den Menschen ein neues Gesetz offenbart, und das Mythologem von Leiden, Tod und Befreiung. Was als übernatürliches Geschehen verstanden wurde, erscheint heute als natürlicher Vorgang der inneren Wahrnehmung. Das »metaphysische Wesen« hat seinen Ursprung schon immer im Inneren des Menschen gehabt, aber es erscheint wie alle Projektionen zuerst in der Außenwelt, bevor es als dem eigenen Wesen zugehörig erkannt wird. Es sind viele theologische Diskussionen geführt worden, um diesen neu auftauchenden seelischen Inhalt zu fassen, und man hätte in den vergangenen tausend Jahren nicht so viele wunderbare Kirchen, Moscheen und Tempel gebaut, wenn man nicht von etwas außerordentlich fasziniert gewesen wäre, wofür man einen Ausdruck suchte. Nur das Beste war dafür gut genug, und dies zeigt, dass es sich eben um die besten seelischen Inhalte und Möglichkeiten handelt.

Im wachsenden Wunsch der Menschen nach eigenem »Erwachen« verlagert sich die Faszination auf eine ganz innerliche Ebene – das Beste soll nun im eigenen Innern errungen werden. Die Mystiker aller Religionen sind uns auf diesem Weg vorangegangen. Statt sie zu verehren, gehen aber immer mehr Menschen selbst diesen Weg. Sie suchen die Stille und Verinnerlichung, die in allen spirituellen Schulen eine wesentliche Rolle spielt. Was nun nicht mehr außen, sondern innen gefunden werden soll, kann nur in einer radikalen Innenschau erreicht werden. Diese Abwendung von den äußeren Dingen ist aber keine Weltverleugnung, sondern eine zeitweilige »Rückwendung«, eine »Umkehrung des Lichts«, die uns innere Erfahrungen ermöglicht. In dieser Umkehr geht es aber nicht um eine neue Form äußeren Glaubens oder einen neuen Verhaltenskodex, sondern im Gegenteil um eine Hinwendung ins Formlose. Sollte dieses kollektive Bedürfnis nach eigener Erfahrung anhalten, so werden sich auch die Hochreligionen entsprechend orientieren müssen. Nach Lassalle geht es heute bei den Religionen »nicht mehr um Lehren, sondern um neue Ausdrucksweisen derselben Wirklichkeit, entsprechend dem veränderten Bewusstsein. Wenn eine Religion das nicht vermag, kann sie nicht überleben.«[9]

Neben den Religionen stellt die Psychologie im Rahmen der Bewusstseinsentwicklung ein bedeutendes Feld dar. In der klinischen Psychologie werden seit Jahrzehnten seelische Abläufe und Zusammenhänge erforscht, und die Tiefenpsychologie widmet sich – wie in diesem Buch schon oben beschrieben – nicht nur der Heilung von psychischen Schädigungen und Fehlentwicklungen, sondern auch der Öffnung auf eine spirituelle Dimension hin. Im Rahmen eines neuen Psychologieverständnisses entstanden Experimentierfelder zur »Bewusstseinserweiterung« wie etwa die LSD-Experimente von Stanislav Grof und Timothy Leary. Grof entwickelte mit seiner Frau zusammen auch den Ansatz des *holotropen (zur Ganzheit hinführenden) Atmens*, das durch eine erhöhte Sauerstoffzufuhr zu außergewöhnlichen Wahrnehmungen und dem Hochschwemmen unbewussten Materials führt. Alexander Lowen entwickelte körpertherapeutische Ansätze im Rahmen der von ihm *Bioenegetik* genannten Schule, und Fritz Perls schuf die *Gestalttherapie*, in welcher seelische Situationen im »Hier und Jetzt« fühlbar gemacht und weiterentwickelt werden. Weitere Ansätze des letzten Jahrhunderts waren das *Psychodrama* von Moreno, eine Art Rollenspiel zur Bereinigung vielfältiger Probleme, und das *Familienstellen* von Bert Hellinger, das verinnerlichte lebensgeschichtliche Dramen zum Ausdruck bringt. Unter dem Titel *Transpersonale Psychologie* wurden verschiedene derartige Ansätze miteinander verbunden, dies mit dem Ziel, die Persönlichkeit um philosophische, religiöse und spirituelle Aspekte zu erweitern.

Vom Standpunkt des Zen hat Yamada Kôun Roshi zur westlichen Psychologie und Tiefenpsychologie Stellung genommen und Zen auch dagegen abgegrenzt. Seine Ausführungen zeigen die Unterschiede in den Zugängen auf und sollen daher etwas ausführlicher zitiert werden: »Die meisten Menschen sehen nur die phänomenale Welt und halten nur sie für existent. Selbst wenn sie die Möglichkeit einer anderen Welt einräumen, ist das nicht viel mehr als eine Idee im Kopf, denn sie haben keine reale Erfahrung dieser anderen Welt ... Diese Vorstellung als Idee gehört ebenfalls zur phänomenalen Welt, die wie alle anderen Erscheinungen auch Gegenstand wissenschaftlicher Forschung sein kann.

Die Psychologie zum Beispiel erforscht das Phänomen der menschlichen Psyche mit allgemein anerkannten wissenschaftlichen Methoden. Gegenstand der wissenschaftlichen Forschung ist nur die Oberfläche von Geist und Psyche, soweit etwas davon als Phänomen wahrgenommen werden kann. Darauf zielen die Forschungen der Psychologie und Philosophie ... Gewiss partizipiert der oberflächliche Verstand auch am wahren Selbst, aber er stellt nur die Oberfläche des Bewusstseins dar.

In neuerer Zeit wurde das Forschungsfeld der Psychologie erweitert um die sogenannte Tiefenpsychologie, die größere Tiefen der Psyche erforscht. Aber auch hier ist der Gegenstand der Forschung etwas, auf das man zeigen, das man identifizieren kann, das als Phänomen auch eine gewisse Form hat ... Die Tiefenpsychologie führt schon ein gutes Stück tiefer in die Tiefen des Ozeans unseres Bewusstseins. Solange es dort noch eine Bewegung, eine Strömung gibt, kann sie Gegenstand wissenschaftlicher Forschung werden. Wenn wir aber noch tiefer eintauchen, erreichen wir eine Dimension, in der es keinerlei Bewegung mehr gibt. Da gibt es nichts mehr, was beobachtet werden könnte.«[10]

Weiter schreibt Yamada Roshi: »Die Wesenswelt kann niemals Gegenstand wissenschaftlicher Forschung werden. Sie kann nur durch eigene Erfahrung erlebt und begriffen werden ... Meistens haben wir keine Idee, woher Bewusstsein kommt und warum es so etwas wie Bewusstsein überhaupt gibt. Es ist nicht schwer zu behaupten, dass Gott das geschaffen hat. Aber keiner von uns war dabei, als das geschah ... Dann bleibt nur der Glaube übrig ... Zen dagegen ist ein Prozess unermüdlichen Suchens und Forschens, bis wir das sehen und erkennen können, was wir zuvor nicht sehen konnten.«[11]

Karte der Seelenlandschaft

Wie wir gesehen haben, zeigen sich in der Begegnung der geistigen Wege von Ost und West vielfältige Ähnlichkeiten, aber es sind auch Unterschiede auszumachen. Vergleichen wir die Wege miteinander, so sind sie sich in der Ausgangslage und im Ziel ähnlich. Die Unterschiede zeigen sich jedoch im Umgang mit den seelischen Ereignissen in der dazwischen liegenden Phase. In ihrer Ausgangslage sind beide Wege aus der Seele des Menschen hervorgegangen, von der wir nicht wissen, was sie wirklich ist. Über ihre Inhalte können wir uns Vorstellungen machen und von ihrer Struktur ein Modell bauen. Das ist der Weg des Westens. Oder wir können diese Vorstellungen zu überwinden trachten und eine Erfahrung suchen, die alles übersteigt. Das ist der Weg des Ostens. So könnte man meinen, dass sich die Wege im Gesamten ausschließen. Im Westen setzt sich die Tiefenpsychologie mit unbewussten Inhalten auseinander und vertieft aktiv die Erkenntnisse über seelische Gegebenheiten, Prägungen und Verhaltensweisen. Im Osten löst man sich von allen Konzepten und stößt ins Formlose vor. Will man sich von der Last seelischer Gefangenschaft befreien, so geschieht dies im Westen eher von der Unfreiheit konkreter innerer und auch äußerer Lebensumstände, und im Osten tendenziell von der Last des im Leiden verhängten Daseins ganz allgemein. Im Ziel finden sich die Wege aber wieder, denn beide dienen dem Gleichgewicht der Seele und fördern ein *erfülltes Leben*.

Die seelischen Entwicklungswege in West und Ost gehen von unterschiedlichen kulturellen Voraussetzungen aus. Der Mensch im Abendland sucht im Allgemeinen nach etwas *mehr*, nach besserem Leben, nach stärkerem Empfinden, nach mehr Gütern und Geld, nach größeren Erkenntnissen, nach einem offeneren Umgang mit dem Unbewussten, nach besserem Auftreten bei anderen Menschen, und schließlich nach mehr Erfolg. Der Weg des Ostens ist demgegenüber ein Weg des *Weniger*; der Meditierende möchte frei werden von obsessiven Gedanken und Vorstellungen, bis er ganz leer und offen ist für tiefe seelische Erfahrungen ebenso wie für die Wahrnehmung der Welt. So vieles geht uns Menschen täglich, stündlich und minütlich durch den Kopf, dass wir kaum je frei sind von unseren Gedankenmustern. Dieser Herausforderung des »Weniger« hat sich der Abendländer (abgesehen von der mystischen Tradition) bisher kaum gestellt, und wenn Zen im Westen Anklang findet, so vielleicht gerade deshalb. *Bewusstsein* heißt im Westen: etwas haben, etwas wissen. Bewusstsein im Osten bedeutet dagegen: leer geworden sein und dadurch am großen Wissen teilhaben, das in allem und in uns allen liegt. Das entwickelte Bewusstsein des Westens ist ein mit Inhalten gefülltes, wozu auch manches Persönliche gehört, wohingegen das reife Bewusstsein des Ostens um die persönlichen Inhalte entleert ist, womit es zu einer Gesamtschau des Lebens fähig wird. Während der Westen Kenntnisse erwirbt, sucht der Osten Erkenntnis, während der Westen auch im Bewusstsein das Viele sucht, sucht der Osten in aller Vielfalt das Eine. Aber diese beiden Sichtweisen sind doch Teil eines Ganzen – und der Umgang mit der eigenen Seele, mit der Einsicht und mit der Welt wäre nicht umfassend, erhielte er nicht auch diese verschiedenen Formen und Ansätze.

Auf dem Weg zu einem erfüllteren Leben schöpfen Individuation und Zen gleichermaßen aus den *Tiefen der Seele*. Beide gehen von einem unfassbaren Bereich aus, dessen Ausdehnung nicht bestimmt ist. Jung nennt ihn das »Unbewusste« – und im Zen spricht man von der »Wesensnatur«. Wenngleich diese Begriffe nicht deckungsgleich sind, so weisen sie doch beide in die Weiten der Seele. In diesem Sinne geht es beiderorts um einen unbegrenzten Geist, um die Erringung eines zeitlosen Jenseitslandes. Die Religionen bezeichnen es unterschiedlich, aber sie rücken es alle in die Nähe des »Göttlichen«.

Beide Wege schließen auch die Begegnung mit dem *Leiden* mit ein. In der Analyse begegnet man ihm in der aktiven Auseinandersetzung mit den eigenen inneren und lebensgeschichtlichen Gegebenheiten, wobei es wichtig ist, nicht nur darüber zu berichten, sondern sie wieder zu erleben – was eigentlich der heilende Umstand ist. Im Zen geschieht es auf dem Sitzkissen. Menschen weinen im Stillen und verarbeiten, was aus den tiefen seelischen Schichten aufsteigt. Auch während der Meditation zeigen sich Inhalte aus verschiedenen psychischen Ebenen; es geht um Alltagsthemen, aktuelle Probleme, Inhalte des persönlichen Unbewussten, aber auch um ganz existenzielle Fragen sowie um archetypische und kollektive Inhalte. Es sind all jene

Themen, die auch in die Analysestunde getragen werden. Im Zen aber werden sie im Stillen ausgehalten, und mit der Zeit werden sie eingeschmolzen. Dabei wächst eine neue Haltung und Einstellung zu den betreffenden Lebensthemen. Das Ergebnis ist nicht unähnlich demjenigen des Individuationsprozesses. Die Ausweitung der eigenen Persönlichkeit muss manchmal unter Schmerzen ertragen werden, indem wir auf liebgewordene Einstellungen verzichten und uns für neue Erfahrungen öffnen müssen. Zu enge Grenzen des Bewusstseins, die ein Gefühl der Sinnlosigkeit mit sich bringen können, werden gesprengt. Es kann schmerzlich sein, in einen größeren geistigen Raum einzutreten. Was wir denken und wollen, ist dann nicht mehr so wichtig – ja selbst was wir sind oder zu sein glauben, erweist sich als relativ. Der Mensch lebt nun nicht mehr aus sich selbst heraus, sondern aus größeren Kräften.

Je weiter wir auf dem Weg der seelischen Entwicklung vorankommen, desto mehr entsprechen sich die Wege in West und Ost. In beiden Kulturkreisen nähert sich der suchende Mensch in einem langwierigen Prozess einer »*leeren Mitte*« an, die umso weniger fassbar ist, je näher man ihr kommt. Auf dem Individuationsweg ist es, als würde man langsam aus dem Nebel steigen, der immer lockerer wird, bis die Sicht schließlich offen ist. Im Zen dagegen ist es eher, als würde man durch dicken Nebel einen Berg besteigen, bei stets gleicher Sicht – bis man plötzlich über die Nebeldecke kommt und in einem Mal der ganze Bergkranz sichtbar wird. »Ah – so ist die Welt!« Auf beiden Wegen dauert der Entwicklungsprozess aber über Jahre an und verlangt ein gutes Durchhaltevermögen.

Ab einer gewissen Stufe tritt da wie dort eine *Relativierung des Bewusstseins* ein. Im Zen geschieht es, indem die Vorstellungen über die Welt beiseitegelassen werden; es geht um einen »Tod« des Ich. »Hier wird nicht geschlafen, hier wird gestorben«, rief ein Zen-Meister mit zorniger Stimme in die Zenhalle, als er seine Mönche im inneren Müßiggang vorfand. Auf den inneren »Tod« aber folgt die Auferstehung – ein neues Innenleben ersteht, erfüllt und bezogen, und doch frei von Bindungen. Auch in der Individuation findet eine Ausweitung des Ich über die persönlichen Grenzen hinaus statt. Das Bewusstsein erweitert sich und umfasst nun vieles mehr als die eigenen Wünsche und Gedanken. Wir brauchen dann nicht mehr auf den »inneren Führer« zu horchen – wir sind er selbst.

Mit der Öffnung des eigenen tieferen Wesens entsteht ein Gefühl des *inneren Friedens*. Zugleich entwickelt sich echtes *Mitgefühl*. Das ist im Westen und im Osten so. »Wer wirklich zu seinem wahren Wesen erwacht ist, dessen Fähigkeit zum Mitfühlen wird größer und stärker. Ja, man wird geradezu unfähig, sich anderen gegenüber feindselig zu verhalten ... Nur weil wir zuinnerst eins sind, gibt es solche Gefühle«, schreibt Yamada Roshi dazu.[12]

Versuchen wir die im Westen und Osten angesprochenen seelischen Ebenen in einen Zusammenhang zu bringen, so ergibt sich ein Bild verschiedener Schichten, die in unterschiedlichem Ausmaße angesprochen werden.

(1) Zunächst haben wir die Ebene der *Materie* oder *äußeren Realität* vor uns, wie sie jeder wahrnimmt. Hier bewegen sich die Menschen auf der Ebene des »Ich«, das sich von anderen abgrenzt. Alles, was nicht dem eigenen Ich zugeordnet wird, erscheint außen und ist potentiell »feindlich«. Man kann damit in Konflikt kommen, wenn die Interessen unterschiedlich sind. Es ist die Welt der Individuen, die sich unterscheiden. Auf dieser Ebene gibt es klare Regeln und Gesetze, Eigentumsrechte und soziale Verhaltensmuster. Es ist die Ebene des Besitzes und der Ansprüche, die Ebene der Grenzen und Gartenzäune, die Ebene der geregelten Partnerschaften und der Verhandlungen. Die Menschen erfahren sich als voneinander getrennt und stellen auf der Basis gegenseitiger Andersartigkeit Beziehungen her. Es ist die »normale Welt«, wie wir sie alle kennen, die Welt des Friedens und der Kriege, die Welt der offenen und der bezahlten Rechnungen.

(2) Eine weitere Ebene betrifft die *Seele* des Menschen, die *innere Realität*, die uns mehr oder weniger bewusst ist. Es ist die Ebene der Gefühle und des Herzens, der Niedergeschlagenheit und Gelassenheit, der inneren Freiheit und Unfreiheit. In dieser Dimension des menschlichen Seins sind wir nicht so abgegrenzt wie auf der äußeren Ebene. Sowohl nach innen als auch gegenüber anderen Personen sind wir »durchlässig«. Unbewusste Kräfte bestimmen unsere Gefühle und unser Verhalten, und andere Menschen vermögen uns zu prägen. Wir sind seelisch gesehen immer ein wenig »auch die anderen«. Das sieht

man etwa daran, dass wir uns je nach Umgebung anders verhalten. An gewissen Orten sagt man gewisse Dinge nicht, an anderen schon. Und man fühlt sich auch nicht überall gleich. Wir werden von anderen Menschen in unserer Stimmung »beeinflusst« und wir beeinflussen auch sie. Diese Ebene ist ein Ort von Verbindungen in Liebe und Hass, von Hinwendung und seelischer Manipulation, von Freude und Leid in Beziehungen. Hier geht es nicht um »Recht« und »Gesetz« (auch wenn manche Menschen diese Kriterien hier anwenden wollen). Hier gibt es keine gerichtliche Untersuchung von seelisch missbräuchlichen Tatbeständen und keine Verurteilung »wegen unzulässiger psychischer Einflussnahme«. Es ist die Welt der »Magie«, und wir dürfen uns nicht einbilden, dass es keine seelischen Einflüsse und Einflussnahmen gäbe. Meistens erfolgen sie unbewusst, aber die »Lücke im seelischen Sicherheitssystem« der Menschen kann auch ausgenutzt werden. Diese Ebene ist die Welt der Psyche ganz allgemein. Wir bewegen uns in einem seelischen Feld, das wir mit rationalen Ansätzen nur schlecht zu gestalten vermögen. Es ist auch die Ebene der unbewussten Kräfte, nach denen wir uns verhalten. Je mehr wir ihnen unterworfen sind, desto unfreier können wir wirken, desto unbezogener und vielleicht auch härter. Dieses ganze Feld von Kräften und Ereignissen, entspricht der Ebene des »Menschlichen« in allen Facetten, des Menschen, der »zwischen Himmel und Erde« steht.

(3) Schließlich können wir in diesem groben Schema die Ebene des *Geistes* nennen, jene innere Realität des Menschen, die seine individuelle Person übersteigt. Sie ist die Ebene der Verbundenheit allen Seins, der größten Tiefe und Höhe zugleich. Im Osten ist es die Ebene der *Leere*, die allem Sein innewohnt – ja dieses Sein wesensmäßig ist. Im Zen wird sie deshalb die »Wesensnatur« genannt, auch wenn es eigentlich nichts zu benennen gibt. Sie hat keine Form und ist mit den Sinnesorganen nicht erfassbar. Sie verschließt sich deshalb jenen Menschen, die vorwiegend auf der materiellen oder psychischen Ebene leben oder auf beiden. Sie ist die Ebene des Geheimnisses und des Göttlichen, die Ebene des Unfassbaren, das wir doch wahrzunehmen vermögen. Es ist das »ganz andere«, das wir bei der Geburt eines Kindes und beim Tod eines Angehörigen erahnen, und vielleicht auch in der Sexualität. Ihre Faszination mag daher rühren, dass sie vielen

Menschen als einzige Form zur Verfügung steht, die Grenzen des Ich wenigstens einen Moment lang aufzuheben. Auf dieser dritten Ebene gibt es keine Form und keine Regeln, keine Einflüsse und Folgen, keine Begegnung und Entfremdung, keinen Streit und keine Versöhnung. Im Herz-Sutra lautet die entsprechende Textstelle: »Es gibt in der Leere weder Form noch Empfindung, noch Denken, Impulse, Bewusstsein; weder Augen noch Ohren, noch Nase, Zunge, Körper, Geist; weder Farbe noch Klang, noch Geschmack, noch Berührung, noch einen Gegenstand des Denkens; weder einen Bereich des Sehens noch einen Bereich des Denkens; weder Unwissenheit noch ein Ende der Unwissenheit; weder Alter noch Tod, aber auch kein Ende des Alterns und des Sterbens, kein Leiden, keine Ursache des Leidens, kein Erlöschen, keinen Weg, keine Wahrheit, keine Erleuchtung.«

Vergleichen wir die Wege von Individuation und Zen in Bezug auf diese drei Ebenen von Materie, Psyche und Geist, so sehen wir, dass sie diese mit unterschiedlichem Schwergewicht miteinander verbinden.

Im Individuationsprozess werden durch die Klärung und Integration unbewusster Inhalte in erster Linie die Ebenen der realen Welt (1) und der Psyche (2) miteinander verbunden. Das betrifft vor allem den ersten Teil des Individuationsprozesses, in dem es um die Bewältigung der allgemeinen Lebensanforderungen geht. Die äußeren Aufgaben wie Berufswahl, Beschaffung von Einkommen, Wohnung, Unterhalt und eventuell Gründung und Versorgung einer Familie müssen bewältigt werden. Dafür sollten das Bewusstsein und die freie Lebensgestaltung nicht zu sehr durch negative unbewusste Einflüsse eingeschränkt werden, wie sie durch eine unbewältigte eigene Lebensgeschichte bedingt sein können. Dieser Teil der Individuation umfasst hauptsächlich die Arbeit mit dem Schatten sowie mit Anima/Animus und macht den Menschen die seelischen Bezüge bewusst, die seine Auffassung der Welt und sein Verhalten prägen.

Eine Offenheit gegenüber der »geistigen« Dimension (3) entsteht im Individuationsprozess, wenn sich der Mensch für einen unbestimmt großen Bereich des kollektiven Unbewussten erreichbar macht. In einem zweiten Teil des Individuationsprozesses öffnet sich der Weg für weitere spirituelle Erfahrungen, welche das Ich übersteigen und in einen überpersönlichen Bereich ausgreifen. Während das Unbewusste gemäß

Sigmund Freud vor allem verdrängte Inhalte und Triebe umfasst, die das seelische und körperliche Erleben prägen und auch zu stören vermögen, erweiterte Jung diesen Begriff um den Aspekt des »kollektiven Unbewussten«, der das psychische Erbe der Menschheit einschließlich der Archetypen als Grundmuster des menschlichen Handelns umfasst. Überlässt der Mensch gar die Lebensführung dem Selbst – jenem seelischen Zentrum, welches das bewusste Ich und die unbewussten Bereichen gleichermaßen umfasst –, so handelt er aus seiner Ganzheit heraus und wird damit zu einer vollständigen Persönlichkeit.

Auf dem *Zen-Weg* erfolgt die Verbindung der drei Bereiche in anderer Weise. Zunächst geht es darum, den Bereich des Geistes (3) in der Meditation so mit Energie zu versehen, dass er als Erfahrung ins Bewusstsein einbricht. Dies ist der Moment des »Kensho«. Diese Dimension wird gleichzeitig mit der »Erscheinungswelt« – der vordergründigen Welt der Formen (1) – wahrgenommen. Man könnte auch sagen, dass die Erfahrung des Kensho die Welt der Formen (1) um diejenige des Geistes (3) erweitert, wobei es aber nicht etwa um eine Addition geht, sondern vielmehr um eine neue Sicht in die eigentliche Beschaffenheit der Welt. Dies entspricht der Erfahrung, dass (1) gleichzeitig (3) ist, wobei die ursprüngliche Unterscheidung in (1) und (3) als künstliche Trennung erscheint. Während die persönlichen Probleme auf dem Individuationsweg aktiv angegangen werden, werden sie auf dem Zen-Weg eher »ausgesessen«, als dass ihre Hintergründe bewusst bearbeitet würden. Insofern, als die psychologische Ebene (2) aber ebenfalls im Spiel ist, zeigt auch Zen eine Offenheit dafür. Wie auf dem Weg der Analyse wächst auch in diesem Prozess eine reifere Persönlichkeit heran, welche hier die »Zen-Persönlichkeit« genannt wird.

Vergleichen wir die Wege von Ost und West hinsichtlich der drei Bereiche »Welt«, »Psyche« und »geistige Dimension«, so sehen wir, dass sie diese nicht im gleichen Maße abdecken. Das führt zum naheliegenden Schluss, dass für eine umfassende Erschließung der seelischen Möglichkeiten eine Kombination der Wege empfehlenswert ist. Die Analyse ist oft der schnellere und wirkungsvollere Weg zur Klärung von psychischen Problemstellungen als das »Aussitzen«, wohingegen die Zen-Erfahrung in einen Bereich führt, der in dieser umfassenden Weise auf dem Individuationsweg nicht zu gewinnen ist.

Der »übernatürliche Weg«

Es gibt ein Kôan, das unsere Karte der Seelenlandschaft ein wenig zu erweitern und zu präzisieren vermag. Es handelt vom »ehrwürdigen Mishaka«, dem späteren 6. indischen Patriarchen, und lautet wie folgt: Eines Tages sagte Daitaka, der 5. Patriarch: »Buddha hat gesagt: ›Wenn einer den übernatürlichen Weg praktiziert oder den geringeren Weg studiert, ist das wie mit einem Strick gebunden zu sein. Du musst selbst wissen, wann du dich von dem geringeren Fluss abwendest und zum großen Ozean zurückkehrst. Darnach kannst du sofort die Nicht-Geburt verstehen‹. Als Meister Mishaka das hörte, erfuhr er Erleuchtung.«[13] In einer englischen Ausgabe ist nicht vom »übernatürlichen« Weg« die Rede, sondern vom Weg der »übernatürlichen Kräfte eines Rishi«.[14] Ein Rishi ist im indischen Hinduismus ein Seher oder Weiser. In diesem Kôan werden die entsprechenden Kräfte als ein Hindernis zur Erkenntnis betrachtet. Solange man nach ihnen strebt, hat man nicht alles losgelassen, ist nicht den »großen Tod« mit all seinen Anhänglichkeiten gestorben. Erst danach aber ist der Weg zur Erkenntnis des »großen Ozeans« frei, der Leere, die alles umfasst.

Die Ebene der »Rishi-Kräfte« deckt ein seelisches Feld ab, das in der westlichen Welt wie die allgemeine Psyche eine Rolle spielt. Die Bezeichnung des »Übernatürlichen« erfolgt vom Standpunkt jenes Menschen aus, der diese Kräfte nicht aus eigener Erfahrung kennt. Der Zugang dazu basiert aber einfach auf einer Begabung, wie sie ein guter Musiker oder ein guter Wissenschaftler in seinem Gebiet hat. Das Spezielle daran ist vielleicht, dass es sich um den Zugang zu einer seelischen Ebene handelt. Diese kann als »Zwischenreich« zwischen der im vorigen Kapitel behandelten psychischen Ebene und der Ebene des unfassbaren Geistes oder der »Leere« im Sinne des Zen verstanden werden und ergänzt damit unsere bisherige »Karte der Seelenlandschaft«. Vom Standpunkt der Wesensnatur oder des Zen her ist diese Ebene wie die Psyche der Welt der Erscheinungen zuzuordnen, und das Hängenbleiben daran verhindert daher den Durchbruch in den »großen Ozean«. Aus der Sicht der westlichen Psychologie und des Individuationsweges stellt diese Dimension einen wichtigen Bereich dar, der ebenso zur Bewusstwerdung gehören kann wie die Auseinandersetzung mit dem »persönlichen Unbewussten«. Menschen, denen tiefe Zen-Erfahrungen zukamen und diese ganz in der Ebene der Realität verankert haben, sind nicht ohne weiteres auch in allen psychischen Belangen bewusst, und in dieser Hinsicht kann Zen auch vom Westen profitieren.

Eine gute Schilderung dieses »Zwischenreiches« finden wir in den Büchern des amerikanischen Anthropologen Carlos Castaneda, die in den 1970er-Jahren um die Welt gingen. Er berichtet darin über die Lehren eines Schamanen der Yaqui-Indianer namens Don Juan.[15] Ob es diesen Lehrer als Person je gegeben hat, ist bis auf den heutigen Tag umstritten. Das ist im Grund aber nicht wichtig, weil die gedanklichen Ansätze höchst aufschlussreich sind. Sie beschreiben psychologische und spirituelle Gegebenheiten in trefflicher Weise.

Castaneda unterscheidet im Weltbild der Yaquis zwei Bereiche: das »Tonal« und das »Nagual«. Unter dem *Tonal* versteht er die sichtbare Welt, die wir alle kennen. Es ist »der eigene Körper, die soziale Person, alles, worauf unser Auge fällt, alles, wofür wir Wörter haben. Es beginnt mit der Geburt und endet mit dem Tod. Das Tonal stellt die Regeln auf, nach denen es die Welt begreift und erschafft damit sozusagen die Welt. Es gibt ein persönliches Tonal für jeden für uns und ein kollektives für uns alle«[16]. Das Tonal ist das »Ich« oder das Bewusstsein. Aber zugleich ist das »Tonal eines jeden von uns nur ein Reflex jenes unbeschreiblichen Unbekannten, das mit Ordnung erfüllt ist.«

Umgekehrt ist das *Nagual* »ein Reflex jener unbeschreiblichen Leere, die alles enthält«.[17] Das Nagual ist »der Teil von uns, für den es keine Beschreibung gibt – keine Wörter, keine Namen, keine Gefühle, kein Wissen. Das Nagual ist dort, wo die Kraft schwebt. Es ist nur Wirkung und endet niemals. Es ist wie eine Stimme, die tief von innen kommt, und ermöglicht uns ein unmittelbares Wissen. Es ist die ›Ganzheit unseres Selbst‹. Es kann die Führung übernehmen und außerordentliche Taten vollbringen. Für das Nagual gibt es keine Erklärung – es ist nur dazu da, erlebt zu werden.«

Aus diesen Beschreibungen geht unschwer hervor, dass es sich beim Tonal um unsere normale Wirklichkeit handelt. In der Sprache des Zen ist dies die Erscheinungswelt oder die Welt der Formen. Das Nagual hingegen ist im Rahmen des Zen nicht so leicht zuzuordnen.

Einerseits wird mit »Nagual« eine »andere Wirklichkeit« bezeichnet, welche aus einer anderen Wahrnehmung der Welt resultiert und Züge der Leere oder Wesensnatur des Zen trägt, und andererseits wird mit dem Begriff »Nagual« auch eine Person bezeichnet, welche aus einem derartigen Bewusstsein heraus handelt.[18] Der Entwicklungsweg des schamanischen Schülers ist die Bewusstwerdung über das Nagual – über die »andere Wirklichkeit«, aus welcher die Wirkkräfte des Lebens hervorgehen. Interessant sind dabei die einzelnen Schritte, wie sich der Schüler über das »Nagual« bewusst werden kann. Es sind dies im Wesentlichen: den inneren Dialog anhalten, die persönliche Geschichte löschen; das Gefühl der eigenen Wichtigkeit verlieren; den Tod als Ratgeber nehmen; unerreichbar werden; die Routine des Lebens unterbrechen; sich der Kraft zugänglich machen und das Nicht-Tun.[19] Alle diese Ansätze haben das Ziel, »das Tonal leerzufegen«, damit Raum für die »andere Wirklichkeit« und die eigentlichen Wirkkräfte des Lebens frei wird.

Den »inneren Dialog anzuhalten« spielt auch in der Zen-Meditation eine wesentliche Rolle. Wir sollten frei werden von den vielen Gedankengängen, die uns im Kopf herumkreisen. Castaneda nennt dies auch »die Welt anhalten« oder »die Vorstellungen von der Welt aufgeben«. Dies heißt, das »Ich« mit seinen Identifikationen, Wünschen und Vorstellungen aufzugeben und die darin begründete vermeintliche Identität loszulassen. Auf diesem Weg entsteht im Schüler die Bereitschaft zu neuen Erfahrungen der Welt und zu einer neuen Sicht. Dieser Verzicht auf das »Anhaften« an Güter, Gedanken und Vorstellungen hat Parallelen zum Zen-Weg. Ist der Schüler zu neuen Erfahrungen bereit, kann ihm der Lehrer zum Durchbruch verhelfen. So wie der Zen-Lehrer den Schüler durch »Hacken an der Eierschale« in seiner Öffnung unterstützt, während dieser von innen pickt[20], ist es bei Castaneda die Aufgabe des Lehrers, dessen »Blase der Wahrnehmung« zu öffnen. »Sobald das Siegel gebrochen ist, ist der Schüler nicht mehr der Gleiche. Dann steht ihm seine Ganzheit zu Gebot. Die Hälfte der Blase ist ganz und gar Zentrum der Vernunft, das Tonal. Die andere Hälfte ist ganz und gar Zentrum des Willens, das Nagual.«[21] Es ist damit eine Mittelposition erreicht, wie sie auch C. G. Jung hinsichtlich des zu erringenden seelischen Zentrums beschreibt, welche bewusste und unbewusste Inhalte umfasst. Während Jung die Verbindung des Bewusstseins mit unbewussten Inhalten im Auge hat, spricht Don Juan eher von einem Wechsel dieser Ebenen: »Immer wenn du in der Welt des Tonal bist, dann sollst du ein makelloses Tonal sein. Keine Zeit für irrationalen Quatsch! Aber immer, wenn du in der Welt des Nagual bist, dann sollst du auch makellos sein. Keine Zeit für rationalen Quatsch!«[22] Castaneda unterscheidet die Welten also stärker als Jung. Nach ihm ist ein ausschließlich »nagual-bestimmtes« Verhalten des Menschen möglich, was heißt, dass er sich von tiefen unbewussten Kräften leiten lässt und dabei von seinen Handlungen überrascht wird. Im Grunde postuliert Castaneda sogar, dass dies auch dann geschieht, wenn man sich im »Tonal« glaubt – das heißt, wenn man glaubt, selbst zu handeln, sind es doch tiefere Kräfte, die unser Handeln bestimmen. »Das Tonal weiß nicht, dass Entscheidungen dem Bereich des Nagual angehören.«[23] Dennoch macht es einen Unterschied, ob man meint, aus dem Ich heraus zu handeln, oder ob man weiß, dass tiefere Kräfte im Spiel sind. Handelt man in diesem Wissen, so nennt Castaneda dies das »Nicht-Tun«. Im Nicht-Tun überlässt sich der Mensch seinen tiefen Eingebungen und trägt doch die Verantwortung dafür, was sich aus seinen Handlungen ergibt.

Wer Leute kennt, die sich vorwiegend »im Nagual aufhalten«, der weiß, dass sie sich nach etwas anderen Regeln verhalten als »normale Menschen«. Da die Beziehungen im Zwischenreich der Seele nicht durch Ansprüche und Begrenzungen geprägt sind, begegnen sich die Seelen frei, wie es sich ergibt. Die inneren Reaktionen fließen aus dem tiefen Sein und es wird nichts ausgeschlossen, was seelische Wirklichkeit ist. Die Menschen bewegen sich untereinander in einer Welt ohne Besitzdenken und Eifersucht, denn wie könnte man das fließende Leben und Wesen eines anderen »besitzen«? Ihre Welt ist durchsichtig geworden, und nichts kann voreinander verborgen werden. Sie fühlen das Hintergründige und bewegen sich ebenso auf einer Ebene des Geistes wie der materiellen Realität. Dabei leben sie in voller Verantwortlichkeit für die Folgen ihres Handelns, denen man sich ohnehin nicht entziehen kann. Diese Menschen bewegen sich als das »Selbst«, als Wesen von ausgeprägter psychischer Dimension und handeln in Übereinstimmung mit den tiefen Seelekräften.

Bezüglich des Individuationsweges bei Jung entspricht diese Welt weitgehend der Welt seiner »Persönlichkeit Nr. 2«, jener anderen Ebene des Daseins, die ihn stets faszinierte, und die ihm wohl den Antrieb für sein Lebenswerk gab. Zen befasst sich ebenfalls mit einer tieferen Sicht unserer Existenz: Indem man innerlich leer wird, gewinnt man die Möglichkeit, aus tieferen seelischen Schichten heraus zu handeln, und man wird frei, das zu tun und zu lassen, was gerade angesagt ist. Das Gefühl von Freiheit besteht dabei nicht darin, so zu handeln, wie das »Ich« will, sondern vielmehr so, wie es der eigenen größeren Persönlichkeit entspricht. Diese Freiheit begründet sich im tiefen Wesen und der Eigendynamik des Lebens selbst. Mit den Sinnen ist dieses Sein nicht fassbar und mit Worten nicht beschreibbar, und dennoch ist es ganz offenkundig da. Wir sind davon umgeben, wie ein Fisch vom Wasser, ja wir sind es selbst. Erfassen wir dies, so fließen wir wie in einem Fluss, und alles geschieht ganz zwanglos. So lebt die »Zen-Persönlichkeit«. Mishaka hat dies auf einen Schlag erfasst, als ihn sein Lehrer Daitaka aufforderte, sich vom »geringeren Fluss abzuwenden und zum großen Ozean zurückzukehren«.

Das Selbst und die Buddhanatur

Das Ziel jeder Bewusstseinsentwicklung ist die Ausweitung der Wahrnehmung und des menschlichen Selbstverständnisses. Wir sind mehr, als wir von uns zu denken vermögen, und eine Erfahrung, welche unser Denken und unsere Vorstellungen übersteigt, weitet das Bewusstsein in einen überpersönlichen Bereich aus. Wie besprochen wird diese Erfahrung in der westlichen mystischen Tradition als »Gotteserfahrung« bezeichnet, im Zen-Buddhismus ist es Kensho – die »Schau des Wesens«, und auf dem psychologischen Individuationsweg ist es die Ausrichtung auf das »Selbst«. In der Erfahrung eines umfassenden Seins, das wir sind und doch nicht sind, an dem wir aber mehr als nur Anteil haben, weil es unser Wesen ausmacht, weitet sich das Bewusstsein nicht um einen bestimmten Inhalt aus, sondern um eine Dimension. Indem wir uns als das Größere wahrnehmen, das wir letztlich sind – das unser Leben ist, welches wir ja nicht geschaffen haben –, relativieren sich unsere Ansichten über uns selbst. Wir erfahren uns neu als ein lebendiges Wesen im Fluss – ja als den Lebensfluss selbst. Diese lebendige Wirklichkeit ist im Grunde nicht fassbar, und doch ist sie uns näher als uns irgendetwas zu sein vermöchte, denn wir sind sie selbst. Der »ehrwürdige Butsunandai« predigte, dass es uns näher sei, als selbst unsere Eltern zu sein vermögen.[24]

Wir haben bereits erörtert, dass das zu erfahrende grundsätzliche Wesen unseres Seins im Zen die »Buddhanatur«, die »Wesensnatur« oder auch das »Wahre Selbst« genannt wird und dass es in der westlichen Tiefenpsychologie dazu den Begriff »Selbst« gibt, der mit den östlichen Bezeichnungen weitgehend, aber doch nicht ganz deckungsgleich ist. Anhand dieser Begriffe lassen sich zentrale Punkte von Individuation und Zen-Weg aufzeigen und vergleichen. Im Folgenden betrachten wir diese Begrifflichkeit noch näher und vergleichen das »Selbst« der Individuation mit dem »Wahren Selbst« respektive der »Buddhanatur« des Zen, wodurch Individuation als westlicher Entwicklungsweg und Zen als das östliche Pendant in ihren Kernpunkten aufeinander bezogen werden können. Wir gehen dabei etwas näher auf die Begrifflichkeit des Zen ein, beginnen aber mit dem Selbst nach Jung.

Für C. G. Jung ist das Selbst ein Unerkennbares von größter Bedeutung, ganz unabhängig von der Namensgebung: »Wenn ich dieses Unerkennbare ›Selbst‹ nenne, so ist damit nichts geschehen, als dass die Wirkungen des Unerkennbaren einen gesamthaften Namen erhalten haben.«[25] Ganz in diesem Sinne spricht auch Zen davon, dass Begriffe und Worte zu vergleichen sind mit einem »Finger, der auf den Mond zeigt, aber nicht der Mond ist«. Dessen müssen wir uns stets bewusst sein, wenn wir uns Beschreibungen widmen. Jung bezeichnet mit dem *Selbst* die Gesamtheit der Persönlichkeit, die einen unbestimmt großen Umfang seelischen Seins umfasst, aus welchem das Bewusstsein hervorgeht. »Wie das Unbewusste, so ist das Selbst das a priori Vorhandene, aus dem das Ich hervorgeht.«[26] Das Selbst umfasst also hauptsächlich unbewusstes seelisches Material und enthält darüber hinaus das Bewusstsein, das wie eine Insel daraus hervorsteigt. Das Selbst ist »die Ganzheit des Menschen, der einerseits aus dem, was ihm bewusst ist, und andererseits aus den Inhalten des Unbewussten besteht.« Es ist der »vollständige Mensch«.²⁷

Im Individuationsprozess wird das Bewusstsein zugunsten des Selbst ausgeweitet, was für das »Ich« als bisherige Identität eine Einschränkung bedeutet. Der Mensch, der sich als Zentrum seines Willens verstanden hat, merkt plötzlich, dass es letztlich andere Kräfte sind, die ihn bestimmen und ausmachen. In dieser Einschränkung des »Ich« bedeutet der Individuationsprozess »Leiden, eine Passion des Ich, das heißt des empirischen, gewöhnlichen, bisherigen Menschen, dem es zustößt, in einen größeren Umfang aufgenommen und seiner sich frei dünkenden Eigenwilligkeit beraubt zu werden. Er leidet sozusagen an der Vergewaltigung des Ich durch das Selbst.«²⁸ Dieses Andere, diesen seelischen Hintergrund, der einbricht, bezeichnet Jung in ganz ähnlicher Weise wie Zen als »leere Mitte«. »Der ganze Verlauf der Individuation ist dialektisch, und das sog. Ende ist die Konfrontation des Ich mit der ›Leere‹ der Mitte ... Das Ich kann nur noch konstatieren, dass ihm etwas Wesentliches geschieht. Es kann die Vermutung aussprechen, dass es an etwas Größeres gestoßen sei.«²⁹ An anderer Stelle schreibt er: »Mit der zunehmenden Annäherung an die Mitte ergibt sich eine entsprechende Depotenzierung des Ich zugunsten des Einflusses der ›leeren‹ Mitte. Mit dem Ausdruck ›leer‹ ist kein Fehlen oder Abwesendsein gemeint, sondern vielmehr ein Unerkennbares, dem höchste Autorität zukommt.«³⁰ In sich selbst begegnet der Mensch einem höheren Sein, das nicht fassbar ist. »Das Selbst ist eine Erfahrung meines Ich, welche aber nicht mehr in der Form eines erweiterten oder höheren Ich, sondern in der Form eines Nicht-Ich erlebt wird.«³¹ Jung setzt diesen Bereich mit dem Unbewussten gleich, das unbestimmbar ist. »Die Grenzen des Bewusstseins können wir wohl angeben, das Unbewusste ist aber das unbekannte Psychische schlechthin und damit auch das Grenzenlose, weil Unbestimmbare, und wir sind daher auch außerstande, dem Selbst irgendwelche Grenzen zu setzen. Es wäre gewalttätig und darum unwissenschaftlich, das Selbst auf die Grenzen der individuellen Psyche zu beschränken.«³²

Dieses grenzenlose, unbestimmbare Selbst fasst alles ins »Eine« zusammen und übersteigt damit unser übliches, raum-zeitliches Fassungsvermögen. »Die Selbstbestimmung oder – was dasselbe ist – der

Drang zur Individuation sammelt alles Zerstreute und Vielfältige und erhöht es zur ursprünglichen Gestalt des Einen, des Urmenschen. Das Selbst hat dabei den Charakter ... der ›Ewigkeit‹, vermöge seiner, dem Bewusstsein vorausgehenden, unbewussten Präexistenz.«[33] Die Ewigkeit entspricht dabei nicht einer »unaufhörlichen Zeit«, sondern einem zeitlosen Zustand. Dieser durchdringt das »Jetzt« – Ewigkeit ist jetzt.

Der Suchende, der sich nicht mehr selbst als der Urheber aller Dinge und seines Lebens versteht, wird sich nach Jung »die Frage vorlegen: Wer bin ich, dem all das geschieht? Er wird in seine eigene Tiefe blicken, um dort die Antwort auf diese Schicksalsfrage zu finden.«[34] Dies ist die zentrale Frage der Individuation wie auch jedes anderen geistigen Entwicklungsweges – so wie sie etwa auch vom indischen Weisen Krishnamurti als zentrale Lebensfrage gestellt wurde.

Fassen wir die Aussagen von Jung über das Selbst zusammen, so können darüber folgende Aussagen gemacht werden:
- Der Mensch steht einem »Größeren« (dem Selbst) gegenüber, das er mit dem Bewusstsein nicht zu fassen vermag.
- Die Begegnung damit wird vom Ich erlitten, indem es in seiner Bedeutung relativiert wird.
- Das Selbst ist in seiner Ausdehnung unbegrenzt.
- Das Selbst hat die Form eines »Nicht-Ich« und den Charakter der Ewigkeit.
- Das Selbst ist unbestimmt und unbegrenzt und manifestiert sich zugleich im individuellen Menschen.
- Das Selbst ist der »vollständige Mensch«.
- Der Prozess dazu sammelt das Zerstreute und Vielfältige zur »ursprünglichen Gestalt« des Einen.
- Der Weg zum Selbst ist eine Annäherung an eine »leere Mitte«.
- Die Erfahrung zum Zentrum hin ist nicht fassbar. Man kann nur konstatieren, dass etwas Wesentliches geschieht.
- Das Selbst trägt den Menschen.
- Das »Ganze« ist bewusstseinstranszendent.

Im Zen-Buddhismus ist die Rede vom *Wahren Selbst*, das auch als »Wesensnatur« oder »Buddhanatur« bezeichnet wird. Yamada Kôun Roshi verwendet den Begriff »Wahres Selbst« gleichbedeutend mit

»Wesensnatur«[35] oder »Wesenswelt«. Auch die beiden Begriffe Wesensnatur und Wesenswelt sind weitgehend deckungsgleich. »Die Wesensnatur hat einen mehr subjektiven Beigeschmack, während das Wort Wesenswelt einen objektiveren Klang hat; doch in Wahrheit sind sie ein und dasselbe. Darum können wir das Wahre Selbst auch die Basis oder Grundlage des Universums nennen.«[36] Diese Grundlage ist wiederum die »Leere«[37], jene andere, formlose Seite des Daseins, die als Wesensnatur allen Seins auch »Buddha-Natur« genannt wird.[38]

Bei der *Wesenswelt* handelt es sich im Sinne des Zen um die »Rückseite der Erscheinungswelt«.[39] Yamada Roshi vergleicht sie mit der Innenfläche einer Hand, deren Außenseite die Welt der Erscheinungen ist.[40] »Die Wesensnatur hat weder Form noch Farbe, noch Gewicht, noch Größe, noch Raum, keine Konzepte, auch keine Flecken und Fehler, die ihr anhingen. Sie ist vollkommen rein.«[41] »Von der Größe her gesehen gibt es nichts, was so groß ist wie unsere Wesensnatur. Im Zen sagen wir, dass sie alle Dimensionen sprengt und überschreitet. Wir scheuen uns nicht, sie unbegrenzt zu nennen. Denn nichts kann größer sein als das Nichts.«[42] »Da die Wesenswelt unendlich ist, könnte man jede Menge Universen in sie hineinpacken, ohne dass sie schon ganz ausgefüllt wäre.«[43]

Wie andernorts erwähnt vergleicht Yamada Roshi die Phänomene – die Erscheinungen, die wir in der äußeren Welt wahrnehmen – auch mit dem Zähler eines Bruches, dem ein allgemeiner Nenner zugrunde liegt, den er das Null-Unendliche nennt. »Obgleich er leer ist, ist er doch unbegrenzt und unendlich. Darum nenne ich dies das *Leer-Unendliche* oder die leere Unendlichkeit. Und das ist unsere Wesensnatur. Sie stellt den Nenner des Bruches dar. Der Zähler ist die Welt der sinnlich wahrnehmbaren Dinge.«[44]

Yamada setzt die Wesenswelt auch mit dem Leben selbst in Beziehung. »Leben selbst hat weder Farbe noch Form. Aber dass es Leben gibt, ist außer jedem Zweifel. Wenn wir inhaltlich an Leben denken, ist unsere Aufmerksamkeit meist auf Aktivitäten und Bewegungen gerichtet, wodurch Leben für uns manifest wird. Aber das, was diese Bewegungen hervorruft, kann selbst nicht gesehen und wahrgenommen werden. Darum glaube ich sagen zu können, dass das Wahre

Selbst nichts anderes ist als einfach Leben ... Ich bin überzeugt, dass ›Wesenswelt‹ eigentlich nur ein anderer Name für ›Leben‹ ist. Warum? Weil Leben Zeit und Raum transzendiert, genau wie die Wesenswelt. Nirgends gibt es einen Platz wo man sagen kann, hier ist es, aber dort nicht. Nirgendwo im Universum ist so ein Ort.«[45] Das Leben wiederum manifestiert sich in der Erscheinungswelt – anders kann es nicht wahrgenommen werden.»Die phänomenale Welt ist identisch mit der Welt der totalen Leere und Einheit, in der nicht ein einziges Ding existiert.«[46]

Dies ist nun der springende Punkt im Zen – und darin unterscheidet sich der Begriff »Wahres Selbst« des Zen vom »Selbst« bei C. G. Jung. Die Welt der Formen und die Welt der Leere sind nach der buddhistischen Auffassung identisch. »Es ist eine Tatsache: Alle sichtbaren Dinge sind nichts anderes als die leere Unendlichkeit selbst. Das Hannya Shingyô oder *Herz-Sutra* sagt: *Shiki soku se kû, kû soku se shiki*«. Shiki bedeutet ›Form‹ und ›Farbe‹, also alle sinnlich wahrnehmbaren Dinge. Soku heißt ›nichts als‹ oder ›nichts anderes als‹. Kû bedeutet ›Leere‹ oder ›Nichts‹ (das Leer-Unendliche). Shiki soku ze kû heißt also: Alle sinnlich wahrnehmbaren Dinge sind nichts als Leere. Und kû soku ze shiki heißt: Leere ist nichts anderes als alle sinnlich wahrnehmbaren Dinge. Die unmittelbare Erfahrung davon – ohne die Hilfe von Denken oder Schlussfolgern – ist das, was wir *Kensho* nennen. Bedenkt, bitte, dass dieser Bruch selbst ein Konzept ist, eine Art Illusion ist.«[47]

In gleicher Weise setzt Yamada Roshi auch den Begriff *Geist* zur Wesensnatur in Bezug: »Betrachtet einmal das, was wir unseren Geist, unser Bewusstsein nennen. Hat es irgendeine Form? Nein. Eine Farbe? Nein. Können wir es lokalisieren? Nein, wir wissen nicht, wo der Geist sich aufhält. Der Geist hat nichts. Der Geist ist nichts. Er ist leer und gestaltlos. Unsere Wesensnatur ist nichts anderes als die unendliche Ausdehnung und Manifestation dieses unseres gewöhnlichen Geistes.«[48] Aber gleichzeitig ist der Geist, der »nichts« ist, selbst Form.

Die entscheidende Erfahrung des Zen – Kensho, die Schau des Wesens (oder der Wesensnatur) – ist das Erfassen dieser Doppelnatur der Welt. Sogleich ist dabei anzufügen, dass das »Doppelte« nur ein Konzept ist, weil im Grunde – und in der Zen-Erfahrung – beides eins ist.»Das ist die tiefere Logik des Zen: Eins ist alles und alles ist eins. Das Ziel des Zen ist es, diese Wirklichkeit in einer lebendigen, nicht intellektuell manipulierten Erfahrung zu begreifen. Der erste, der dies erfahren hat, war Shakyamuni Buddha. Ihm nachfolgend haben sich die Angehörigen aller späteren Traditionslinien darum bemüht, diese Erfahrung auch selbst zu machen. Dabei wussten sie: Ohne die Übung des Zazen und das Aufgehen des inneren Erleuchtungsauges können wir diese Welt nicht sehen, ganz gleich, wie viel wir darüber nachdenken oder nachlesen und wie fest wir daran glauben, dass es sie gibt.«[49]

Zu dieser Erfahrung gelangt man, indem man sich von den Konzepten über die Welt befreit, die man sich im Laufe des Lebens angeeignet hat.»Wir alle tragen die schwere Last unserer eigenen Konzepte, Gedanken und Vorstellungen. Von daher suchen wir nach Buddha, Dharma, Nirwana, nach der transzendenten Weisheit und all dem anderen, was damit zusammenhängt. Aber dies alles sind nur Konzepte und nichts anderes als – wie Jôshû[50] sagte – Kleider, Gewänder, Umhänge und Verkleidungen des wahren Selbst, das in sich völlig nackt und frei von der geringsten Bedeckung ist. Nackt und frei von allen Konzepten sind wir geboren worden. Dann aber haben wir viele Gedankenmuster, Konzepte und Vorstellungen aufgenommen und sie uns angeeignet. Wenn wir alle diese Konzepte nicht loslassen und abwaschen, können wir unser wahres Selbst nicht erfahren.«[51] »Doch eigentlich wollen wir von allen Konzepten frei werden, wozu auch Konzepte wie heilig und kostbar gehören. Es geht um die Erfahrung des wahren Faktums, des wahren Selbst.«[52]

An anderer Stelle sagt Yamada dazu:»Die Unterscheidung zwischen ›dem Gewöhnlichen und dem Heiligen‹ ist eine illusorische Trennung, welche die Phänomene in Profanes und Sakrales aufteilt. Was wäre, wenn alle dualistischen Gegensätze wie heilig und profan, erleuchtet und unerleuchtet aus unserem Bewusstsein verschwunden wären? Wenn es wirklich gelingt, allen dualistischen Konzepten den ›Durchgang zu versperren‹, wäre das die Erleuchtung, die Realisation … Selbst so ein hervorragendes Ereignis wie die Erleuchtung übersteigt die in uns ›vorhandene Kraft‹ nicht. Es ist ja nichts anderes als die vollkommene Offenbarung unserer Wesensnatur. Darum übersteigt es nicht die in uns vorhandene Kapazität.«[53] Yamada fragt seine

Schüler: »Wenn ihr alle eure Gedanken ›wegnehmt‹ und alle eure Konzepte ›entfernt‹, was würde euch dann über das eigene *Selbst* klar werden? Was würde übrig bleiben?«[54] Die Erkenntnisse des Zen werden dem Schüler nun keineswegs leichtfertig geschenkt. Zentrales Element auf dem Weg der Erkenntnis ist das »Sterben«. Es geht hier um das Sterben aller Vorstellungen, Wünsche, Konzepte, Meinungen, Identitäten etc. Ein guter Zen-Meister ist in der Lage, bei seinen Schülern alle diese Konzepte abzuschneiden, zu »töten«, und im gleichen Zug »gibt er Leben«. Durch das »Festhalten«[55] (an) der Leere *befreit* er den Menschen in ein konzeptloses, wahrhaftiges Leben, in welchem alles so sein darf, wie es ist. Indem der Schüler schließlich jene Wand überwindet, die zwischen ihm und der Welt (und damit zwischen ihm und sich selbst) liegt, erfährt er, wer er »wirklich«, seinem »Wesen« nach ist.

Der Weg dazu ist aber lang und beschwerlich. Man muss dazu mitten ins Leid stehen. »Nur in der Mitte des Leids gibt es einen Ort, an dem man dem Leid entkommen kann«, sagt Yamada Roshi dazu.[56] »Wir müssen lernen, unsere jeweilige Situation zu akzeptieren und mit allen unseren Lebensumständen eins zu sein«[57], und es kann dauern, bis dies erreicht ist und die Befreiung erfolgt. So kam Ungan Donjô (gest. 841) trotz der Schulung beim angesehenen Meister Hyakujô während zwanzig Jahren nicht zur Erleuchtung. Yamada kommentiert: »Die Tatsache, dass Ungan während der zwanzig Jahre unter Huyakujô nicht zur Erleuchtung kam, zeigt uns wieder einmal, dass der Zeitpunkt für die Erleuchtungserfahrung nicht berechenbar ist. Es ist eine Frage der Reife und hängt von der Aufarbeitung der karmischen Belastungen ab. Ist die Persönlichkeitsentwicklung nicht bis zu einem gewissen Punkt ausgereift, dann kann auch der beste und eifrigste Schüler nicht zur Erleuchtung gelangen.«[58] Im Westen würde man heute die »Aufarbeitung karmischer Belastung« wohl als »psychologische Arbeit«, »Psychotherapie« oder »Analyse« bezeichnen. Der Weg zum »Wahren Selbst« ist also auch im Osten an Leiden und an die Erfüllung der Bedingung, dieses Leiden ganz durchschritten zu haben, geknüpft. Hat man das Ziel schließlich erreicht, ergibt sich das Gefühl einer großen Befreiung: »Unbeschreiblich ist auch das Gefühl der Erleichterung, wenn alle Lasten, die man bisher mitgeschleppt hat, plötzlich von einem abfallen und man sich ganz leicht und frei fühlt.«[59]

Dieser Weg führt nicht etwa zu einem Wegtreten aus der Welt, in ein »nihilistisches Vakuum«[60], sondern in einen Zustand der Präsenz im Alltag, welcher durch die Erfahrung der Wesensnatur in allen Dingen geprägt wird. »Diejenigen aber, welche ihre wahre Heimat gefunden haben, wissen um ihre *Freiheit*, selbst wenn sie Pflichten und Verantwortlichkeiten übernommen haben. Als Mitglieder der Gesellschaft können wir die täglichen Obliegenheiten nicht außer Acht lassen. Wir müssen uns in unserer Lebensführung bis zu einem gewissen Grad der Mehrheit anpassen. Und trotzdem sind wir frei! Könnt ihr euch trotz der Bindungen an die *sozialen Verantwortlichkeiten* ganz und gar frei fühlen? Wenn nicht, dann habt ihr euer wesenhaftes Zuhause noch nicht kennen gelernt. So lange wir uns geistig nur in der gewöhnlichen Alltagswelt aufhalten, gleichen wir dem in seinen Käfig eingesperrten Affen. Ihr solltet aber durch Erfahrung wissen, wie man sich auch innerhalb eines solchen Käfigs noch vollkommen frei fühlen kann.«[61] »So können wir auch in Zeiten großen Leidens in unserem Herzen einen tiefen Frieden aufrechterhalten.«[62]

Fassen wir bezüglich des Zen die Thesen über das »Wahre Selbst« zusammen, so kommen wir zu folgenden Aussagen:
- Das Wahre Selbst (die Wesenswelt, Wesensnatur, Buddha-Natur) ist formlos, ohne Gewicht, Größe, Raum, ohne Konzepte.
- Es sprengt alle Dimensionen, ist unbegrenzt, unendlich.
- Das Wahre Selbst ist das Leben, welches Zeit und Raum transzendiert.
- Der Geist hat ebenfalls keine Form, er ist leer und Gestaltlos.
- Ohne Konzepte gibt es keine Unterscheidung, etwa in gewöhnlich und heilig.
- Die Welt der Formen und die Welt der Leere sind identisch.
- Der Weg der Erkenntnis führt über die »Aufarbeitung karmischer Belastung«.
- Die Erkenntnis der Wesensnatur aller Dinge wird als Befreiung erlebt.
- Die alltäglichen Verpflichtungen werden wahrgenommen; selbst im Leiden besteht ein Gefühl von Freiheit.

Vergleichen wir zum Schluss dieses Kapitels die Thesen aus beiden zusammenfassenden Auflistungen, so ergeben sich bezüglich des »Selbst« bzw. »Wahren Selbst« erhebliche Übereinstimmungen. Diese sind im Wesentlichen:
1. Das Selbst/Wahre Selbst ist umfassend, unbestimmt, ununterscheidbar, formlos, ein »Nicht-Ich« und bedeutet doch auch den »vollständigen Menschen«.
2. Die Konzentration auf das »Eine« führt zur Erfahrung einer Leere, aus der alles entsteht.
3. Bevor der Zugang zum Selbst/Wahren Selbst möglich ist, müssen die persönlichen Lebensfragen aufgearbeitet sein.
4. Die Erfahrung des Selbst/Wahren Selbst führt einen in ein erfülltes Leben in Freiheit und Pflichterfüllung.

Als wesentlicher Unterschied ergibt sich der Umstand, dass Zen bezüglich des »Wahren Selbst« oder der Buddhanatur die Einheit von Selbst und Erscheinungsform betont, während Jung mit »Selbst« einen unbestimmt großen psychischen Bereich ohne Identifikation mit der Erscheinungswelt bezeichnet. Im Sinne des Zen zeigt damit alles Sein dieses »Wahre Wesen«, während sich bei Jung das Selbst auf den Menschen in seiner unendlichen seelischen Dimension bezieht.

Trotz dieses Unterschiedes und der Verschiedenheit der Wege von Individuation und Zen kann allgemein gesagt werden, dass bezüglich des Ziels weitgehende Übereinstimmung besteht.

Nordtor

Zen in Japans Klöstern

Zen ist eine vielfältige Angelegenheit, und das auch in Japan. Von den großen Zen-Schulen, die sich in der Zeit nach dem berühmten 6. Patriarchen Hui Neng (jap. Enô) in China bildeten (Rinzai, Sôtô, Ummon, Obaku, Igyo, Hogen), überlebten außer der kleinen Obaku-Schule dauerhaft nur zwei – die Sôtô- und die Rinzai-Linie. Beide wurden im 13. Jahrhundert von China nach Japan gebracht und haben sich dort weiterentwickelt. In jüngerer Zeit sind in Japan aber neue Schulen entstanden, die sich vor allem durch eine Öffnung gegenüber Laien auszeichnen. Sie entsprechen dem Bedürfnis der modernen Zeit, Zen auch außerhalb des buddhistischen Mönchtums und außerhalb der Klöster zu üben und dabei tiefe Erfahrungen zu machen. Ernsthaften Interessenten wird in Japan die Möglichkeit geboten, eine ganze Zen-Schulung außerhalb von Klöstern zu durchlaufen. Die beiden großen Zen-Linien Sôtô und Rinzai unterscheiden sich nicht in ihrem Kernanliegen, wohl aber in ihrer Form. Zwischen diesen Linien besteht auch eine gewisse Rivalität – ähnlich wie zwischen den christlichen Konfessionen –, wenngleich man sich einem gemeinsamen Geist zugehörig fühlt.

Sôtô ist gegenüber Rinzai hierarchischer organisiert und verfügt in Japan über zwei Haupttempel, den Sojiji in Yokohama bei Tokio und den Eiheiji in der Nähe der Stadt Fukui auf der Seite des Japanischen Meeres. In Japan gibt es eine Unzahl von Tempeln, die teilweise fast wie Familienhäuser geführt werden und von denen sich innerhalb eines Dorfes oder einer kleineren Stadt eine größere Anzahl befinden kann. Sôtô verfügt in Japan über ca. 14 000 solcher Tempel und hat eine Anhängerschaft von rund 7 Mio. Personen – bei einer japanischen Gesamtbevölkerung von gegenwärtig 120 Mio. Menschen. Diese Tempel dienen allerdings weniger der Meditation, sondern sie sind

Zentren der Seelsorge einschließlich vielfältiger Rituale, die vor allem für Verstorbene abgehalten werden. Demgegenüber wird die Meditation in den eigentlichen Zen-Klöstern der Sôtô-Linie geübt: eine nichtgegenständliche Meditation ohne Konzentration auf irgendwelche Texte. Es ist das »Nur-Sitzen«, das man *Shikantaza* nennt. Im Gespräch mit verschiedenen Sôtô-Meistern habe ich erfahren, dass die Anerkennung und Bestätigung eines Zen-Schülers zur Fortführung der Lehre (Dharma-Übertragung) im Gegensatz zu Rinzai ausschließlich davon abhängt, wie der Meister die Reife seines Schülers einschätzt. Sôtô spricht nicht von einer Entwicklung (vergleichbar mit der psychischen Entwicklung im Westen) des Menschen, weil er seinem Wesen nach immer schon Buddhanatur hat. Ob man sich darüber mehr oder weniger bewusst ist, sei nicht so wichtig. Nach dem Zen-Verständnis des Sôtô sind die Praxis des Zazen und das Dharma-Siegel Buddhas identisch.[1] Jeder, der Zazen übt, manifestiert damit den Dharma. Dies hat seine Begründung darin, dass die Buddhanatur unabhängig von der Einsicht darüber existiert – was von allen Zen-Schulen so gesehen wird. Gemäß dieser Einstellung werden die jungen Sôtô-Mönche angehalten, sich so zu benehmen, als hätten sie schon Erleuchtung. Wenn man mit allem sorgfältig umgehe, setze dies die jungen Mönche in den »Stand der Erleuchtung« in dem Sinne, dass diese auch ohne entsprechende Erfahrung gegenwärtig sei. Praktisch läuft dies aber darauf hinaus, dass die Mönche ihre Regeln rein äußerlich wahrnehmen und diese auch entsprechend weitervermitteln. Dies zeigt sich in den großen Tempeln darin, dass die jungen Mönche viele Formen und Rituale akribisch einüben und einhalten, ohne darin schon einen tieferen Sinn wahrzunehmen. Im Sôtô-Zen kommt zuerst die Tat und dann (eventuell) die Einsicht, im Gegensatz zur Rinzai-Schule, welche die Einsicht (Kensho) anstrebt und die Veränderung des Verhaltens als eine Folge davon versteht.

Von den tieferen Erfahrungen – auch von Kensho – wird innerhalb von Sôtô wenig gesprochen, weil man sie auch an nichts messen könne. Im Eiheiji hat mir ein junger Mönch gesagt, dass es im Kloster vielleicht schon Leute mit gewissen Erfahrungen gebe, aber er wisse nichts davon und auch nicht, wen es betreffen könnte. Ein Sôtô-Meister erklärte mir, dass Kensho als eine psychische Reaktion zu verstehen sei, die einfach »unter gewissen Bedingungen« eintreten könne, und dass sie deshalb nicht so wichtig sei. Auch gebe es dann noch einen Persönlichkeitsanteil, der erkennen könne – da seien die Gegensätze noch nicht aufgehoben. Er meinte aber auch, dass die Erfahrungen in einer langjährigen Meditation bei Sôtô und Rinzai wohl ähnlich seien, nur die Wege dazu seien verschieden. Ein anderer Sôtô-Meister erklärte mir, dass Sôtô zwar nicht direkt Erleuchtung anstrebe, dass es aber sehr erwünscht sei, wenn ein Mönch ein derartiges Erlebnis habe. Während Rinzai in dieser Richtung viel strukturierter vorgeht, entsprechen diese Erlebnisse im Sôtô eher dem zufälligen Fund eines begabten Schülers. Es war in diesem Zusammenhang die Rede davon, dass Rinzai viele gute Meister aufweise, wohingegen Sôtô auf seinem Weg nur wenige, aber dann sehr bedeutende Meister hervorgebracht habe.

Im Sôtô-Zen gibt es trotz der Geschlossenheit im Ansatz verschiedene Ansichten über die künftige Entwicklung dieser Zen-Linie, und wie überall finden sich traditionsbewusste und aufgeschlossene Geister. So sind auch Reformideen auszumachen, die zufolge der hierarchischen Struktur der Sôtô-Linie natürlich auf Widerstände stoßen. In diesem Feld kann sich in Zukunft aber manches bewegen. Es gibt Vertreter der Sôtô-Linie, welche die Formen des Zen für kulturbedingt und damit durchaus für veränderbar halten. Wie ich erfahren habe, finden die entsprechenden Diskussionen auf den verschiedenen Erfahrungs- und Hierarchiestufen in ganz unterschiedlicher Weise statt. Wer eine genügende Weite der Sicht erlangt hat, streitet nicht mehr über Formen, sondern sieht deren Vielfalt in der Einheit allen Seins.

Die *Rinzai-Linie* unterscheidet sich von Sôtô außer teilweise unterschiedlichen Ritualen vor allem durch den Gebrauch von Kôan in der Zen-Schulung. Diese Texte alter Zen-Meister dienen seit Jahrhunderten dem Unterricht der Mönche und enthalten – wie oben schon erwähnt – im Allgemeinen kurze Begegnungen zwischen einem Zen-Meister und seinem Schüler. Anhand exemplarischer Situationen, welche die Grundthematik des Zen in der jeweiligen Situation zeigen, wird das Wesen des Zen dargelegt. Einige Kôan schließen mit der Bemerkung, dass der Schüler bei dieser Gelegenheit Erleuchtung erlangt habe. Dabei ist die persönliche Begegnung von Meister und

Schüler bedeutungsvoll, wohingegen die späteren Berichte über solche Begebenheiten (in den Kôan) tradierte Darstellungen des Mysteriums sind. Kôan gelten als schwer verständlich, weil sie mit dem Verstand nicht bewältigt werden können. Sie sind aber gleichsam wie ein Tor, durch welches der reife Schüler zu einer Erfahrung schreiten kann. Kensho geschieht aber oft nicht anlässlich der Meditation über ein Kôan, sondern in einer ganz anderen Lebenssituation, wo man nach intensivster Bemühung vielleicht alles losgelassen hat. So wird von einem Zen-Mönch berichtet, der nach langer Schulung ohne den Erfolg des Kensho schließlich aufgegeben und das Kloster verlassen hatte. Er ging ins »Weidenviertel« zu den Geishas, und dort erkannte er die Wesensnatur unerwartet, weil er bei seinem Weggang vom Kloster alle Zen-Aspirationen losgelassen hatte.

Im Umgang mit Kôan unterscheiden sich innerhalb der Rinzai-Linie verschiedene Ausrichtungen, und es gibt in diesem Sinne nicht »die« richtige Antwort auf ein Kôan. In manchen Rinzai-Tempeln wird als Antwort auf ein Kôan gern herumgeschrien, wohingegen andere Rinzai-Meister den springenden Punkt etwas stiller gezeigt bekommen wollen. Das Schreien entspricht nach meinem Eindruck dem »Abschneiden der Illusionen« – alles wird ohne Umschweife und Auswege auf den Punkt gebracht. Dies entspricht auch der Haltung des Meisters, dem Schüler dessen Vorstellungen über die Welt zu nehmen und ihn schlagartig auf den Punkt zu bringen. Im Zen wird dies auch »Leben-Nehmen« oder »Einrollen« genannt – das bisherige vordergründige Leben soll genommen oder eingerollt werden, damit man zur Einsicht über das Eine in allem gelangt. Die stilleren Antworten, welche andere Meister betonen, entsprechen dagegen eher der zu gewinnenden neuen Sicht auf die Welt, in welcher die Vielfalt des Tiefgründigen in Erscheinung tritt. Dies wird als »Leben-Geben« bezeichnet und entspricht dem »Ausrollen« des Einen in die Vielfalt der Formen. Beide Bewegungen oder Aspekte dieses Einen machen Zen aus und sind im Grunde nicht voneinander zu trennen. Indem man die Illusion über den vordergründigen Charakter der Welt verliert, erwacht man zur tieferen Sicht und damit zum »Leben«.

Rinzai-Zen verfügt nicht wie Sôtô über einen zentralen Tempel und damit über einen Ort, der Lehrmeinungen zu definieren vermöchte.

Entsprechend gibt es auch nicht »das« Rinzai-Zen, sondern einfach wichtigere und weniger wichtige Tempel und Lehrmeinungen. Innerhalb des Rinzai wird nach der Zugehörigkeit zu einem größeren Tempel unterschieden, so zum Beispiel dem Myoshinji, dem Tenryuji und dem Daitokuji in Kyôto, dem Kenchôji und dem Engakuji in Kamakura, oder dem Sogenji in Okayama. Im Gegensatz zu Sôtô wird auch nicht eine zentrale Liste über Zen-Meister und Zen-Lehrer geführt, welche Rinzai »gültig« vertreten. Die Zahl der Rinzai-Tempel in Japan wird mit rund 6000 und die Zahl der Anhänger mit rund 2 Mio. Menschen angegeben. Rein zahlenmäßig ist diese Linie damit von geringerer Bedeutung ist als die Sôtô-Linie. Rinzai hat heute rund 1000 Zen-Priester, wovon aber nur etwa 100 den Titel Zen-Meister (Roshi) tragen. In vielen Rinzai-Tempeln werden vor allem Rituale für die Verstorbenen durchgeführt, und nur eine kleinere Anzahl von Tempeln bietet eine eigentliche Zen-Schulung durch einen Meister an.

Den neuen kleineren Linien gemeinsam ist die Öffnung für Laien und deren ernsthafte Zen-Schulung. Wie schon geschildert wurde im Westen vor allem die Linie *Sanbô Kyôdan* bekannt. Sie entstand formell Mitte des letzten Jahrhunderts und hat in Japan gegenwärtig rund 3000 Anhänger. Sie geht auf Harada Sogaku Daiʻun Roshi (1871–1961) und seinen Dharma- Nachfolger Yasutani Hakuʻun Roshi (1885–1973) zurück und verbindet Ansätze des Sôtô-Zen mit der Kôan-Arbeit des Rinzai. Das zentrale Anliegen für die formelle Gründung dieser religiösen Gemeinschaft (Kyôdan) war, ernsthaft suchenden Laien authentisches Zen zugänglich zu machen. Darin wurde das Schwergewicht wieder auf Zazen als grundlegende Übung zur Erkenntnis der Wesensnatur gelegt. Basis dafür sind die »drei Schätze« (Sanbô): Buddha (Wesen), Dharma (Lehre) und Sangha (Gemeinschaft). Diese Schule wurde im Westen vor allem durch Yasutanis Nachfolger Yamada Kôun Roshi (1907–1989) bekannt, der eine größere Anzahl Schüler aus dem Westen zu Zen-Lehrern ausbildete und zur Lehrtätigkeit autorisierte. Darunter befinden sich als Roshi Robert Aitken (geb. 1917) und Willigis Jäger (geb. 1925). Gegenwärtig umfasst die Sangha der Sanbô Kyodan Linie 20 Lehrer/innen in Europa (wovon 14 in Deutschland wirken), rund 10 in Japan, 7 auf den Philippinen, 5 in USA/Kanada und einige weitere. Sanbô Kyôdan kennt derzeit nur zwei voll autorisierte Zen-Meister, die berechtigt sind, selbst Zen-Lehrer oder Zen-Meister zu ernennen: Yamada Masamichi Roshi (geb. 1940, Sohn von Yamada Kôun Roshi und Leiter der Linie) sowie Kubota Akira Roshi (geb. 1932).

Sôtô steht der Kombination von Elementen aus der Sôtô- und der Rinzai-Tradition eher distanziert gegenüber und ihre Vertreter halten am Konzept der zwei Schulen Sôtô und Rinzai fest. In Europa stützt sich Sôtô auf die Nachfolger von Zen-Meister Deshimaru (1914–1982), welche das traditionelle Sôtô-Zen vertreten. Außerhalb dieser Linie gebe es im Westen viele Zen-Lehrer, die sie »nicht kennen« (und damit auch nicht anerkennen). Im Sojiji ist Sôtô aber bemüht, einen Überblick über die im Westen tätigen Lehrer zu gewinnen. Innerhalb des Sôtô-Zen gibt es aber auch modernere Stimmen, welche Sôtô selbst für reformbedürftig halten. Sie sind offen für die neuen Zen-Schulen in Europa und den USA, die nicht mehr von Japan kontrolliert werden. Es wird ihnen sogar zugestanden, dass die »Geschichte« diesen Linien vielleicht recht geben wird, weil die moderne Zeit mit ihren vielen Laien-Interessenten andere Formen brauche. Man stellt sich auch die Frage, was geschieht, wenn sich Zen vom Buddhismus löst, denn dann entsteht etwas ganz Neues. Dies ist in einem gewissen Sinne ja bereits geschehen, weil im Westen heute Zen-Meister wirken, die nicht formell Buddhisten sind.

Auch innerhalb des klassischen Rinzai hat sich in Japan eine Linie gebildet, die Zen für Laien geöffnet hat. Sie nennt sich *Ningenzen Kyôdan*, welcher Name sich aus den hier zusammengehörigen Zeichen »nin-gen« für Mensch und »zen« zusammensetzt und die Zen-Kultivierung des menschlichen Geistes zum Ziel hat. Ausgehend vom Engakuji, einem bedeutenden Rinzai-Tempel in Kamakura, wurde sie durch Tatsuta Eizan Roshi (Kôun An, 1893–1979) gegründet, um Zen auch Laien zugänglich zu machen. In Japan war die Dharma-Übertragung (Anerkennung der Zen-Erfahrung und Berechtigung zur Lehrtätigkeit) bis zum Beginn des 20. Jahrhunderts ausschließlich Mönchen und Priestern vorbehalten, weshalb die Öffnung des Zen von »revolutionärer Bedeutung« war und ist.[2] Die Gründung von Ningenzen ist dabei als Reaktion auf die japanischen Verhältnisse zu verstehen, wo die »Mönche allgemein nur Beerdigungen und Zeremonien zum

Gedenken der Toten durchführen«.[3] Ziel ist, allen Interessierten den Weg zur Erfahrung der »eigenen wahren Wesensnatur« aufzuzeigen und zu ermöglichen. Als Schule der Rinzai-Linie verwendet Ningenzen Kôan zur Förderung und Prüfung der Schüler. Diese Linie hat in Japan aktuell 13 Zen-Meister, 20 Zen-Zentren und rund 2000 Anhänger. Bisher ist sie nicht im Ausland in Erscheinung getreten, aber es bestehen Bestrebungen zu einer Ausweitung in den Westen. Meine Begegnungen mit einem Meister und mit Vertretern von Ningenzen in Japan haben mir gezeigt, dass die Verwendung und Interpretation der Kôan weitgehend mit derjenigen von Sanbô Kyôdan übereinstimmt und gegenüber dem traditionellen Rinzai etwas beweglicher ist. Der Gründer von Ningenzen wählte aus den verschiedenen Kôansammlungen, die insgesamt etwa 1700 Kôan umfassen, 200 Kôan mit ansteigendem Schwierigkeitsgrad für die Schulung aus. Wer alle gelöst hat, kann Dharma-Transmission erhalten und Zen-Meister werden. Diese Kôansammlung mit dem Namen »Gasenshû« wurde im Jahr 2006 erstmals in Englisch publiziert, was der Schule den Weg in den Westen öffnet.

Das Zen des Westens ist anders

So oft sich Zen schon gewandelt hat, bleibt es doch unverändert. Die Dimension seiner Einsichten liegt jenseits von religiösen Formen, und wenngleich Zen im Buddhismus gewachsen ist, weist es doch darüber hinaus. Zen versteht sich als Reformbewegung des Buddhismus und zielt auf die ursprüngliche Erfahrung des Buddha. Diese aber weist in die formlose »Leere« allen Seins. Buddha ist damit seinem Wesen nach »Nicht-Buddha«. Dieser Doppelcharakter unseres Daseins wird im bereits zitierten Herz-Sutra (hannya shingyo) besonders deutlich zum Ausdruck gebracht: »Form ist nichts anderes als Leere, und Leere nichts anderes als Form.« Die tiefe Dimension des Seins zeigt sich in allen Formen. Um zu dieser Erfahrung zu gelangen, muss man sich von allen Konzepten lösen, auch von den religiösen wie »Buddha«. In diesem Sinne sagte der berühmte Zen-Meister Rinzai Gigen (gest. 866 n. Chr.): »Triffst du einen Buddha – töte einen Buddha.« Dies meint etwa: Halte dich nicht an irgendwelche Konzepte über Buddha, sondern gehe den Weg ohne all das und mache deine Erfahrungen. Letztlich ist das Entscheidende unfassbar. Buddhas können deshalb auch nicht über die Buddhanatur berichten, denn sie ist ohne Form. So gelang es dem großen Boddhisattva Manjusri nicht, eine Frau aus dem tiefen Samadhi (Versenkung) zu wecken, was der weniger hohe Boddhisattva Mômyô sehr wohl zu tun vermochte.[4] Manjusris Welt ist die Wesenswelt der völligen Leere und absoluten Gleichheit, wo es keine Handlungen und keine Unterscheidungen (und damit auch kein Aufwecken aus der Versenkung der Meditation) gibt, während Mômyô für die Welt der Formen steht, weshalb es ihm möglich war, die meditierende Frau aus dem Samadhi zu holen.

In der Dimension der Ununterschiedenheit gibt es keine Form und damit auch keine Religion, und »genau diese ›Welt‹ wird in der Erleuchtungserfahrung aller Buddhas realisiert«[5], wie Zen-Meister Yamada Kôun schreibt. Diese »Welt« ist unabhängig von jeder Religion, und so ist die Zen-Erfahrung universell, auch wenn der Weg dazu von Buddha aufgezeigt wurde. Wenn Zen in diesem Sinne letztlich keiner Religion zugehört, so ist ihm auch jene Abgrenzung nicht eigen, welche die Religionen im Allgemeinen gegeneinander vornehmen. Die Zen-Erfahrung ist jedem Menschen möglich – unabhängig von seiner Religionszugehörigkeit. Dennoch bedarf die Zen-Praxis zum gegenwärtigen Zeitpunkt des buddhistischen Hintergrundes, um sein eigentliches Wesen entfalten zu können. Als Übung kann Zazen (inhaltslose Schweigemeditation im Sitzen) zwar im Rahmen jeder Religion geübt werden, aber eine »Meditation im Stile des Zen« führt nicht zur zentralen Erfahrung des Kensho, wenn ihr die eigentliche Zen-Anleitung fehlt.

In Japan hat sich Zen im Laufe des vergangenen Jahrhunderts geöffnet, was eine Voraussetzung für dessen Ausbreitung in den Westen war. Die Klöster machten die Zen-Übung und -Begleitung zunächst den japanischen Laien zugänglich, und später wurden Laien auch zu Zen-Meistern ernannt. Diese öffneten den Zen-Weg wiederum den Menschen des Westens, und es kamen Schüler aus Europa und Amerika. Andererseits gingen ab den 1930er-Jahren auch versierte Zen-Meister in den Westen, so etwa Shigetsu Sasaki Sokei-an (1882–1945), der erste Zen-Meister, der sich auf Dauer in Amerika niederließ, Shunryû Suzuki (1904–1971) und Hakayû Taizan Maezumi Roshi (1931–1995). Wie erwähnt war Yamada Kôun Roshi für die Verbreitung des Zen vor allem in Europa von großer Bedeutung. Viele seiner Schüler sind im Westen bekannt geworden, so etwa Willigis Jäger, Robert Aitken, Hugo Enomyia-Lassalle, Niklaus Brantschen, Pia Gyger, Gundula Meyer, Johannes Kopp, Silvia Ostertag, Ama Samy und Ruben Habito. Einige dieser Lehrer haben später aus der Linie von Maezumi Roshi die volle Dharma-Transmission (inka shomei) erhalten, die sie berechtigt, eigene Linien zu gründen und den »Dharma« gültig weiterzugeben. Maezumi Roshi hatte von drei Zen-Meistern Dharma Transmission erhalten, welche sowohl die Sôtô als auch die Rinzai-Schule repräsentieren: von Kakujun Kuroda Roshi, von Koryu Osaka Roshi und von Hakuun Yasutani Roshi. Da Letzterer der Begründer der Sanbô Kyôdan-Linie war, war Maezumi Roshi auch mit Sanbô Kyôdan verbunden und ein »Dharma-Bruder« von Yamada Kôun Roshi. Maezumi wirkte in den USA und ernannte Bernhard Tetsugen Glassman Roshi (geb. 1939) zum Dharma-Nachfolger. Auf Maezumi geht die »White Plum Sangha« zurück, aus der wiederum weitere, von Japan unabhängige Zen-Linien entstanden, so die »Zen Peacemakers Sangha« (Glassman) und die »Glassman-Lassalle Linie« (Brantschen, Gyger). Auf anderer Basis – einer Dharma-Übertragung durch Jing Hui des neu aufgebauten Klosters Bai Lin (Wuhan, China, wo der legendäre Zen-Meister Jôshû wirkte) – entstand 2009 zudem die »Leere Wolke-Linie« (Willigis Jäger). Diese neuen Linien vollzogen den Schritt zur Lösung des Zen von einer formellen Zugehörigkeit zum Buddhismus, die im Westen ja weniger selbstverständlich ist als in Japan. Heute ist es möglich, in Europa oder Amerika eine vollständige Zen-Schulung zu durchlaufen, die sogar in der Ernennung zum Zen-Meister gipfeln kann, ohne im Buddhismus ordiniert zu sein. Es sind auch nicht mehr nur Japaner, welche die Autorisierung als Lehrer oder Meister vornehmen können, und damit können sich westliche Zen-Schulen entwickeln, welche von Japan unabhängig sind und möglicherweise neue Wege gehen werden. Gleichzeitig scheint Zen in Japan an Bedeutung zu verlieren, und in China ist es inzwischen weitgehend verschwunden.[6]

Aufgeschlossene japanische Zen-Meister sind dankbar, dass das lebendige Zen nun in anderen Kontinenten weiterzuleben beginnt, und somit liegt eine große Hoffnung des Zen im Westen. Gegenüber den strengen Formen in Japans Zen-Klöstern hat sich Zen auf dem Weg in den Westen gewandelt – nicht etwa was die Ernsthaftigkeit der Übung anbelangt, wohl aber was die äußeren Formen betrifft. Den »großen Glauben, großen Zweifel und großen Mut« braucht es für einen erfüllenden Weg allemal. Vergleicht man das Zen in Japan mit dem neueren Zen im Westen, so sind die wesentlichen Inhalte alle übernommen worden, aber die Rituale wurden zugunsten der eigentlichen Zen-Übung – dem Zazen – deutlich reduziert. Dieser Prozess der Anpassung des Zen scheint noch keineswegs abgeschlossen. Vielmehr ist denkbar, dass sich die Formen des Zen noch weiter wandeln werden. Vielleicht werden sich die Rituale weiter verändern, oder die in der Zen-Schulung seit Jahrhunderten verwendeten Kôan werden ergänzt. Sie könnten Elemente des modernen Lebens westlicher Menschen beinhalten und seine Psychologie vermehrt einbeziehen. Ein Beispiel dafür ist das bereits zitierte neue Kôan von Glassman Roshi: »Wie können Sie die Gewalt auf der anderen Straßenseite stoppen?«[7]

Der Westen hat bedeutende Mystiker hervorgebracht – Meister Eckhart, Johannes vom Kreuz, Teresa von Ávila, Ignatius von Loyola und viele andere – doch haben ihre Schulen außer den Ignatianischen Exerzitien, der mönchischen Gebetstradition und den gregorianischen Gesängen kaum Übungen geschaffen, welchen sich der westliche Mensch widmen könnte. Hier besteht ein Manko, das von Zen, Yoga und anderen östlichen Praktiken ausgefüllt wird. Soll Zen im Westen nicht ein haltloses und wurzelloses Konzept des Ostens sein, dessen Inhalte man schlimmstenfalls mit wenig Kenntnissen an unsere Kultur adaptiert, dann muss es tief erfasst, verstanden und zu unserer Kultur in Beziehung gebracht werden. Das Besondere an Zen ist außer der Vermittlung einer praktischen Übungsform, die es im Westen bisher nicht gab, der Weg zum Erlebnis eines Durchbruchs in eine neue Wahrnehmung der Welt. Im Rinzai-Zen und den verwandten Schulen zielt die Übung des Zazen wesentlich auf Kensho hin, welche Erfahrung in der weiteren Arbeit vertieft und in die Lebensführung integriert wird. Mit diesem Ansatz kann der Westen viel gewinnen – gerade auch, weil es keine analoge »geistige Schule« gibt.

Es gibt im Westen auch Bestrebungen, Texte aus der christlichen Tradition als kôan-ähnliche Sätze für die Hinführung zu einer Einheitserfahrung zu verwenden. Dazu gehören vor allem wichtige Worte aus der Bibel, so etwa »Ehe denn Abraham ward, bin ich«[8] oder »Es ist leichter, dass ein Kamel durch ein Nadelöhr gehe, denn dass ein Reicher ins Reich Gottes komme.«[9] Solche Aussagen können viel tiefer verstanden werden als nur im Sinne von moralischen Ermutigungen. Werden sie wie Kôan meditiert, erschließen sie sich in einer neuen Dimension. Zur Förderung dieser Bestrebungen ermutigte Bernhard Glassman Roshi seine Dharma-Nachfolger Niklaus Brantschen und Pia Gyger zur Gründung einer Kontemplationsschule, die Zen und christliche Mystik miteinander verbindet. Sie besteht in der Schweiz seit 2003 unter dem Namen »via integralis«.

Des Weiteren finden sich Ansätze, den Zen-Weg nicht nur auf die mystische Tradition zu beziehen, sondern auch um psychologische Elemente zu ergänzen. Ziel dabei ist, die Ebene der seelischen Gegebenheiten parallel zur Zen-Übung weiterzuentwickeln. Ein Beispiel dafür ist der »Big Mind«-Prozess, der von Zen-Meister Genpo Merzel Roshi (geb. 1944) – einem Dharma-Nachfolger von Glassman Roshi – entwickelt und eingeführt wurde.[10] Er beinhaltet im Wesentlichen eine Methodik zur Führung innerer Dialoge, in denen man verschiedenen Seelenteilen eine Stimme verleiht. Es sind dies etwa persönliche Stimmen wie »der Kontrolleur, die Angst, das Opfer, das Verlangen« oder transzendente Stimmen wie »der Weg, Big Mind, Mitgefühl, der Meister, das Wahre Selbst«, aber auch Stimmen der Meditation wie »Stimme des Zazen, der Meditation, der Weisheit«. Indem man seinen inneren Stimmen zuhört und sie befragt, kann man über die eigenen seelischen Gegebenheiten manches erfahren. Dabei kann man das Leben auch aus verschiedenen Perspektiven betrachten. Die Methodik des »Big Mind« enthält Elemente der aktiven Imagination nach Jung wie auch solche der Gestalttherapie. Gewisse Parallelen dazu zeigen auch das 1954 von Hanscarl Leuner eingeführte »katathyme Bilderleben«[11] und das 1998 publizierte »innere Team«[12] nach Schulz von Thun. Natürlich kann dieser Ansatz keine Analyse oder Therapie ersetzen, aber er ermöglicht doch einen Einblick in die eigene seelische Struktur.

Die Auseinandersetzung mit der hiesigen Psychologie wird Zen verändern. Psychologisch gesprochen geht es im Zen um einen Weg vom Persönlichen des Menschen (dem Ich) zum Überpersönlichen seiner Existenz (der Wesensnatur oder dem Selbst). Insofern sind sich westliche und östliche Auffassungen durchaus einig. Der erfahrene Zen-Meister drückt die Wesensnatur im Sinne dieses Überpersönlichen aus und wird *dafür* verehrt, und nicht etwa für das, was er als der persönliche Mensch namens Tanaka oder Schmidt erreicht hat. Die Schüler, die sich vor dem Meister verneigen und ihn mit *Gassho* (Hände zusammenlegen) grüßen, verneigen sich vor dem Unpersönlichen in ihm, das er durch seine Verwirklichung repräsentiert. Der Einbezug psychologischer Gegebenheiten und Elemente in die Zen-Schulung des Westens muss auf dieser Ebene liegen und darf nicht zu einer »Psychologisierung« des Zen führen. Dies gilt im Besonderen für die Anleitung der Zen-Schüler durch die Lehrenden.

Werden Zen und Psychologie aufeinander bezogen, gibt es grundsätzlich zwei Stoßrichtungen: Im einen Fall wird die Zen-Schulung durch gewisse psychologische Elemente ergänzt, und im anderen Fall wird eine Therapie durch Aspekte des Zen bereichert. Während dieses zweite Thema im nächsten Kapitel behandelt wird, wollen wir uns hier mit der Frage beschäftigen, in welcher Weise psychologische Faktoren in den Zen-Weg einbezogen werden können. Im Westen sind Menschen auf dem Zen-Weg im Allgemeinen auch psychologisch sensibilisiert, und sie haben sich möglicherweise bereits eingehend mit ihren seelischen Gegebenheiten befasst. Dies ist in der Zen-Schulung zu berücksichtigen. Die Lehrenden werden entsprechende Antworten zu geben haben und psychologische Aspekte in der Schulung beachten müssen. Dabei ist zu bedenken, dass die individuellen psychologischen Themen der Lernenden vor und nach Kensho nicht das gleiche Gewicht haben.

In der ersten Phase der Zen-Schulung werden die Übenden mit den Grundlagen und der Praxis des Zen vertraut gemacht. Darin werden sie so lange begleitet, bis sie für die Einheitserfahrung der »Wesensschau« reif sind und einen Durchbruch erlangen. Das »Ich« erfährt eine Relativierung und sie lernen, sich selber nicht mehr als Mittelpunkt der Welt oder des Geschehens zu betrachten. Die Schülerinnen und Schüler werden von den Lehrenden dabei auf zwei Ebenen angesprochen: auf der persönlichen, wo sie in manchen Themen unterstützt werden, und auf der unpersönlichen, welche durch die Lehrperson präsent wird. In dieser Phase der Zen-Schulung ist der Einbezug der persönlichen Psychologie der Lernenden wichtiger als nach Kensho. Sie gehen in allen Erlebnissen, allem Suchen und allen Einschätzungen noch von einem »Ich« aus, worauf sie auch alle Erlebnisse beziehen. In dieser Phase des »psychologischen Egoismus« versteht man sich noch als Mittelpunkt allen Geschehens und ist noch nicht zu einer überpersönlichen Weltsicht vorgestoßen. Entsprechend setzt man sich auch in der Meditation wesentlich mit seinen persönlichen Fragestellungen auseinander – handle es sich nun um Fragen des Berufes, einer partnerschaftlichen Beziehung, der Gesundheit oder sonstiger Lebensumstände. Diese Themen kommen während des Zazen einfach hoch, und dies ist in einer westlich orientierten Zen-Schulung zu berücksichtigen.

Um derartige Themen loslassen zu können, müssen sie bis zu einem gewissen Grad geklärt werden, weil sie sonst nach der Meditation einfach wieder auftauchen und im besten Falle nur eine langsame Lockerung erfahren. Sollen zur Beschleunigung des Prozesses psychologische Aspekte berücksichtigt und therapeutische Elemente mit der Zen-Übung verbunden werden, so spielt es eine Rolle, um welche therapeutischen Ansätze es sich handelt. Bezüglich der klassischen Psychotherapie – der fundierten Gespräche über Lebensschwierigkeiten einschließlich ihrer Entstehungsgeschichte – ergeben sich methodische Differenzen zur Meditationsübung. Wir können nicht auf der einen Seite schweigen und auf der anderen Seite Lebensprobleme erörtern. Therapeutische Gespräche können während einer längeren Zen-Schulung angebracht sein, aber sie gehören nicht in eine Periode der Zen-Übung (Sesshin). Diese Bereiche der seelischen Arbeit müssen zeitlich getrennt werden, auch wenn sie Bestandteile eines umfassenderen Prozesses sind. Geht es um längere Therapien, dann sind beide Ebenen vorzugsweise auch von verschiedenen Personen anzusprechen. Unter diesen Voraussetzungen kann die Entwicklung des Schülers oder der Schülerin aber durchaus gleichzeitig den Zen-Weg wie auch therapeutische Elemente umfassen. Es wäre also denkbar, dass ein Zen-Schüler sich zudem in psychologischer Begleitung, Beratung oder Therapie befindet, um sich von seelischen Hemmnissen zu befreien, welche seinen weiteren Fortschritt im Leben und in der Zen-Übung behindern. Wenn er sich aber Zazen widmet, dann sollte er möglichst nicht seinen seelischen Fragestellungen nachhängen, und die psychologische Arbeit soll ihm genau dazu verhelfen.

Etwas näher zur Zen-Übung können nonverbale Therapieformen liegen – etwa eine im Schweigen durchgeführte Körpertherapie. Solche Prozesse sprechen nicht den Intellekt oder das »Ich« an, sondern reichen in einen wortlosen Bereich – sei dieser nun auf frühkindliche Erfahrungen bezogen oder auf andere Gebiete, die sich nicht in Worte fassen lassen. Derartige tiefreichende therapeutische Erfahrungen können Zazen ergänzen. Weil sie direkt das Unbewusste ansprechen, wirken sie in der Meditation weiter. Beide reichen in einen wortlosen Bereich und können auch das Unpersönliche betreffen. Es wird im Einzelfall aber genau zu prüfen sein, in welcher Form und zu welchem Zeitpunkt derartige körpertherapeutische Interventionen mit Bezug auf die Zen-Übung den besten Nutzen für einen ganzheitlichen Entwicklungsprozess bringen.

Zum Zeitpunkt, wo ein Durchbruch zu Kensho möglich wird, erscheint der Zen-Lehrer respektive die Zen-Lehrerin dem Schüler in einem neuen Aspekt. Wenn letzterer »pickt«, um aus dem Ei auszuschlüpfen, und die Lehrperson »hackt«[13], hackt sie gewissermaßen von der überpersönlichen Seite her. Hat der Schüler schließlich das »torlose Tor« durchschritten, ist auch seine psychologische Situation eine andere. Damit Kensho möglich wird, muss der Schüler seine psychischen Blockaden weitgehend überwunden haben, und nun wird er sich bewusster über die Tiefendimension des Seins. Dennoch ist er auch danach nicht einfach ohne »Ich« und damit auch nicht ohne seine Psychologie. Der Prozess der weiteren Entwicklung kann auch hier beide Ebenen umfassen – die Ebene des Unpersönlichen und die Ebene der Psychologie mit ihren Nöten.

Der Weg der Erkenntnis ist in der Zen-Schulung ebenso wie auf der psychischen Ebene ohne Ende. Auf beiden Wegen wird es nach Kensho aber mit größerem Gewicht um die unpersönliche Dimension gehen. Auch bezüglich dieser zweiten Phase ist zu fragen, wie psychologische oder therapeutische Ansätze zum weiteren Zen-Weg in Bezug zu setzen sind. Gespräche über psychische Fragestellungen und Lebensthemen wie auch körpertherapeutische Prozesse dürften in dieser Phase mehr in die Tiefe reichen und sich weniger um das Ich mit all seinen Wünschen und Vorstellungen drehen. Weil das, was man nicht errungen hat, auch nicht losgelassen werden kann, kann es aber weiterhin auch darum gehen, Bewusstsein über seelische Aspekte zu erlangen. Dazu bedarf es manchmal der Hilfe einer anderen Person. Therapeutische Gespräche gehören aber auch in dieser Phase nicht in die zeitliche Nähe von Zen-Übungen, denn sie vermögen aufzuwühlen, während Zazen den Geist zur Ruhe bringt. Ebenso ist auch Körperarbeit in dieser Phase zeitlich sorgfältig zu platzieren, damit sich wortlose Erfahrungen vertiefen können, welche wiederum zu mehr Gelassenheit führen mögen.

In der Erfahrung und Sicht, dass Körper und Geist letztlich eines sind, fallen Therapie und Meditation schließlich auch in Eines zusammen. Das »Eigentliche«, das mit Sinnen nicht wahrzunehmen ist, liegt jenseits von Zazen, Psychotherapie, Körperarbeit und auch von Zen ganz allgemein. Alle diese Ansätze sind nur Hilfsmittel um zu jener leeren Fülle, jenem ganzheitlichen Dasein vorzustoßen, das wir im Tiefen sind. In dieser Weise hebt sich alles ins Unpersönliche hinein auf. Wie alle seelischen Begleiter und spirituellen Lehrer wirken auch die Zen-Lehrer und -Lehrerinnen aus dem Größeren heraus, das sie verkörpern. Damit gehört auch aller Einfluss, den sie ausüben mögen, dieser Dimension an, und die Wirkung ist nicht ihnen persönlich zuzurechnen. Entsprechend sind nur jene gute Menschenführer, die wissen, dass ihre Macht nicht ihnen persönlich dienen soll, sondern dem größeren Geist, den sie ausdrücken.

In der Frage nach der Verbindung von Zen-Übung und therapeutischen Ansätzen kann grundsätzlich gesagt werden, dass sich beides gegenseitig unterstützen kann, wobei es aber keine zeitlich enge Vermengung von Zen-Übung und Analyse geben sollte. Nur unter dem Titel einer klaren Trennung der äußeren Form kann sich der übende Zen-Schüler und Analysand mit beiden Erkenntniswegen fundiert und in ihrer reinen Form auseinandersetzen. Zugleich ist zu sehen, dass Individuation und Zen-Weg letztlich Konzepte sind, die sich zwar hilfreich über ein konkret gelebtes Leben legen lassen, die aber doch nicht das Leben selbst sind. Insofern können wir viele Ansätze und Anschauungsweisen nutzen, aber am Schluss ist es das Leben selbst, das wir gelebt haben, und nicht die Individuation oder den Zen-Weg.

Zen im Westen wird die hiesigen Gegebenheiten aufnehmen und kann in seinem ureigensten Anliegen doch reines Zen bleiben. Letztlich geht es um den Weg zu einer zentralen Erfahrung. Diese gab und gibt es in anderer Form auch im Westen, aber im Falle des Zen hat sie mit Kensho doch ihre ureigenste Prägung. Der Zen-Weg umfasst des Weiteren eine Schulung, die der Vertiefung und Integration dieser Erfahrung dient, ebenso wie der Abrundung der Persönlichkeit. Auch dabei kann Zen in seinem Kern unverfälscht erhalten bleiben, damit es weiterhin leuchten kann. Die westliche Psychologie braucht dazu nicht im Gegensatz zu stehen, sondern sie kann dafür vielmehr eine wesentliche Hilfe sein.

Zen ist eine Chance für den Westen, und vielleicht auch eine Notwendigkeit. Yamada Roshi schreibt:»Der einzige Weg, den die Menschheit zum Überleben hat, besteht darin, dass wir uns als Einheit empfinden und als große Weltgemeinschaft handeln. Der Kampf um Öl und andere natürliche Ressourcen kann, wenn es so weiter geht, zu großen kriegerischen Auseinandersetzungen führen. Doch müssen wir realisieren, dass wir alle in einem Boot sitzen. Keiner der Führer der Menschheit, die sich immer wieder zu Gipfeltreffen zusammenfinden, dürfte jemals Kensho erfahren haben. Trotzdem sollten sie sich bewusst sein, dass das Überleben der Menschheit von einem Bewusstsein globaler Einheit und Zusammengehörigkeit abhängt … Ich habe das Gefühl, dass Zen und Zen allein eine gute Grundlage für das Bewusstsein von der ›Einheit der Welt‹ bieten kann. Denn durch unsere Zenpraxis realisieren wir, dass die Welt der leeren Einheit nichts anderes als die Welt der Erscheinungen ist. Ich hoffe sehr, dass Zen der Menschheit diesen Beitrag zur Lösung der Probleme noch geben kann, ehe es zu spät ist. Zen ist heutzutage wohl der größte kulturelle Aktivposten, den Japan der übrigen Welt zur Verfügung stellen kann.«[14]

Zen-Geist in der Psychotherapie

Im Westen besteht ein großes Bedürfnis nach einem Weg, der zu tieferen Erfahrungen führt. Selbst nach viel Therapie und bedeutungsvollen Schritten im Sinne der Individuation tragen viele Menschen weiterhin einen tiefen *Wunsch nach Erlösung* in sich. Es mag der Wunsch sein, von Sorgen, Ängsten und Zwängen frei zu werden, um intensiv und ungeschmälert leben zu können, der zu diesem Ansinnen führt. Es mag aber auch die Not aus unerfüllten Wünschen und Bedürfnissen sein, oder die Notwendigkeit einer inneren Versöhnung.

Analyse und Individuation streben die Klärung von Problemstellungen und Lebensfragen an, die sich aus konkreten Situationen und Ereignissen ergeben haben. Zen sucht demgegenüber weniger die Lösung als die Loslösung von derartigen Fragestellungen, was zu einer neuen Sicht der Welt führt. Darin nehmen die Schwierigkeiten des Lebens einen anderen Stellenwert ein. Realisieren wir die Vergänglichkeit und Bedingtheit aller Erscheinungen und erfahren wir zugleich das Unbedingte allen Seins, so gewinnen wir gegenüber den Problemen eine neue Freiheit. Viele Lebensschwierigkeiten erscheinen als unlösbar, weil wir uns darauf fixieren und keine unabhängige innere Einstellung gewinnen und aufrechterhalten können. Damit sind wir Gefangene unserer eigenen Gedanken. Gemäß buddhistischer Auffassung entstehen seelische Unfreiheit und Leiden aus der Anhaftung. Gelingt es uns, davon frei zu werden, so sehen wir die Welt neu. Es gibt zu diesem Thema eine treffende Zen-Geschichte von Mönchen, die vor dem Kloster debattierten: »Vom Wind flatterte eine Tempelfahne, und zwei Mönche stritten darüber. Der eine sagte: ›Die Fahne bewegt sich.‹ Der andere sagte: ›Der Wind bewegt sich‹. Sie diskutierten hin und her, konnten aber die Wahrheit nicht finden. Der 6. Patriarch sagte: ›Nicht der Wind bewegt sich. Nicht die Fahne bewegt sich. Euer Geist ist es, der sich bewegt‹. Die beiden Mönche waren von Ehrfurcht ergriffen.«[15] Sie haben wohl erfahren, dass alle Unruhe Bewegung ihres Geistes ist, und dahinter und darin das Unbewegte entdeckt.

Überlegt man sich, welchen Beitrag Zen an konkrete Psychotherapien leisten könnte, so ist es nicht in erster Linie eine Meditationsform, die zu empfehlen wäre, als vielmehr der »Geist des Zen«, der erlösend wirken kann. Es geht nicht so sehr darum, dass der Klient etwas tun sollte, als vielmehr darum, dass im Klienten etwas Neues anklingt. Vielleicht realisiert er, dass es sein Geist ist, der sich bewegt. Ich erinnere mich an einen Mann um die 50, der in hoher emotionaler Bewegung davon berichtete, wie er sich in eine 20-jährige junge Frau verliebt hatte, und wie ihm dies allen Verstand raubte, sodass er kaum mehr in der Lage war, seine tägliche Arbeit zu verrichten. Der Volksmund könnte sagen, dass er den »Verstand verloren hätte«, und der Psychologe würde zum Schluss kommen, dass ein bisher unentdeckter Seelenteil nicht nur lebendig geworden, sondern gar die Führung seines Lebens übernommen hätte. Je nach Hintergrund wäre es das »Es« nach Freud, oder die »Anima« nach Jung, welche nun nach Auseinandersetzung und Integration ruft. Der Betroffene war in seiner Emotion natürlich nicht für solche Erwägungen zugänglich, und so war es meine Aufgabe, ihm einfach wieder zu mehr Ruhe zu verhelfen, damit er die Angelegenheit aus der notwendigen Distanz neu betrachten konnte. Solches ist allerdings nicht ganz einfach zu bewerkstelligen – weder als psychologische Intervention noch von Seiten des Zen. Die Psychologie kann helfen, ein Problem auf seine Hintergründe und eventuellen Projektionen hin genauer zu untersuchen und damit zu lindern, und ein meditativer Moment im Geiste des Zen kann die innere Ruhe und Distanz fördern, sodass eine Selbstbesinnung – eine Besinnung auf das »Selbst« – möglich wird.

Es gibt auch in den psychotherapeutischen Sitzungen Zeiten, wo sich Aufregungen des Klienten legen und eine andere Ebene des Daseins spürbar wird. Das geschieht oft in Momenten des Schweigens – aber nicht eines gespannten Schweigens, sondern vielmehr eines dichten Schweigens, wie etwa, wenn der letzte Akkord eines Konzerts verklungen ist. Die Musik hat sich erfüllt, und nun wirkt die Quintessenz aller Töne im Stillen. Es ist, als wären alle Klänge in diesem Schweigen enthalten, aber ohne das Konzert vorher wäre der »Geist« der Zuhörer nicht zur Ruhe gekommen. Manchmal zeigt sich dies auch in einfacheren Situationen – etwa wenn die Kirchenglocken übers Tal klingen oder wenn eine Blume am Wegrand unsere Aufmerksamkeit gewinnt.

Was also macht nun Zen in der Psychotherapie aus? Der Geist des Therapeuten? Das Schweigen? Niemand kann das Eigentliche schaffen – so wie die Zen-Erkenntnis nicht durch aktives Bemühen gewonnen werden kann. Ohne Engagement und Einsatz ist aber auch nicht viel zu holen. Es geht also um die Einstellung von Lehrer und Schüler, von Therapeut und Klient. Im gespannten und zugleich gelassenen Geist der beiden liegt die Möglichkeit der Erfahrung – genau wie dies in der Zen-Übung zum Ausdruck kommt. In der Meditation werden die Schüler immer wieder aufgefordert, das richtige Maß an Anspannung aufzubringen, die keine Verspannung ist, aber auch keine schlaffe Haltung. Es ist wie beim Skifahren: Am besten geht es, wenn man unverkrampft und doch mit gutem Muskeltonus fährt! Diese Anforderung richtet sich nicht nur an jeden Zen-Schüler, sondern auch an jeden Klienten der Psychotherapie wie überhaupt an alle, die weiterkommen wollen. Dabei kann die Aufgabe nicht an den Meister oder den Therapeuten delegiert werden. Niemand kann es für einen tun – weder in der Psychotherapie noch im Zen. Auch in der Therapie kann Stille und Zentrierung nicht geschaffen werden – sie entsteht, wenn alles andere weggelassen wird. Ebenso kann der Zen-Geist nicht geschaffen werden. Zen ist das Leben, Zen ist die Welt. Und doch muss es erkannt werden, damit sich der Geist beruhigt.

Ein anderer Klient von mir – nennen wir ihn Peter – neigte dazu, sich in Schwierigkeiten festzufahren und in Beziehungsfragen »recht« haben zu wollen. Bei einer vordergründig freundlichen Haltung, die auf seiner Erziehung zum angepassten Kind beruhte, hatte er erhebliche innere Spannungen und neigte dazu, die Lebensenergien gegen sich selbst zu richten. Er hatte selbstschädigende Tendenzen entwickelt, die ihm großes Ungemach bereiteten. In seiner Therapie ging es einerseits darum, die Hintergründe für seine allzu angepasste Haltung zu erhellen – was der klassischen psychotherapeutischen Arbeit entspricht. Andererseits hatte er auch eine spirituelle Neigung, und es war so etwas wie eine »größere Persönlichkeit« spürbar, die hinter der mit Rechthaberei kompensierten Schwäche lag. Auch diese Seite brauchte eine Antwort und Herausforderung, und Peter war sehr ansprechbar auf alles, was seinen Horizont erweiterte. Er selbst erlebte sich in einem geistigen Gefängnis, von dem er spürte, dass er es sich selbst bereitete, und er suchte Auswege daraus. Er befand sich in einem Kampf zwischen zwei Persönlichkeitsseiten – jener Seite, die Öffnung und Wachstum wollte, und einer anderen Seite, die sich schützte und ihn blockierte.

Es gibt durchaus Methoden in der Psychotherapie, um solche inneren Konflikte anzugehen. Dennoch genügte Peter dies nicht. Er fühlte genau, dass es hier noch um etwas anderes ging. Sein tieferes Bestreben war kaschiert durch die Selbsteinschränkung. Er hatte Angst, sich auf eine »neue Persönlichkeit« einzulassen. Er befürchtete, alles zu verlieren, wenn er nicht für sein »Recht« einstand. Dann wäre er wieder zu anpassungsfähig und kompromissbereit, wie in der Kindheit. Andererseits fühlte er den Schaden, den er durch seine manchmal sture und unbewegliche Haltung an Betroffenen wie an sich selbst anrichtete. Es musste also noch etwas anderes geben, das zu gewinnen war, doch wusste er nicht, was da zu erlangen wäre. Das Erahnte lag jenseits seiner bisherigen Weltauffassung, jenseits von Recht und Unrecht, aber auch jenseits von Anpassung und Widerstand. Er fühlte, dass er über sich selbst hinauswachsen sollte, und zugleich hatte er Angst davor.

Therapeuten erfahren immer wieder die Grenzen der eigenen Arbeit – sei es bezüglich der Zusammenhänge von seelischen Ereignissen und funktionellen Störungen oder manifesten Erkrankungen, oder sei es bezüglich der geistigen Dimension des Menschen, welche das therapeutische Weltbild übersteigen. Auf diesem Hintergrund stellt sich nicht nur die Frage, woher eine Belastung oder Erkrankung kommt, sondern auch die Frage nach dem »wozu«. Wir Menschen sind ja nicht nur kausal bedingte Wesen, sondern haben auch eine finale Orientierung. Unsere Herausforderungen, Schwierigkeiten und unser Leiden tragen ein Ziel, eine Entwicklungsmöglichkeit in sich. Jedes Leben hat schwierige Aspekte – das gehört zum Menschen schlechthin – und diese haben ihre Bedeutung. Darin wiederum stellt sich auch die Frage, mit welcher Haltung und welchen Ansätzen diesen tieferen Bedürfnissen der Klienten begegnet werden soll. Im Falle von Peter war dafür eine am Zen orientierte Atmosphäre durchaus hilfreich, und entsprechende Hinweise und seine eigenen Schritte halfen ihm, sich aus den inneren Widersprüchen zu befreien.

Peter suchte eine Erlösung von sich selbst. Sein Geist sollte beruhigt werden. Auf dem Weg dahin lernte er, sich selbst zu spüren, sich auf das eigene Innere zurückzunehmen, ohne in Gegensätzen, »ja« oder »nein« festzufahren. Er lernte, sein Leben und die Welt anzunehmen ohne Widerstand, aber auch ohne Gleichgültigkeit oder Selbstverlust, und er übte, für sich und sein tieferes Sein und Wesen einzustehen. Mit Verzicht auf seine fruchtlosen Kämpfe begann er darauf zu vertrauen, dass das Leben seinen Weg finden würde. Wenn er seelischen Schmerz in seiner Brust fühlte, wich er diesem nicht mehr aus, und er fand so etwas wie einen »Urschmerz«, der ihn zuerst schreckte und von dem er später sagte, dass er ihn trage. Seine Bilder von »gut« und »schlecht« verschwammen, und er lernte sich als Menschen kennen, der in allem Sein – so wie es gerade war – aufgehoben ist. Das machte ihn innerlich frei, und seine Autoaggression nahm ein Ende, ohne dass er zu einem Schwächling mutierte. Mit der Zeit hatte er so etwas wie eine geistige Pubertät überstanden und wurde zum erwachsenen, voll verantwortlichen Menschen – auch sich selbst gegenüber.

Bei ihm zeigte sich deutlich, wie die inneren, psychotherapeutisch anzugehenden Themen um eine tiefere Dimension ergänzt waren, die ihre spezielle Aufmerksamkeit verlangte. Seine bisher unterdrückte Kraft wollte nicht nur integriert werden – damit die Persönlichkeit heilen und sich von der Autoaggressivität befreien könnte – sondern sie wollte darüber hinaus als wertvolle Lebenskraft anerkannt und geschätzt werden, welche ihn zu tiefer neuer Erkenntnis zu führen vermochte. Es wurde ihm im Laufe der seelischen Arbeit klar, dass sich sein inneres Geschehen wie ein Schattenspiel auf die Außenwelt projiziert hatte. Sein Widerstand hatte sich gegen seine nächsten Bezugspersonen gewandt, und darin war er unerlöst geblieben. Nun aber verstand er nicht nur das Schattenspiel seiner inneren Kräfte, sondern auch dasjenige der anderen Menschen um ihn herum. Auch sie befanden sich mit ihm in einem Kampf, der doch nichts anderes war als der Kampf von Schauspielern auf einer Leinwand. Er erkannte den bedingten Charakter allen Seins und sah darüber hinaus. Dies gab ihm Freiheit in Würde und Kraft – eine Lebenshaltung, die nicht zu kämpfen brauchte und doch nicht schwach war. Zugleich realisierte er, dass er mehr war als die Vordergründigkeit des Daseins – mehr als der äußere Mensch, der sich in der Welt verrennt. Er war auch jener seltsame Gestalter hinter der Leinwand, er war dieses ganze Sein, das auch seine Nächsten umfasste. In der Firma, wo er eine leitende Stellung innehatte, ließ er die Dinge nun viel lockerer geschehen. Er brachte seine Meinungen ein und ließ dem Leben dann seinen Lauf. Auch mit seinem Chef überwarf er sich nicht mehr, selbst wenn er glaubte, dass dessen Entscheidungen zu Problemen führen mussten. Er anerkannte das Leben wie jener Zen-Meister, der zu allem nur sagte: »Ist es so, ist es so.« Das aber ist alles andere als Gleichgültigkeit – es ist Weisheit.

Eines Tages sagte mir Peter, es gehe darum, ein »Liebender« zu werden, und in diesem Ziel erahnte er weiteres eigenes Potential. Hingabe ist etwas anderes als Selbstverlust. Statt sich in der leeren Machtlosigkeit zu verlieren oder dagegen zu opponieren, gewann er eine Fülle liebender Kraft. Diese rechnete er aber nicht einfach sich zu – sie war vielmehr das Leben selbst. Peter anerkannte auch das Dunkle als Teil der Welt, und so wurde er zu einem seelisch vollständigen Menschen. Er war frei und doch ganz da. Ein Mensch mit Mitgefühl für das Leiden derer, die er früher als seine Gegner betrachtete. Er lernte, in allem zu sein und sich mit nichts zu identifizieren, wie er sagte. Als ich ihn das letzte Mal sah, meinte er, das Ganze des Daseins sei schwer zu fassen – es sei ganz Kraft und ganz Stille. Nun überlasse er dem Leben die Lösungen, wie sie sich aus den zwischenmenschlichen Begegnungen und Impulsen ergeben. Das heiße, wirklich offen zu sein. Peter hat nie meditiert. Aber er ist einen Weg gegangen, der vieles mit Zen gemein hat.

Der Zen-Geist in der Psychotherapie ist eine stille, starke Kraft. Es ist der Geist der unbedingten Aufrichtigkeit, der zugleich gefühlvoll ist. Er nennt die Dinge beim Namen, ohne jemanden zu verletzen, und er bewegt sich frei. Menschen, die sich gemeinsam in dieser Weise begegnen, sprechen von Herz zu Herz miteinander und lassen viele Konventionen weg. Sie stoßen direkt zum Eigentlichen vor – in ihren Äußerungen und in ihren Handlungen. Dies führt dazu, dass zwischen ihnen eine äußerst dichte Stimmung entsteht und die Lebensprozesse intensiv verlaufen.

Treffen sich Psychotherapie und Zen, so ist es die Lebenskraft selbst, welche die Ebenen von Psychologie und Spiritualität zusammenbringt. Diese Ebenen sind allerdings Beschreibungen des Lebens, aber das

Leben selbst ist ungeteilt. So kehren wir zu unserem einheitlichen Sein zurück, zu uns »selbst«. Psychotherapie und Zen können sich nicht nur in wunderbarer Weise ergänzen, sondern sie haben den gleichen Ausgangspunkt und das gleiche Ziel – den Menschen als ungeteiltes Wesen.

Vom Nutzen der Begegnung

Die Psyche ist der Ort, in welchem alle Eindrücke bewusst oder unbewusst wahrgenommen und verarbeitet werden. Nichts kann dabei erfahren werden außer im Spiegel der menschlichen Seele. Für diese Erkenntnis war im Westen die Psychoanalyse Sigmund Freuds von herausragender Bedeutung. Mit der Entdeckung der Wichtigkeit unbewusster Prozesse leitete sie eine eigentliche geistige Revolution ein. Freuds ehemaliger Schüler und späterer Begründer der analytischen Psychologie, C. G. Jung, ging einen Schritt weiter und verband die psychische Entwicklung des Menschen mit Fragen der spirituellen Erfahrung und der religiösen Dimension. Mit ihren Arbeiten über die Innenwelt des Menschen eröffneten Freud wie auch Jung neue geistige Perspektiven und bereiteten unter anderem den Boden für die Aufnahme des Zen im Westen vor.

Fällt der Same auf fruchtbaren Boden, so beginnt er zu sprießen, wie es mit Zen im Westen geschehen ist. Der kulturelle Westen war vorbereitet, sich auf spirituelle Erfahrungswege neu einzulassen. Gleichzeitig konnte Zen sich im Westen neu entfalten – nicht nur geographisch, sondern auch seiner Form nach. Die Konfrontation des Zen mit dem Westen bedeutet auch eine Bereicherung für die jahrhundertealte Tradition des Zen, die ihrerseits einer Auffrischung bedurfte und bedarf. Wie aus der Geschichte des Zen hervorgeht, wurde dessen Geist bei jedem Überschreiten von Landesgrenzen wieder auf das Wesentliche reduziert – so der Buddhismus Indiens durch Bodhidharma in China und später das Zen Chinas durch Eisai und Dogen in Japan. Auf dem Weg in den Westen mag es wieder um eine »Entschlackung« des Zen gehen, um eine Reduktion auf die wesentlichen Elemente, die jenseits bestimmter Rituale liegen. Es geht im Zen um eine Erfahrung vom Wesen der Welt, das sich nicht von Kultur zu Kultur ändert. Wenn die Wege des Ostens und des Westens nun aufeinander treffen, so können und werden sie sich gegenseitig befruchten. Dabei wird sich auch Zen wandeln und ein neues, westlicher orientiertes Gesicht erhalten, ohne aber seinen Kern zu verlieren – denn dies würde sein Erlöschen bedeuten.

In diesem grundsätzlichen Rahmen begegnen sich westliche Psychoanalyse und Zen auf dem Entwicklungsweg des individuellen westlichen Menschen. 80 Jahre nach Freud und Jung sehen wir, dass ein Entweder-Oder – entweder Analyse oder Zen-Weg – nicht der gelebten Realität entspricht. Die seelischen Entwicklungswege des Ostens und des Westens sind aber nicht deckungsgleich. Die Analyse nach Jung widmet sich in einer ersten Stufe der Bewältigung des persönlichen Unbewussten, und in der zweiten Stufe der eigentlichen Individuation: der Schaffung einer größeren seelischen »Ganzheit«. Dieser Prozess erfolgt hauptsächlich über die Auseinandersetzung mit inneren Bildern und Erfahrungen. Im Jung'schen Modell geht es um Inhalte des persönlichen und des »kollektiven« Unbewussten, die in der individuellen Form des einzelnen Menschen erscheinen und dort konkret bewältigt werden müssen. In der buddhistischen Terminologie entspricht dies etwa der Ebene des *Samboghakaya* (Zwischenebene zwischen reinem Geist und Erscheinungswelt). Zen widmet sich demgegenüber hauptsächlich der Erfahrungswelt des *Dharmakaya*, dem »leeren« Urgrund und Charakter allen Seins. Was auf diesem Weg an inneren Bildern entsteht, wird im Rahmen des Zen nicht näher beachtet und die Auseinandersetzung mit ihnen nicht als Teil des Weges verstanden. (Das dritte der »Trikaya« ist *Nirmanakaya* und entspricht der Erscheinungswelt, die im Osten und im Westen ähnlich wahrgenommen wird – nicht zu verwechseln mit »Nirvana«.)

Aus der Unterschiedlichkeit von Individuation und Zen-Weg ergeben sich die Möglichkeiten der gegenseitigen Bereicherung. Geht man davon aus, dass Bewusstseinsentwicklung möglichst alle psychischen Ebenen abdecken soll, so schließt die Arbeit auf der einen Ebene diejenige auf der anderen nicht aus, sondern verlangt geradezu danach.

Vom Nutzen der Analyse für den Übenden des Zen

Die große Hilfe, welche die Analyse für den Zen-Weg leistet, betrifft die Klärung von Lebensfragen, die dem Weg hinderlich sind, die Entwicklung einer individuellen Moral und Verantwortlichkeit, sowie die Auseinandersetzung mit den großen Kräften des Lebens. Ohne Arbeit auf den verschiedenen seelischen Ebenen kann der Zen-Weg am einen oder anderen Ort ins Stocken geraten. Insbesondere ungelöste persönliche Fragestellungen können den Übenden stagnieren lassen, sodass er auf dem Zen-Weg keinen Fortschritt mehr erreichen kann. Er mag vielleicht immer wieder zu Meditationskursen gehen, aber der Prozess kommt nicht wirklich in Gang, weil er nicht tief genug reicht, oder die Gedanken kreisen um die stets gleichen Themen. In diesen Fällen ist es viel effizienter, die Probleme auf dem Weg der Analyse zu bereinigen, als deren Lösung »zu ersitzen«. Letzteres dauert oft viel länger und führt manchmal überhaupt nicht zum Ziel. Eine Analyse oder Psychotherapie verhilft zur Bereinigung dessen, was in der *persönlichen Entwicklungsgeschichte* nicht optimal verlaufen ist, und sie ermöglicht damit eine größere seelische Gesundheit, Offenheit und Leistungsfähigkeit. Wer in seiner Entwicklung und inneren Freiheit behindert worden ist, vermag nicht die ganze Breite des seelischen Repertoires zu nutzen. Er bleibt in unbewussten Interpretationen, Projektionen, Abläufen und Verhaltensmustern gefangen und stößt an Grenzen, welche andere Menschen nicht haben. Hier eine neue Freiheit zu schaffen, ist die Fähigkeit der Analyse, und erst wenn solche Herausforderungen und Stufen bewältigt sind, führt auch die Zen-Übung weiter.

Der Mensch trägt aber auch einen Grundwiderspruch in sich, der nicht von der persönlichen Lebensgeschichte abhängig ist. Es ist der Widerspruch zwischen seinem »Ich«, das gewisse Dinge will, und dem Leben, das sie nicht erfüllt. Will er zu innerem Frieden gelangen, so wird er sein Ich relativieren und durchschauen müssen. Zen ohne Auseinandersetzung mit den Inhalten des Unbewussten kann dabei zu einer »Geistigkeit« führen, in welcher gewisse konkrete Lebensangelegenheiten nicht gelöst werden. Die Analyse vermag dies zu verhindern.

Auch die eigentliche Individuation (im Sinne der seelischen Entwicklung anhand tiefer innerer Fragestellungen) bringt über ihren eigenen

Nutzen hinaus eine Unterstützung des Zen-Weges. Sie ist eine wichtige Angelegenheit, denn wo ein bewusst bewältigter Individuationsprozess fehlt, ist gelegentlich selbst beim »erwachten« Menschen eine *Lücke* auszumachen – ein unbearbeitetes Terrain im Mittelfeld. Wer jedoch in tiefer innerer Auseinandersetzung an persönlicher Statur gewonnen hat, wird auch einfacher zu dem heranwachsen können, was die Zen-Persönlichkeit genannt wird. Dabei ist die Individuation nicht zwingend mit der Begleitung durch einen Analytiker verbunden – viele Menschen durchlaufen einen derartigen Prozess auch in anderen Formen.

Die Individuation ermöglicht im Weiteren eine tiefere innere Selbstbegegnung und führt zu einem Leben gemäß der *inneren Intuition, Moral und Bestimmung*. Diese brauchen keineswegs im Widerspruch zu kollektiven Normen und zum allgemeinen Wohl zu stehen. Einzig der Ort der Orientierung ist ein anderer: Was zu tun ist, wird aus dem Inneren geschöpft. Der »individuierte« Mensch fühlt und handelt nach dem eigenen Gewissen. An die Stelle der kollektiven Moral tritt die individuelle, und diese ist oft viel anspruchsvoller, als es ein Leben nach Normen verlangt. Der Mensch kann in einen inneren Widerspruch geraten, der nicht einfach durch eine klare Regel zu lösen ist, sondern der ausgehalten, durchlitten und überwachsen werden muss. Vielleicht will er das eine tun und auch dessen Gegenteil, vielleicht will er seinen Weg gehen und doch anderen Menschen nicht Schmerzen zufügen, oder er trägt Gegenpole in sich, die sich nur schwer miteinander versöhnen und vereinen lassen. Diese Bereinigung der inneren Ausrichtung hat einen befreienden Einfluss auf den Menschen und hilft damit auch dem Zen-Übenden auf dem Weg zur »großen inneren Freiheit«.

Wer genötigt ist, sich darüber hinaus mit archetypischen Kräften auseinandersetzen, ist auf einer weiteren Stufe des Individuationsprozesses gefordert. Die großen *Kräfte des Daseins*, die Energien, welche uns auf der Welt umhertreiben, sind schwer zu bewältigen, aber es lässt sich zu ihnen doch ein Verhältnis herstellen. Die Wut, der wir ausgeliefert sind, die Liebe, der wir verfallen, die Sehnsucht nach Erfüllung, die uns verfolgt – diese und viele Kräfte mehr binden uns in eine Unfreiheit, die wir nicht selber gewählt haben. Sie machen uns aber klar, dass wir nicht »Herr im eigenen Hause« sind oder dass es zumindest lange dauert, bis wir den Umständen des Lebens und unserer Seele freier gegenübertreten können. Keine Individuation kommt ohne Begegnung mit diesen Kräften aus. Die Kenntnis der tiefen Schichten unserer menschlichen Seele macht uns vollständiger und fördert unsere Bereitschaft, den inneren Weg noch weiterzugehen. Wer diese Kräfte der Welt am eigenen Leib erfahren hat, ist gereift, und das dient auch dem Weg des Zen. Die archetypischen Kräfte lernt der Übende auch während des Zazen kennen – still auf dem Kissen sitzend wird er von großen Energien umhergetrieben, denen er nicht auszuweichen vermag, und die ihn über Tage gefangennehmen können. Zu wissen, um welche Kräfte es sich im tiefenpsychologischen Sinne handelt und wie sie zu seinem Leben in Bezug stehen, vermindert sie zwar nicht, aber sie können ihm Orientierung auf dem Weg geben.

Vom Nutzen des Zen-Weges für die Individuation

Nicht nur helfen Analyse und Individuation auf dem Zen-Weg, sondern die Ergänzung gilt auch umgekehrt. Die Zen-Übung und der Zen-Weg unterstützen die Analyse und den Individuationsprozess in mehrfacher Hinsicht. Zunächst fördert Zazen als Weg der Verinnerlichung die innere Ruhe und die *Konzentration* auf seelische Fragestellungen. Letzteres wird im Zen zwar nicht angestrebt, aber es ist doch eine Tatsache, dass die aktuellen Lebensthemen im Zazen hochkommen und auch betrachtet werden. Dabei ist eine Flucht vor seelischen Inhalten weniger möglich als in einem nach Außen gerichteten Leben. Wer sich Stunde um Stunde mit seinen Themen und Fragen trägt – so wie sie auch in der »freien Assoziation« auftauchen –, der trägt auch dann zu deren Lösung bei, wenn er sie während der Meditation nicht aktiv bearbeitet. Manchmal sind diese Prozesse fast unausweichlich, und hin und wieder dauert es mehrere Tage, bis solche Themen in einem Sesshin (längere Übungsperiode von mindestens einer Woche) so in den Hintergrund treten, dass sie einen nicht mehr besetzen. Es verhält sich damit wohl ähnlich wie mit den nächtlichen Verarbeitungsprozessen: Die tieferen seelischen Schichten wirken auch dann auf ein Problem ein, wenn wir uns diesem nicht aktiv widmen, und manches wird im Stillen verarbeitet. Plötzlich zeigt sich »die Antwort«, oder wir finden uns innerlich an einem Ort, wo sich das Problem nicht mehr in der alten Weise stellt.

Im Weiteren kann die zentrale Erfahrung des Zen, Kensho, als Element, ja als ein Höhepunkt eines Individuationsweges verstanden werden. (Umgekehrt lässt sich eine weitgehend gelungene Individuation auch als Realisierung wichtiger Aspekte einer »Zen-Persönlichkeit« verstehen.) Wer gleichzeitig in Analyse ist und einen Zen-Weg geht, dem hilft Zazen, die gewonnenen Erkenntnisse zu *integrieren*. Dabei geht es nicht um Überlegungen, wie sie »umzusetzen« sind, sondern vielmehr um eine innere Klärung und um die seelische Anbindung des Erarbeiteten. Die Erkenntnisse werden mit in die Gesamtpersönlichkeit eingeschmolzen und das stille Sitzen hilft diesem inneren Prozess.

Im Besonderen unterstützt die Zen-Übung den *Weg zum* »*Selbst*«. Werden die Fixierungen des Ich und die Idealvorstellungen über sich selbst aufgegeben, dann öffnet sich die Persönlichkeit für die Wahrnehmung des Größeren. Sei das Selbst nun im Jung'schen Sinne als Gesamtumfang der Persönlichkeit verstanden, welches sowohl das Ich als auch unbewusste und kollektive seelische Bereiche umfasst, oder im Sinne des Zen als unser Wesen und unser eigentliches Sein – in jedem Fall öffnet Zazen das Herz für die Ausweitung der Persönlichkeit ins Überindividuelle hinein, in die Weite und auch ins Unfassbare der seelischen Existenz. Manchen mag erst im »Sehen des Wesens«, im Kensho des Zen, erfahrungsmäßig klar werden, was C. G. Jung mit dem Selbst gemeint hat. Wer erkennt, dass er nicht nur dieses eng begrenzte, sorgenvolle »Ich« ist, das stets um seine Anerkennung und seine Existenz bangt, sondern ein viel Größeres, der gewinnt an Freiheit.

Gegenseitige Unterstützung

Zen und Individuation können sich ergänzen und gegenseitig bereichern, doch sollen sie nicht einfach ineinander verfließen – eine »Zengeprägte« Individuation ist ebenso wenig wünschenswert wie eine

Psychologisierung des Zen. Beide Wege sollen in ihrer Eigenständigkeit nebeneinander bestehen bleiben und können sich dennoch gegenseitig fördern. Dabei ist von beiden kein Anspruch auf einen alleingültigen Weg zu erheben; manchen Menschen liegt Zen nicht, und andere wollen ihre Auseinandersetzung vielleicht auf Zen beschränken und haben kein Bedürfnis nach einer Analyse der eigenen Seele.

Beide Wege münden dabei in Eines: in den *individuierten Menschen*, der seine Anlagen zur größtmöglichen Bewusstheit und Würde entwickelt hat – respektive in die *Zen-Persönlichkeit*, die in langer Übung und Auseinandersetzung gewachsen ist. Wenn auch die Wege und die Namen verschieden sind, so haben sie doch große Gemeinsamkeiten, und letztlich ist es nicht so wichtig, auf welchem Weg man zum Berggipfel gelangt ist. »Zum Rang eines vollkommenen Menschen gehört, dass er eins ist mit der Welt.«[16] Es ist ein Mensch, der ganz im Leben steht, ohne Allüren. Ist er den Zen-Weg gegangen, so ist er schließlich auch aus der Welt der Leere wieder herausgetreten und in eine Welt von großer Kraft gelangt. »Wer aber aus der Leere kommend, sich in der Erscheinungswelt mit aller Kraft engagiert, ist in seinem Handeln völlig frei und kann von niemandem aufgehalten werden«[17], sagt Yamada Kôun Roshi. Aber auch derjenige, der den Individuationsweg ging, ist in sich selbst tief verankert, hat die Weiten der Seele ergründet und dabei eine Unabhängigkeit und Eigenständigkeit errungen, die ihm Freiheit gibt. In beiden Fällen werden Sicht und Handlungsweise frei – in der vollen Verantwortung für alles Tun und Lassen. Das Leben wird dadurch umfassend und im Letzten erfüllt.

Überall das Eine

Osttor – Westtor – Südtor – Nordtor: Durch alle vier Tore sind wir im Zuge dieses Buches in die Stadt des Jôshû eingetreten und dem Wesen des Zen in vielfacher Weise begegnet. Chao-chou Ts'ung-shen (jap. Jôshû Jûshin), der im 9. Jahrhundert als berühmter Zen-Meister in dieser chinesischen Stadt wirkte, ist überall. Sind wir durch das »torlose Tor« getreten, können wir ihm von Angesicht zu Angesicht begegnen. Dieses Gefühl stellt sich ein, wenn wir dem Einen Geist begegnen. Alle Meister haben aus diesem Einen gelebt, sie haben vom selben gesprochen, und es ist uns heute ebenso erreichbar wie in alten Zeiten. In diesem Einen unterscheiden sich die Meister nicht, und darin stehen die Patriarchen in einer Reihe.

Jôshû steht zugleich für die Mitte zwischen Himmel und Erde, die beides ins Eine verbindet. Es ist nicht eine geographische Mitte – wie Jôshûs Tore, der Himmelstempel in Peking oder der Weltenberg Meru vielleicht vermuten lassen –, sondern vielmehr die Ganzheit, die der Mensch ist. Es ist jene Mitte, wo sich oben und unten, Himmel und Erde miteinander verbinden. In früheren Zeiten wurde diese Mitte allerdings durch kolossale Bauten dargestellt. Hu Hsiang-fan schreibt über den Himmelstempel in Peking: »Der Himmel an sich hat keine Form, er zeigt eine Form erst von der Erde aus gesehen. So können wir auch sagen, der Himmel sei abstrakt und die Erde konkret. Der formlose Himmel ist das Dao, der Weg. Der Tempel steht auf einem Erdhügel und symbolisiert damit die Erde. Das Dach symbolisiert den Himmel, die Säulen im Tempel symbolisieren den Menschen.«[1]

Der Mensch zwischen Himmel und Erde ist ein uraltes archetypisches Bild, das sich in vielen Kulturen findet. Er entstand gemäß manchen Schöpfungsmythen, als sich »Himmel und Erde voneinander trennten«.[2] Unter dieser Trennung leidend stellt er die ersehnte Wiedervereinigung in einen göttlichen Kontext, etwa als Nut und Geb im alten Ägypten, Zeus und Hera in der griechischen Götterwelt, Adam und Eva im Juden- und Christentum, Izanagi und Izanami in Japan oder als Shiva und Shakti in Indien. In der Einheit allen Seins aufgehoben zu sein ist dem Menschen ein tiefes seelisches Bedürfnis, und es zeigt sich im Äußeren zwischen Mann und Frau ebenso wie im Inneren zwischen Seele und Welt. Treten wir durch das Tor bei Jôshû ein, so treten wir zugleich zu uns selbst ein. Dort finden wir die Einheit, die sich vor aller Schöpfung findet und die sich in aller Schöpfung manifestiert.»Nicht das Sichtbare und Zeitliche allein tut Gott durch seine Schöpfung kund, sondern auch das Unsichtbare und Ewige«, sagte Hildegard von Bingen im 12. Jahrhundert.

Nach der Einheit von Schöpfung und Unsichtbarem trachtet alles Sehnen des Menschen, und macht er eine entsprechende Erfahrung, so kehrt Friede in sein Herz ein. Alle Welt ist Leben, das als solches doch unfassbar ist, und alles Sein ist Schöpfung. Nichts gibt es in dieser Welt, was ihr nicht zugehört, und es hat auch keine Form Vorrang vor der anderen. Alles, was wir vorfinden, entspringt und entspricht dem Fluss des Lebens, und auch jede Schwierigkeit gehört dazu. Im Annehmen allen Seins sehen wir das Prinzip: Alles ist dieses Leben selbst. Nicht wir gestalten es, sondern es wächst aus sich selbst heraus. Können wir uns auf diese Lebenskräfte einstellen, so erkennen wir die Einheit allen Seins, und wir erfahren, dass wir selbst dieses Eine sind. In uns sind Schöpfung und Unsichtbares, Form und Leere ungetrennt. Alles ist eins, und eins ist alles.

Anmerkungen

Einleitung

1 Urs App, Zen-Worte vom Wolkentor-Berg, Meister Yunmen, S. 135

Der Geist des Ostens steht vor der Tür

1 Hekiganroku, Fall 9, zitiert nach Yamada KôunRoshi, die Niederschrift vom blauen Fels
2 C. G. Jung, Vorrede zur 2. Auflage von C. G. Jung, R. Wilhelm, Das Geheimnis der Goldenen Blüte, S. XVIII
3 Urs App, Zen-Worte vom Wolkentor-Berg, Meister Yunmen, S. 103
4 Urs App, ebd., S. 128
5 Vgl. Urs App, ebd., S. 127
6 Vgl. Lo-shans Eröffnungsrede, in Genro, die hundert Zen-Kôan der eisernen Flöte, S. 11
7 Die Predigt des Welt-Erhabenen, in Hekiganroku, die Niederschrift vom blauen Fels, kommentiert von Yamada Kôun Roshi, Band 2, S. 367f.
8 Hildegard von Bingen (1098–1179), Franz von Assisi (1181–1226), Meister Eckhart (ca. 1260–1328), Johannes Tauler (ca. 1300–1361), Ignatius von Loyola (1491–1556), Teresa von Ávila (1515–1582), Johannes vom Kreuz (1542–1591)
9 Johannes vom Kreuz, hrsg. J. Bolt, S. 54f.
10 Johannes vom Kreuz, ebd., S. 115f.
11 Bernhard Welte, Meister Eckhart, S. 32, ebenso wie weitere Zitate S. 35, 45, 87, 88, 90, 97
12 Bernhard Welte, Meister Eckhart, ebd., S. 176
13 C. G. Jung, Von den Wurzeln des Bewusstseins, S. 258
14 Mumonkan, Die torlose Schranke, Fall 6, S. 55
15 Willigis Jäger, Zen im Westen, Veröffentlichung im Internet
16 Zenkei Shibayama, Zen in Gleichnis und Bild, S. 70
17 Shigetsu Sasaki Sokei-an, Der 6. Patriarch kommt nach Manhattan, S. 217

18 Zenkei Shibayama, Zen in Gleichnis und Bild, Bern 1974, S. 76
19 Zitiert aus Zenkei Shibayama, ebd., S. 76
20 Zenkei Shibayama, ebd., S. 89
21 Philip Kapleau, Die drei Pfeiler des Zen, Glossar S. 475
22 Zenkei Shibayama, Zen in Gleichnis und Bild, S. 69
23 Zitat nach mündlichen Ausführungen von P. N. Brantschen, Zen-Meister in der Schweiz
24 Shigetsu Sasaki Sokei-an, Der 6. Patriarch kommt nach Manhattan, S. 32
25 Shigetsu Sasaki Sokei-an, ebd., S. 32
26 Shigetsu Sasaki Sokei-an, ebd., S. 31
27 Zitiert nach Shigetsu Sasaki Sokei-an, ebd., S. 196f.
28 Yamada Koun Roshi, Hekiganroku, Bd. 1, S. 159
29 Zenkei Shibayama, Zen in Gleichnis und Bild, S. 25f.
30 Shigetsu Sasaki Sokei-an, ebd., S. 62
31 Shigetsu Sasaki Sokei-an, ebd., S. 257
32 Shigetsu Sasaki Sokei-an, ebd., S. 136
33 Shigetsu Sasaki Sokei-an, ebd., S. 143
34 Shigetsu Sasaki Sokei-an, ebd., S. 60
35 Shigetsu Sasaki Sokei-an, ebd., S. 215
36 Shigetsu Sasaki Sokei-an, ebd., S. 220
37 Zitiert nach mehreren Quellen, u. a. Zenkei Shibayama, Zen in Gleichnis und Bild, S. 93f.
38 Zenkei Shibayama, ebd., S. 44
39 Zenkei Shibayama, ebd., S. 49
40 Zenkei Shibayama, ebd., S. 51, 53
41 Urs App, Zen-Worte vom Wolkentor-Berg, Meister Yunmen, S. 36
42 Shigetsu Sasaki Sokei-an, ebd., S. 261
43 Mumonkan, Die torlose Schranke, Fall 5: Kygens Mann auf einem Baum, S. 51
44 Yamada Kôun Roshi, Mumonkan, S. 220
45 Aus dem Glossar in: Eihei Dogen, Shobogenzo Zuimonki, S. 201
46 Nearman, Hubert, The Denkoroku by Keizan Zernji, Shasta Publications, S. 146
47 Mumonkan, Die torlose Schranke, Fall 41, S. 219
48 Zitiert nach Lawrence Day, Ch'an and Taoism
49 Arul M. Arokiasamy, Warum Bodhidharma in den Westen kam, S. 79
50 Thich Nhat Hanh, Das Diamant Sutra, S. 9
51 Letzteres zitiert nach Sokei-an, der 6. Patriarch kommt nach Manhattan, S. 18
52 Zitiert nach Sokei-an, der 6. Patriarch kommt nach Manhattan, S. 16
53 Fall Nr. 1 im Mumonkan. Dieses Kôan wird an späterer Stelle besprochen
54 Arul M. Arokiasamy, Warum Bodhidharma in den Westen kam, S. 17
55 Arul M. Arokiasamy, ebd., S. 17

56 Meister Hakuins Authentisches Zen, N. Waddel (Hrsg.), S. 17
57 Meister Hakuins, ebd., S. 43
58 Meister Hakuins, ebd. S. 68f.
59 Arul M. Arokiasamy, Warum Bodhidharma in den Westen kam, S. 17
60 C. G. Jung, Synchronizität als ein Prinzip akausaler Zusammenhänge, in Jung-Pauli, Naturerklärung und Psyche, S. 3
61 Heisenberg im Gespräch mit Einstein, in Der Teil und das Ganze
62 Paul Watzlawick, Wie wirklich ist die Wirklichkeit?
63 H. v. Foerster, Entdecken oder Erfinden – Wie lässt sich Verstehen verstehen? In W. Rothaus (Hrsg.): Erziehung und Therapie in systemischer Sicht, S. 22–58
64 C. G. Jung, Synchronizität als ein Prinzip akausaler Zusammenhänge, in Jung-Pauli, Naturerklärung und Psyche, S. 15 ff.
65 C. G. Jung, Synchronizität als ein Prinzip akausaler Zusammenhänge, in Jung-Pauli, Naturerklärung und Psyche, S. 20
66 H. Platov, Der Eremit, S. 52
67 H. Platov, ebd., S. 12
68 H. Platov, ebd., S. 114
69 H. Platov, ebd., S. 75
70 Zitiert nach H. Platov, Der Eremit, S. 29
71 Zit. Nach Zenkei Shibayama, Zen im Gleichnis und Bild, S. 49
72 C. G. Jung, Das Wandlungssymbol in der Messe, S. 302
73 C. G. Jung, Typologie, S. 188
74 C. G. Jung, Kommentar zum tibetischen Buch der großen Befreiung, S. 522
75 C. G. Jung, Zur Psychologie des Kind-Archetypus, in Jung-Kerényi, Einführung in das Wesen der Mythologie, S.136
76 C. G. Jung, Synchronizität als ein Prinzip akausaler Zusammenhänge, in Jung-Pauli, Naturerklärung und Psyche, S. 104.

Ostor

1 Zitiert nach Die Zehn Bilder vom Ochsenhirt mit den Versen von Kakuan Zenji, von Kubota Ji'un Roshi (geb. 1932). Im Folgenden wurde auch die Vers-Version von Kubota Ju'in übernommen, die sich gegenüber anderen Versionen durch besondere Kürze und Prägnanz auszeichnet
2 Im Internet veröffentlicht unter www.sanbo-zen.org/cow_d.html
3 C. G. Jung, Kommentar zum Tibetischen Buch der großen Befreiung, S. 534
4 Yamada Kôun Roshi, Hekiganroku, die klassische Kôansammlung mit neuen Teishos, Bd. 1, S. 385
5 Yamada Kôun Roshi, ebd., S. 284
6 C. G. Jung, Vorwort zu Suzuki, Die große Befreiung, S. 595
7 Yamada Kôun Roshi, Hekiganroku, die klassische Kôansammlung mit neuen Teishos, Bd. 1, S. 469

8 Yamada Kôun Roshi, ebd., S. 297
9 C. G. Jung, Vorwort zu Suzuki, Die große Befreiung, S. 582–586
10 Yamada Kôun Roshi, Hekiganroku, die klassische Kôansammlung mit neuen Teishos, Bd. 1, S. 346–347
11 C. G. Jung, Kommentar zum Tibetischen Buch der großen Befreiung, S. 516
12 Yamada Kôun Roshi, Hekiganroku, die klassische Kôansammlung mit neuen Teishos, Bd. 1, S. 432
13 Yamada Kôun Roshi, Hekiganroku, die klassische Kôansammlung mit neuen Teishos, Bd. 2, S. 130
14 C. G. Jung, Vorwort zu Suzuki, Die große Befreiung, S. 593
15 C. G. Jung, GW Bd. 11, S. 521 u. 522
16 C. G. Jung, Kommentar zum Tibetischen Buch der großen Befreiung, S. 582f.
17 C. G. Jung, ebd., S. 528
18 Yamada Kôun Roshi, Hekiganroku, die klassische Kôansammlung mit neuen Teishos, Bd. 2, S. 401
19 C. G. Jung, Kommentar zum Tibetischen Buch der großen Befreiung, S. 529
20 Yamada Kôun Roshi, Hekiganroku, die klassische Kôansammlung mit neuen Teishos, Bd. 1, S. 191
21 Meister Dogen, Shobogenzo, Bd. 1, S. 311–313. Vgl. auch Fukanzazengi, in Dumoulin Hch., Geschichte des Zen-Buddhismus, Bd. 2, S. 55
22 H. M. Enomiya-Lassalle, Zen-Meditation für Christen, S. 22
23 R. Wilhelm, in Jung / Wilhelm, Das Geheimnis der Goldenen Blüte, S. 97
24 C. G. Jung, Synchronizität als Prinzip akausaler Zusammenhänge, in Jung / Pauli, Naturerklärung und Psyche, S. 43f.
25 Kodo Sowaki Roshi
26 Philipp Kapleau, Die drei Pfeiler des Zen, Glossar S. 450
27 Hakuun Ryoko Yasutani Roshi
28 Eido Tai Shimano, Wegweiser zum Zen, S. 85
29 Kodo Sowaki Roshi
30 Hakuun Ryoko Yasutani Roshi
31 Hekiganroku Fall 92
32 Hekiganroku Fall 1
33 Mumonkan, Die torlose Schranke, kommentiert von Zen-Meister Kôun Yamada, S. 31
34 Zitat aus Bearing Witness – Zeugnis ablegen, B. T. Glassmann Roshi, Interview im Dezember 1996 im Seminarhaus Engl, Niederbayern
35 Fall 3 in Mumonkan, Die torlose Schranke, Kôun Yamada Roshi, S. 41
36 Denkoroku Fall 15, zitiert nach W. Walter, Die große Kôan-Sammlung II, S. 123
37 Mumonkan, Die torlose Schranke, Kôun Yamada Roshi, S. 44
38 Zitiert nach: Die torlose Schranke Momonkan – Zen-Meister Mumons Kôan Sammlung, S. 29
39 Vgl. Yamada Kôun Roshi, Hekiganroku, die klassische Kôansammlung mit neuen Teishos, Bd. 1, S. 210

40 Yamada Kôun Roshi, ebd., Bd. 1, S. 315f.
41 Fall 11 im Heikganroku
42 Eidô Tai Shimano, Wegseiser zum Zen, S. 102f. Shimano wurde 1932 in Tokio geboren, praktizierte im Kloster Riûtaku-ji und übersiedelte 1960 in die Vereinigten Staaten
43 Yamada Kôun Roshi, Hekiganroku, die klassische Kôansammlung mit neuen Teishos, Bd. 1, S. 136

Westtor

1 Jung C. G., Erinnerungen, Träume, Gedanken, S. 51, S. 71ff.
2 C. G. Jung, Psychologie und Alchemie
3 ebd.
4 Ch'an and Zen Teaching (of Zen-Master Hsu Yun, 1840–1959), übersetzt und herausgegeben von Charles Luk (Lu K'uan Yü)
5 Aus einem unveröffentlichten Brief von M. L. von Franz an Charles Luk vom 12. September 1961, zitiert nach Philip Kapleau, Die drei Pfeiler des Zen, S. 13
6 C. G. Jung, Psychologie und Alchemie
7 C. G. Jung, Die Beziehungen zwischen dem Ich und dem Unbewussten, S. 66
8 C. G. Jung, ebd., S. 65
9 C. G. Jung, ebd., S. 92
10 C. G. Jung, Psychologie und Alchemie, S. 59
11 C. G. Jung, Erinnerungen, Träume, Gedanken, S. 412, Glossar unter »Individuation«
12 Jolande Jacoby, Der Weg zur Individuation, S. 29
13 Jolande Jacoby, ebd., S. 27
14 Vgl. die Arbeiten von Arnold Mindell, z. B. »Dreambody«.
15 C. G. Jung, Typologie, S. 138
16 C. G. Jung, ebd., S. 138f.
17 Jolande Jacoby, Der Weg zur Individuation, S. 24
18 C. G. Jung, Aion, S. 14
19 C. G. Jung, Psychologie und Alchemie, S. 59
20 C. G. Jung, ebd., S. 253
21 C. G. Jung, ebd., S. 149
22 C. G. Jung, Antwort auf Hiob, S. 122
23 C. G. Jung, Psychologie und Alchemie, S. 549
24 C. G. Jung, Psychologische Deutung des Trinitätsdogmas, S. 215
25 Glossar in C. G. Jung, Erinnerungen, Träume, Gedanken, S. 414
26 C. G. Jung, Praxis der Psychotherapie, S. 69
27 C. G. Jung, Von den Wurzeln des Bewusstseins, S. 569
28 C. G. Jung, ebd., S. 568
29 C. G. Jung, ebd., S. 495
30 C. G. Jung, ebd., S. 27

[31] Vgl. C. G. Jung, Typologie, S. 139
[32] C. G. Jung, Psychologie und Alchemie, S. 47
[33] M. L. von Franz, in C. G. Jung, Der Mensch und seine Symbole, S. 173
[34] M. L. von Franz, ebd., S. 175
[35] C. G. Jung, Von den Wurzeln des Bewusstseins, S. 39
[36] C. G. Jung, ebd., S. 169
[37] C. G. Jung, Typologie, S. 169
[38] C. G. Jung, ebd., S. 169
[39] C. G. Jung, Typologie, S. 168f.
[40] C. G. Jung, Seelenprobleme der Gegenwart, zitiert nach Glossar in C. G. Jung, Erinnerungen, Träume, Gedanken, S. 408f.
[41] C. G. Jung, ebd., S. 170
[42] C. G. Jung, Seelenprobleme der Gegenwart, S. 141
[43] C. G. Jung, Die Beziehungen zwischen dem Ich und dem Unbewussten, S. 103
[44] C. G. Jung, ebd., S. 101
[45] C. G. Jung, ebd., S. 142
[46] M. L. von Franz, in C. G. Jung, Der Mensch und seine Symbole, S. 185
[47] M. L. von Franz, ebd., S. 194
[48] C. G. Jung, Das Wandlungssymbol in der Messe, S. 282f.
[49] C. G. Jung, ebd., S. 283
[50] C. G. Jung, Psychologie und Alchemie, S. 214
[51] C. G. Jung, ebd., S. 215
[52] C. G. Jung, ebd., S. 32
[53] C. G. Jung, ebd., S. 240
[54] C. G. Jung, Das Wandlungssymbol in der Messe, S. 286
[55] C. G. Jung, ebd., S. 286
[56] C. G. Jung, Psychologie und Alchemie, S. 34
[57] C. G. Jung, zitiert nach Jolande Jacoby, Der Weg zur Individuation, S. 69
[58] Jolande Jacoby, Der Weg zur Individuation, S. 63
[59] C. G. Jung, Typologie, S. 173
[60] C. G. Jung, Die Beziehungen zwischen dem Ich und dem Unbewussten, S. 70
[61] C. G. Jung, ebd., S.253
[62] C. G. Jung, Die Beziehungen zwischen dem Ich und dem Unbewussten, S. 117
[63] C. G. Jung, ebd., S. 131
[64] C. G. Jung, ebd., S. 132
[65] C. G. Jung, Die Psychologie der Übertragung
[66] C. G. Jung, Mysterium Coniunctionis, Vorwort der Herausgeber, 1. Halbband, S. 10
[67] C. G. Jung, ebd., S. 209f.
[68] C. G. Jung, ebd., S. 201
[69] C. G. Jung, Mysterium Coniunctionis, 2. Halbband, S. 247
[70] C. G. Jung, Mysterium Coniunctionis, 1. Halbband, S. 231
[71] C. G. Jung, Psychologie und Alchemie, S. 174

[72] C. G. Jung, Die Psychologie der Übertragung, S. 114
[73] C. G. Jung, Psychologie und Alchemie, S. 219
[74] C. G. Jung, Mysterium Coniunctionis, 1. Halbband, S. 15
[75] C. G. Jung, ebd., S. 15
[76] C. G. Jung, Psychologie und Alchemie, S. 34
[77] C. G. Jung, Die Psychologie der Übertragung, S. 90
[78] C. G. Jung, Mysterium Coniunctionis, 1. Halbband, S. 94
[79] C. G. Jung, Die Psychologie der Übertragung, S. 95
[80] C. G. Jung, ebd., S. 92
[81] C. G. Jung, Mysterium Coniunctionis, 1. Halbband, S. 202
[82] C. G. Jung, Psychologie und Alchemie, S. 272
[83] C. G. Jung, Die Psychologie der Übertragung, S. 96
[84] C. G. Jung, Mysterium Coniunctionis, 2. Halbband, S. 273
[85] C. G. Jung, Die Psychologie der Übertragung, S. 100
[86] C. G. Jung, ebd., S. 99
[87] C. G. Jung, Mysterium Coniunctionis, 2. Halbband, S. 37
[88] C. G. Jung, ebd., S. 291
[89] C. G. Jung, Die Psychologie der Übertragung, S. 117
[90] C. G. Jung, ebd., S. 110
[91] C. G. Jung, Mysterium Coniunctionis, 1. Halbband, S. 201f.
[92] C. G. Jung, Die Psychologie der Übertragung, S. 124
[93] C. G. Jung, Mysterium Coniunctionis, 1. Halbband, S. 263
[94] C. G. Jung, Die Psychologie der Übertragung, S. 127
[95] C. G. Jung, Mysterium Coniunctionis, 1. Halbband, S. 158
[96] C. G. Jung, ebd., S. 101/102
[97] C. G. Jung, Mysterium Coniunctionis, 2. Halbband, S. 99
[98] C. G. Jung, Psychologie und Alchemie, S. 269
[99] C. G. Jung, Die Psychologie der Übertragung, S. 133
[100] C. G. Jung, Mysterium Coniunctionis, 1. Halbband, S. 263
[101] C. G. Jung, ebd., S. 184
[102] C. G. Jung, Mysterium Coniunctionis, 2. Halbband, S. 315
[103] C. G. Jung, ebd., S. 316
[104] C. G. Jung, ebd., S. 312
[105] C. G. Jung, ebd., S. 318
[106] C. G. Jung, ebd., S. 273f.
[107] D. T. Suzuki, Die große Befreiung, Einführung in den Zen-Buddhismus, S. 9–38
[108] W. Y. Evans-Wentz, Das tibetische Buch der großen Befreiung; C. G. Jung, Psychologischer Kommentar, S. 13–54
[109] Das Tibetanische Totenbuch, C. G. Jung, Geleitwort und psychologischer Kommentar zum Bardo Tödol, S. 41–56
[110] C. G. Jung, GW Bd. 11, S. 603–621
[111] C. G. Jung, GW Bd. 11, S. 603–621 u. S. 622–632
[112] C. G. Jung, GW Bd. 12

113 C. G. Jung/R. Wilhelm, Das Geheimnis der Goldenen Blüte, Europäischer Kommentar von C. G. Jung, S. 3–54
114 Brief an Pfr. Walter Bernet, Bern vom 13. Juni 1955, in C. G. Jung, Briefe II, 1946–1955, S. 495–503
115 Kommentar zum tibetischen Buch der großen Befreiung, in C. G. Jung, GW Bd. 11, S. 521
116 C. G. Jung, Psychologie und Alchemie, GW Bd. 12, S. 22
117 Yamada Koun Roshi, Hekiganroku, Band 1, S. 511f.
118 C. G. Jung, Vorwort zu Suzuki, Die große Befreiung, in GW Bd. 11, S. 598
119 C. G. Jung, ebd., S. 582
120 C. G. Jung, ebd., S. 599
121 C. G. Jung kommentiert das Amitâyur-dhyâna-sutra (Traktat der Amitâbha-Meditation). Vgl. C. G. Jung, Zur Psychologie östlicher Meditation, in GW Bd. 11, S. 605
122 C. G. Jung, Zur Psychologie östlicher Meditation, in GW Bd. 11, S. 617
123 C. G. Jung, ebd., S. 602
124 C. G. Jung, ebd., S. 585
125 C. G. Jung, Vorwort zu Die große Befreiung, in GW Bd. 11, S. 593 und 597
126 C. G. Jung, ebd., S. 582
127 Gespräch mit einem Zen-Meister, in C. G. Jung im Gespräch, S. 186–197

Südtor

1 Hazrat Inayat Khan, Das Erwachen des menschlichen Geistes
2 Joh 14,6
3 Zenkai Shibayama, Eine Blume lehrt ohne Worte
4 2 Mose 20,4
5 Zitiert nach www.jnana-yoga.ch
6 Jean Gebser, Ursprung und Gegenwart; vgl. auch Erich Neumann, Ursprungsgeschichte des Bewusstseins
7 Hugo Enomyia-Lassalle, Wohin geht der Mensch? S. 129
8 Willy Obrist, Neues Bewusstsein und Religiosität – Evolution zum ganzheitlichen Menschen, S. 132
9 Hugo Enomyia-Lassalle, Wohin geht der Mensch? Ebd., S. 130
10 Yamada Koun Roshi, Hekiganroku, Bd. 2, S. 66
11 Yamada Koun Roshi, ebd., S. 264
12 Yamada Koun Roshi, ebd., S. 116
13 Fall Nr. 6 aus der Sammlung Denkoroku, zitiert nach Wofgang Walter, Die große Kôan-Sammlung II, S. 114
14 Hubert Nearman, The Denkoroku, S. 34
15 Basis für diese Ausführungen sind die zentralen Werke: Carlos Castaneda, Die Reise nach Ixtlan und Der Ring der Kraft
16 Aus dem »Ring der Kraft«

Sokei-an Shigetsu
Der 6. Patriarch kommt
nach Manhattan
Theseus Küsnacht 1988

Henry Pratov
Der Eremit
Theseus Zürich 1989

Kubota Ji'un Roshi (*1932)
Version "10 Bilder vom Ochsenhirt"
www.sanbo-zen.org/cow_d.html

Weinbergstr 40
8400

usw.?

Ja ☒ Nein

Bitte Postabschnitte oder
Bankbelege beilegen.

8. Krankenversicherung
Aktuelle Versich-
erungsausweise
(Grund- und Zusatz-
versicherungen) der
Krankenkassen beile-
gen (Keine Postquitt-
ungen).

Name der Krankenk.

Rentner/in

Ehepartner/in

9. Machen Sie Abzüge
geltend wie Beiträge
an AHV/IV/EO für
Nichterwerbstätige,
Alimente, Hypothekar-
zinsen?

Ja ☒ Nein

Wenn ja, welche?

Bitte Postabschnitte,
Bankbelege oder andere
Bankbelege beilegen.

17 Carlos Castaneda, Der Ring der Kraft, S. 303
18 Carlos Castaneda, ebd., S. 206
19 Castaneda, Reise nach Ixtlan, S. 24–175 und Ring der Kraft, S. 263–273
20 Vgl. Fall 16 in der Kôan-Sammlung Hekiganroku
21 Carlos Castaneda, Der Ring der Kraft, S. 278
22 Carlos Castaneda, ebd., S. 192
23 Carlos Castaneda, ebd., S. 272
24 Denkô roku, Fall 9
25 C. G. Jung, Brief an Pfr. Bernet, Briefe II 1946–1955, S. 496. Vgl. auch C. G. Jung, Psychologie und Alchemie, S. 215
26 C. G. Jung, ebd., S. 289
27 C. G. Jung, ebd., S. 502
28 C. G. Jung, Zur Psychologie westlicher und östlicher Religion, S. 171
29 C .G. Jung, Brief an Pfr. Bernet, Briefe II 1946–1955, S.497
30 C. G. Jung, Brief an Pfr. Bernet, Briefe II 1946–1955, S.496. Vgl. auch C. G. Jung, Psychologie und Alchemie, S. 215
31 C. G. Jung, Vorwort zu Suzuki, Die große Befreiung, S. 586
32 C. G. Jung, Psychologie und Alchemie, S. 215
33 C. G. Jung, ebd., S. 289
34 C. G. Jung, ebd., S. 142
35 Yamada Koûn Roshi, Hekiganroku, Bd. 2, S. 314
36 Yamada Koûn Roshi, ebd., S. 226
37 Yamada Koûn Roshi, ebd., S. 316
38 Vgl. Mumonkan, Die torlose Schranke, kommentiert von Zen-Meister Kôun Yamada, S. 31. Buddhanatur ist das Wesen der am höchsten entwickelten Persönlichkeit, wie sie von Buddha realisiert wurde
39 Yamada Koûn Roshi, Hekiganroku, Bd. 1, S. 526
40 Yamada Koûn Roshi, Hekiganroku, Bd. 2, S. 381
41 Mumonkan, Die torlose Schranke, kommentiert von Zen-Meister Kôun Yamada, S. 48
42 Yamada Koûn Roshi, Hekiganroku, Bd. 2, S. 228
43 Yamada Koûn Roshi, ebd., S. 349
44 Mumonkan, Die torlose Schranke, kommentiert von Zen-Meister Kôun Yamada, S. 67
45 Yamada Koûn Roshi, Hekiganroku, Bd. 1, S. 496
46 Yamada Koûn Roshi, Hekiganroku, Bd. 1, S. 511
47 Mumonkan, Die torlose Schranke, kommentiert von Zen-Meister Kôun Yamada, S. 67
48 Mumonkan, ebd., S. 66
49 Yamada Koûn Roshi, Hekiganroku, Bd. 1, S. 511
50 Chao-chou Ts'ung-shen, Chin. Zenmeister, 778–897, jap. Jôshû
51 Yamada Koûn Roshi, Hekiganroku, Bd. 2, S. 406
52 Yamada Koûn Roshi, ebd., S. 429
53 Yamada Koûn Roshi, ebd., S. 77

54 Mumonkan, Die torlose Schranke, kommentiert von Zen-Meister Kôun Yamada, 66
55 Vgl. Yamada Koûn Roshi, Hekiganroku, Bd. 1, S. 334
56 Yamada Koûn Roshi, ebd., S. 463
57 Yamada Koûn Roshi, ebd., S. 465
58 Yamada Koûn Roshi, Hekiganroku, Bd. 2, S. 194
59 Yamada Koûn Roshi, ebd., 260
60 Yamada Koûn Roshi, ebd., S. 18
61 Yamada Koûn Roshi, Hekiganroku, Bd. 1, S. 420
62 Yamada Koûn Roshi, ebd., S. 465

Nordtor

1 Gasenshû, S. 39
2 Gasenshû
3 Gasenshû, S. 28
4 Fall 42, Mumonkan
5 Yamada Kôun Roshi, Mumonkan, S. 226
6 Vgl. Yamada Roshi, Hekiganroku, Bd. 2, S. 187
7 Zitat aus Bearing Witness – Zeugnis ablegen, B. T. Glassmann Roshi, Interview im Dezember 1996 im Seminarhaus Engl, Niederbayern im Dezember 1996 im Seminarhaus Engl, Niederbayern
8 Joh 8,58
9 Mt 19,24, Mk 10,25, Lk 18,25
10 Dennis Genpo Merzel Roshi, Big Mind. Großer Geist – großes Herz
11 Hanscarl Leuner, Katathymes Bilderleben mit Kindern und Jugendlichen, sowie Katathym-imaginative Psychotherapie
12 Friedemann Schulz von Thun, Miteinander reden, Bd. 3: Das innere Team und situationsgerechte Kommunikation
13 Hekiganroku Fall 16
14 Yamada Roshi, Hekiganroku, Bd. 2, S. 188
15 Mumonkan, Fall 29
16 Vgl. Yamada Roshi, Hekiganroku, Bd. 2, S. 140
17 Vgl. Yamada Roshi, Hekiganroku, Bd. 1, S. 367

Überall das Eine

1 Hu Hsiang-fan, China – Land zwischen Himmel und Erde, S. 20
2 Vgl. Schöpfungsmythen im Schamanismus, in China, im alten Ägypten etc.

Literaturverzeichnis

App, Urs, Zen-Worte vom Wolkentor-Berg/Meister Yunmen, Barth Verlag München 1994
Arokiasamy, Arul M., Warum Bodhidharma in den Westen kam, Ch. Falk Verlag Seeon 1995
Baatz, Ursula, Hugo M. Enomiya-Lassalle, Benziger Verlag Zürich 1998
Batchelor, Stephen, Buddhismus für Ungläubige, Fischer Verlag Frankfurt a. M. 1989
Beck, Charlotte, Zen, Droemersche Verlagsanstalt München 2002
Bennet, C. G. Jung, Rascher Verlag Zürich 1958
Borsig, Margaretha, Lotos-Sutra. Das große Erleuchtungsbuch des Buddhismus, Herder Verlag Freiburg i. Br. 2003
Brantschen, Niklaus, Auf dem Weg des Zen. Als Christ Buddhist, Kösel Verlag München 2002/2006
- Das Viele und das Eine, Kösel Verlag München 2007
- Du selbst bist die Welt, Benziger Verlag Zürich 1997
- Erfüllter Augenblick, Benziger Verlag Zürich 2001
- Weg der Stille, Herder Verlag Freiburg i. Br. 2004
Bolt, J. (Hrsg.), Johannes vom Kreuz, Walter Verlag Olten 1980
Brück, Michael v., Zen – Geschichte und Praxis, C. H. Beck Verlag München 2007
Chao-Hsiu Chen, Im Tempel der Stille, Lübbe Verlag Bergisch-Gladbach 2000
Clarke, J. J., C. G. Jung und der östliche Weg, Patmos Verlag Düsseldorf 1999/2005
Cleary, Thomas, Book of Serenity (Shôjôroku), Lindisfarne Press Hudson NY 1990
Cook, Francis Dojun, The record of transmitting the light (Denkoroku), Wisdom Publications, Boston/Somerville 2003
Dogen Eihei, Shobogenzo, Kristkeitz Verlag Heidelberg 2001
- Shôbôgenzô. Der Schatz des Wahren Dharma, Angkor Verlag Frankfurt a. M. 2008
- Shobogenzo Zuimonki, Theseus Verlag Zürich 1992
Dumoulin, Heinrich, Geschichte des Zen-Buddhismus, Francke Verlag Bern 1986
- Mumonkan. Die Schranke ohne Tor, Grünewald Verlag Mainz 1975

Dürckheim, Karlfried, Hara – Die Erdmitte des Menschen, Barth Verlag München/Frankfurt a. M. 1978
- Wunderbare Katze, Barth Verlag München/Frankfurt a. M. 1975
Edinger, Edward, Schöpferisches Bewusstwerden, C. G. Jungs Mythos für den modernen Menschen, Kösel Verlag München 1986
Enomiya-Lassalle, Hugo M., Kraft aus dem Schweigen, Patmos Verlag Düsseldorf 2005
- Weisheit des Zen, Kösel Verlag München 1998
- Wohin geht der Mensch? Benziger Verlag Zürich/Einsiedeln 1981
- Zen-Meditation für Christen, Barth Verlag München/Frankfurt a. M. 1968
- Zen-Weg zur Erleuchtung, Herder Verlag Wien 1960
Evans-Wentz, W. Y., Das tibetische Buch der großen Befreiung, Barth Verlag München/Frankfurt a. M. 1955
Foerster, H. v., Vom Entdecken oder Erfinden – Wie lässt sich Verstehen verstehen? In Rotthaus W. (Hrsg.), Erziehung und Therapie in systemischer Sicht, Verlag Modernes Lernen Dortmund 1987
Franz, Marie-Louise v., C. G. Jung, Huber Verlag Frauenfeld 1972
Franz, Marie-Louise v. u. a., C. G. Jung – Der Mensch und seine Symbole, Buchclub Ex Libris Zürich 1968
Fromm, Erich, Zen-Buddhismus und Psychoanalyse, Suhrkamp Verlag Frankfurt a. M. 1971
Gamma, Anna, Ruhig im Sturm – Zen-Weisheiten für Menschen, die Verantwortung tragen, Kösel Verlag München 2008
Gebser, Jean, Ursprung und Gegenwart, Novalis Verlag 2007
Genro, Die hundert Zen-Kôans der »Eisernen Flöte«, Origo Verlag Zürich 1973
Gyger, Pia, Hört die Stimme des Herzens, Kösel Verlag München 2006
Glassman, Bernhard and Field, Rick, Instructions to the Cook, Bell Tower New York 1996
Goepper, Roger, Worte des Buddha, Ausstellungskatalog Köln 1982
Gundert, Wilhelm, Bi-yän-lu (Heikganroku), Hanser Verlag München 1967
Habito, Ruben, Barmherzigkeit aus der Stille, Kösel Verlag München 1990
- Zen Leben – Christ bleiben, Barth Verlag München/Frankfurt a. M. 2006
Hartlieb, Gabriele u. a. (Hrsg.) Spirituell leben, Herder Verlag Freiburg i. Br. 2002
Heisenberg, Werner, Der Teil und das Ganze, Piper Verlag München 1969
Hinshaw, Robert (Hrsg.), C. G. Jung im Gespräch, Daimon Verlag Zürich 1986
Hu Hsiang-fan, China – Land zwischen Himmel und Erde, Theseus Verlag Stuttgart 2008
- und Steenberg Carla, Kunst der Stille, Bonz Verlag Waiblingen 1992
Jacoby, Jolande, Der Weg zur Individuation, Rascher Verlag Zürich 1965
Jäger, Willigis, Das Leben endet nie – über das Ankommen im Jetzt, Theseus Verlag Berlin 2005
- Die Welle ist das Meer, Herder Verlag Freiburg i. Br. 2000
- Westöstliche Weisheit, Theseus Verlag Berlin 2007
- Wiederkehr der Mystik, Herder Verlag Freiburg i. Br. 2004

Jayakar, Pupul, Krishnamurti, Leben und Lehre, Bauer Verlag Freiburg i. Br. 1988

Jung, C. G., Aion, Beiträge zur Symbolik des Selbst, in: GW Bd. 9,2, Walter Verlag Solothurn 1976/1995
- Antwort auf Hiob, Walter Verlag Olten 1973
- Briefe, in: GW Supp. Bd 1, Walter Verlag Olten/Freiburg i. Br. 1972
- Das Wandlungssymbol in der Messe, in: GW Bd. 11, Walter Verlag Olten 1973
- Die Beziehungen zwischen dem Ich und dem Unbewussten, Walter Verlag Olten 1972
- Die Psychologie der Übertragung, Walter Verlag Olten 1973
- Erinnerungen, Träume, Gedanken, Buchclub ex libris Zürich 1961
- Geleitwort und psychologischer Kommentar zum Bardo Tödol, Das Tibetanische Totenbuch, Walter Verlag Olten 1971
- Gestaltungen des Unbewussten, Rascher Verlag Zürich 1950
- Gespräch mit Zen Meister Hisamatsu, in: C. G. Jung im Gespräch, Daimon Verlag Zürich 1986
- Mysterium Coniunctionis, in: GW Bd. 14,1-2, Walter Verlag Solothurn/Düsseldorf 1976/2006
- Psychologie und Alchemie, in: GW Bd. 12, Walter Verlag Olten 1972
- Psychologische Deutung des Trinitätsdogmas, in: GW Bd. 11, Walter Verlag Olten 1973
- Psychologischer Kommentar zum tibetischen Buch der großen Befreiung, in: GW Bd. 11, Walter Verlag Olten 1973
- Symbolik des Geistes, Walter Verlag Olten 1972
- Typologie, Walter Verlag Freiburg i. Br, 1972
- Über einen indischen Heiligen, in: GW Bd. 11, Walter Verlag Olten 1973
- Von den Wurzeln des Bewusstseins, Walter Verlag Olten 1967
- Vorwort zu Suzuki, Die große Befreiung, in: GW Bd. 11, Walter Verlag Olten 1973
- Yoga und der Westen, in: GW Bd. 11, Walter Verlag Olten 1973
- Zur Psychologie des Kind-Archetypus, in: Jung-Kerényi, Einführung in das Wesen der Mythologie, Rhein Verlag Zürich 1951
- Zur Psychologie westlicher und östlicher Meditation, in: GW Bd .11, Walter Verlag Olten 1973

Jung, C. G., Pauli Wolfgang, Naturerklärung und Psyche, Walter Verlag Olten 1952

Jung, C. G., Wilhelm R., Das Geheimnis der Goldenen Blüte, Walter Verlag Olten 1973

Kadowaki, Kakichi, Zen und die Bibel, Müller Verlag Salzburg 1980

Kapleau, Philip, Die drei Pfeiler des Zen, Barth Verlag 1981
- Der vierte Pfeiler des Zen, Barth Verlag München/Frankfurt a. M. 1997

Kopp, Wolfgang, Befreit Euch von allem, Ansata Verlag Interlaken 1991

Krishnamurti, Jiddu, Aus dem Schatten in den Frieden, Ullstein Verlag Frankfurt a. M. 1987

- Das Tor zum Neuen Leben, Sieschu Verlag Zeppelinheim 1981
- Einbruch in die Freiheit, Ullstein Frankfurt a. M./Berlin 1973/1988

Leong, Kenneth, Jesus – der Zenlehrer, Herder Verlag Freiburg i. Br. 2006

Leuner, Hanscarl, Katathymes Bilderleben mit Kindern und Jugendlichen, Reinhardt Verlag München 1997
- Katathym-imaginative Psychotherapie, Thieme Verlag Stuttgart 2005

Luk, Charles (Lu K'uan Yü), Ch'an and Zen Teaching, Volume 1–3, Samuel Weiser Inc., York Beach Maine 1993

Martin, Philip, The Zen Paths Through Depression, Harper San Francisco 1999

Naranjo, Claudio und Ornstein, Robert, Psychologie der Meditation, Fischer Taschenbuch Verlag 1976

Nearman, Hubert, The Denkoroku by Keizan Zernji, Shasta Publications California 1993

Neumann, Erich, Kulturentwicklung und Religion, Rascher Verlag Zürich 1953
- Ursprungsgeschichte des Bewusstseins, Kindler Verlag München 1974

Nishiama Kôzen, Dogen Zenji, Shobogenzo, Angkor Verlag Frankfurt a. M. 2008

Nishijima Gudô Wafu, Sobogenzo, die Schatzkammer des wahren Dharma-Auges von Meister Dogen, Kristkeitz Verlag Heidelberg 2001

Obrist, Willy, Neues Bewusstsein und Religiosität – Evolution zum ganzheitlichen Menschen, Walter Verlag Olten 1988

Ohtsu, Daizohkutsu, Der Ochs und sein Hirte, Neske Verlag Pfullingen 1976

Pálos, Stephan, Lebensrad und Bettlerschale, Südwest Verlag München 1968

Platov, Henry, Der Eremit, Theseus Verlag Zürich 1989

Reichel, Verena, Die Grundgedanken des Buddhismus, Fischer Verlag Frankfurt a. M. 1994

Reps, Paul, Ohne Worte – ohne Schweigen, Barth Verlag München/Frankfurt a. M. 1977

Samy, Ama, Erwachen zum ursprünglichen Gesicht, Theseus Verlag Berlin 2002
- Zen und Erleuchtung, Theseus Verlag Berlin 2004

Schaya, Leo, Ursprung und Ziel des Menschen im Lichte der Kabbala, Barth Verlag Weilheim 1972

Schulz von Thun, Friedemann, Miteinander reden Bd. 3, – Das innere Team und situationsgerechte Kommunikation, Rowohlt Verlag Hamburg 1998

Schumann, Hans Wolfgang, Buddhismus, Walter Verlag Olten 1976

Sekida, Katsuki, Zen-Training, Herder Verlag Freiburg i. Br. 1993

Seng, Ts'an, Die Meisselschrift vom Glauben an den Geist, Barth Verlag München/Frankfurt a. M. 1991

Shibayama, Zenkei, Zen in Gleichnis und Bild, Barth Verlag München/Frankfurt a. M. Bern 1974

Shimano, Eido Tai, Wegweiser zum Zen, Theseus Verlag Berlin 1994

Shirahama, Mitsuo, Die Chi-Energie im Sinne von C. G. Jung, Shira Verlag Küsnacht 1992

Sokei-an Shigetsu, Sasaki, Der 6. Patriarch kommt nach Manhattan, Theseus Verlag Küsnacht 1988

Steenberg, Carla, Der süße Reis der acht Kostbarkeiten, Neske Verlag Pfullingen 1995
Steenberg, Carla und Hu, Hsiagn-fan, Die vier Edlen, Neske Verlag Pfullingen 1983
Suzuki, Daisetz, Die große Befreiung, Buchclub Ex libris Zürich 1976
- Zen und die Kultur Japans, Barth Verlag München/Frankfurt a. M. 1994
Suzuki, Shunryû, Seid wie reine Seide und scharfer Stahl, Lotos Verlag/Ullstein Heine München 2003
Thich Nhat Hanh, Das Diamant Sutra, Theseus Verlag Zürich 1993
Van den Berk, Tjieu, Aufbruch zur Mystik, Gütersloher Verlagshaus Gütersloh 2004
Waddel, Norman (Hrsg.), Meister Hakuin, Authentisches Zen, Fischer Verlag Frankfurt a. M. 1997
Waldenfels Hans, Absolutes Nichts, Herder Verlag Freiburg i. Br. 1976
Walter, Wolfgang, Die große Kôan-Sammlung, Angkor Verlag Frankfurt a. M. 2001
Watts, Alan, Zen-Buddhismus, Rowohlt Verlag Hamburg 1961
Watzlawick, Paul, Wie wirklich ist die Wirklichkeit? Piper Verlag München 1992
Wehr, Gerhard, C. G. Jung und Eugen Böhler, Hochschul-Verlag ETH Zürich 1996
Welte, Bernhard, Meister Eckhart, Herder Verlag Freiburg 1979
Werner, Johannes, Vom mönchischen Leben, Insel Verlag Frankfurt a. M. 1972
Wick, Gerry Shishin, The Book of Equanimitiy (Shôjôroku), Wisdom Publications, Boston/Somerville 2005
Yamada Kôun Roshi, Hekiganroku, Die klassische Kôansammlung mit neuen Teishos, Kösel Verlag München 2002
- Mumonkan, Die torlose Schranke, Kösel Verlag München 1989
Yûzen Sôtstsu, Das Zen von Meister Rinzai, Octopus Verlag Wien 1987

133 Zen-Meister Hisamatsu
www.jnana-yoga.ch